DICCIONARIO DE MODISMOS Y LENGUAJE COLOQUIAL

ESPAÑOL- ALEMAN

E. Renner de Hernández

DICCIONARIO DE MODISMOS Y LENGUAJE COLOQUIAL

ESPAÑOL- ALEMAN

editorial Paraninfo sa

1991

© EDITORIAL PARANINFO, S.A.
Magallanes, 25 - 28015 Madrid
Teléfono: 4463350 - Fax: 4456218

Diseño de cubierta:
© Artica

Impreso en España
Printed in Spain

ISBN: 84-283-1850-6

Depósito Legal: M. 29.054-1991

editorial Paraninfo sa Magallanes, 25 - 28015 MADRID (07310/43/28)

Gráficas ROGAR, Polígono Industrial Cobo Calleja - Fuenlabrada (Madrid)

Meinen Eltern,
die mir die erste Sprache schenkten

Indice

Prefacio

Considerando las dificultades con las que tropieza el estudioso de un lengua extranjera a la hora de traducir modismos y frases coloquiales, me propuse redactar un diccionario no sólo específico, sino también de fácil manejo, que, así lo espero, será de gran utilidad.

La disposición de las voces se ha hecho con el fin de proporcionar la localización inmediata del giro de que se trate. Todos los modismos españoles son clasificados bajo un lema. No he podido, sin embargo, decidirme a introducir de la misma manera todos los giros en alemán, puesto que entre ellos aparecen múltiples expresiones cuyo vocabulario es totalmente ajeno al de la voz base española.

No veía utilidad alguna en traducir esta voz al alemán, sino, por el contrario, más bien consideré que puede inducir a error encabezar las expresiones alemanas con una palabra raíz que no surge en ninguna de estas frases. Veamos por ejemplo la voz española **pava,** que requiere la traducción al alemán ***Truthenne.*** Sin embargo, en el giro alemán ***Süßholz raspeln*** (lit. «rallar palo dulce»), que corresponde al giro español **pelar la pava** (lit. «die Truthenne rupfen»), no aparece ni la voz «Truthenne», ni una idea afín a este vocablo. No estimo adecuado, pues, encabezar esta frase con una acepción totalmente desvinculada del lema español.

Por otra parte, y por citar un ejemplo al azar, he encabezado la expresión **ein weißer Rabe** (un mirlo blanco, lit. «un cuervo blanco») con la palabra ***Amsel*** (mirlo), ya que ambos modismos difieren únicamente en la clase de ave.

Como esta obra es en gran parte en sí misma un diccionario de lenguaje coloquial, he desistido de caracterizar más detalladamente las expresiones según su nivel de uso (e.g. literario, familiar, popular, vulgar, etc.), salvo en aquellos casos en los que precisamente este último predomina bien en la expresión española, bien en la alemana, puesto que el nivel lingüístico no siempre puede ser idéntico al de la lengua extranjera, aunque el significado de las dos expresiones cotejadas sea el más parecido posible. Una palabra o expresión española fuerte puede «sonar menos dura» (o más) al oído de un germanohablante o viceversa. O bien puede darse el caso de que en la otra lengua simplemente no exista una expresión con la misma intensidad. La advertencia (V) que se ha colocado en tales casos tiene como propósito advertir al usuario aún poco desenvuelto para que no cometa semejantes deslices.

Algunas expresiones españolas cuentan con varias «traducciones» al alemán, cuya elección se deja en tal caso al usuario. El, mejor que nadie, adaptará cada giro a la situación correspondiente. Sabrá, por ejemplo, si en el contexto en cuestión, la frase española **darse humos** es reflejada más adecuadamente con el giro alemán **hochnäsig sein** o con la alternativa **sich aufspielen,** ya que estos dos giros alemanes tienen connotaciones distintas.

Mientras, por medio de una cuidadosa selección de cada giro, he procurado citar expresiones en alemán que reflejen el significado de la frase o giro español en cuestión lo más fielmente posible, pocas veces es posible —y bien lo sabe cualquier traductor— conseguir una analogía exacta de ambos modismos. (Consideremos el ejemplo de la expresión española ¡vaya! y sus múltiples y variopintas connotaciones según sean la entonación y contexto). A pesar de todos estos obstáculos, espero haber logrado mi propósito.

Como la lengua es un bien común, y un diccionario como el presente nunca puede considerarse concluido, estoy dispuesta para cualquier sugerencia que contribuya a la ampliación y mejora de futuras ediciones.

Agradezco las amables y valiosas sugerencias para la inclusión de un buen número de modismos por parte de D. Joaquín Mangada, y la gran amabilidad y ayuda en la aclaración de dudas lingüísticas del Sr. Karl Braun y del Dr. M. Rebollo Torío, de la Universidad de Extremadura, Cáceres. Y sobre todo, y de manera muy especial, agradezco el incansable apoyo y la enorme paciencia de mi marido, a quien debo mi amor a la lengua española.

E.R.H.

Vorwort

Angesichts der Schwierigkeiten, die bei der Anwendung oder Übersetzung idiomatischer Wendungen normalerweise auftreten, nahm ich mir vor, nicht nur ein spezifisches sondern auch leicht zu handhabendes Wörterbuch zu verfassen, das —so hoffe ich— dem Benutzer dienlich sein wird.

Die Anordnung ist dermaßen gestaltet, daß die Redewendungen leicht lokalisierbar sind. Alle spanischen Redewendungen werden unter ihrem entsprechenden Stichwort aufgeführt. Ich habe mich jedoch nicht dazu entschließen können, sämtliche aufgeführte deutsche Wendungen und Satzgebilde auf gleiche Weise aufzuführen, da unter ihnen viele Ausdrücke auftreten, die nicht ein einziges mit dem spanischen Stichwort stammverwandtes Wort aufweisen. Ich betrachte es als völlig unnütz, ja sogar als irreführend, die deutschen Redewendungen unter einem Stichwort aufzuführen, das in keinem dieser Ausdrücke erscheint. So sehe man z.B. das spanische Stichwort **pava,** *welches mit* ***Truthenne*** *übersetzt werden müßte. In der deutschen Wendung* ***Süßholz raspeln*** *(lit.* «rallar palo dulce»*), die der spanischen Redewendung* **pelar la pava** *(lit.* «die Truthenne rupfen»*) entspricht, erscheint jedoch weder das Wort Truthenne noch ein ihm stammverwandter Begriff. Es erscheint deshalb unangebracht, diesen Ausdruck mit einem ihm völlig unverwandten Stichwort einzuleiten.*

Andererseits, und um nur ein Beispiel anzuführen, habe ich die Wendung ***ein weißer Rabe*** *(un mirlo blanco, lit. «un cuervo blanco») unter dem Stichwort* ***Amsel*** *(mirlo) aufgeführt, da beide Redewendungen sich nur durch die Art des Vogels unterscheiden.*

Da dieses Werk per se größtenteils ein Wörterbuch der Alltagssprache ist, entschied ich mich, die Ausdrücke nicht näher je nach Sprachebene zu klassifizieren (z.B. literarisch, umgangssprachlich, volkssprachlich, vulgär, usw.), abgesehen von den Fällen, in welchen diese letztangeführte entweder in der spanischen oder in der deutschen Redewendung vorherrscht, da ja die Sprachgebrauchsebene nicht immer identisch mit dem fremdsprachlichen Ausdruck sein kann —selbst wenn sich die Bedeutung beider gegenübergestellten Wendungen sehr gleicht. Ein derbes spanisches Wort oder ein burschikoser spanischer Ausdruck mag im Ohr eines deutschsprachigen Benutzers weniger vulgär klingen (oder, im Gegenteil, noch derber)—

und umgekehrt. Es kann auch vorkommen, daß es in der einen oder anderen Sprache keine Redewendung mit dem gleichen Ausdruckswert gibt. Das in solchen Fällen angebrachte Warnschild (V) soll den noch sprachungeübten Benutzer vor Fehlgriffen bewahren.

Ein großer Teil der spanischen Ausdrücke kann mit mehreren deutschen «Übersetzungen» wiedergegeben werden; die Wahl wird in solchen Fällen dem Benutzer überlassen. Er selbst wird jeden Ausdruck der entsprechenden Situatión anpassen. Er wird z.B. wissen, ob im betreffenden Kontext die spanische Redewendung **darse humos** *mit dem deutschen Ausdruck* ***hochnäsig*** *sein passender wiedergegeben wird als mit der Alternative* ***sich aufspielen,*** *da ja diese zwei deutschen Wendungen ganz verschiedene Konnotationen aufweisen.*

Während ich mit einer sorgfältigen Auswahl der jeweiligen Ausdrücke stets eine idiomatische Treffsicherheit angestrebt habe, ist es —und nur zu gut ist sich dessen jeder Übersetzer bewußt— sehr selten möglich, eine genaue Übereinstimmung beider Ausdrücke zu erreichen. (Man betrachte z.B. den spanischen Ausdruck **¡vaya!** *und seine vielfältigen Konnotationen je nach Intonation und Kontext). Trotz der vielfachen Probleme hoffe ich, mein Anliegen in die Tat umgesetzt zu haben.*

Da die Sprache Allgemeingut ist, und da man ein Wörterbuch wie das vorliegende nie als vollkommen abgeschlossen betrachten kann, bin ich aufgeschlossen für jede Anregung, die zur Erweiterung und Verbesserung späterer Auflagen beitragen kann.

Für die freundlichen und wertvollen Vorschläge zu mehreren Beiträgen danke ich Herrn Joaquín Mangada; ferner Herrn Karl Braun und Herrn Dr. M. Rebollo Torío, Universität Extremadura, Cáceres, für ihre Liebenswürdigkeit und Hilfe bei der Klärung sprachlicher Zweifel. Ein besonders herzliches «Gracias» aber, für seine unermüdliche Unterstützung und große Geduld, gilt meinem Mann, dem ich meine Liebe zur spanischen Sprache zu verdanken habe.

Evamaría Renner de Hernández

Abreviaturas

	Abreviaturas	Abkürzungen
ac.	acusativo	*akkusativ*
bzw.	o bien	*beziehungsweise*
dat.	dativo	*dativ*
etw.	algo	*etwas*
iron.	irónico	*ironisch*
jdm.	a alguien (dat.)	*jemandem*
jdn.	a alguien (ac.)	*jemanden*
lit.	literalmente	*wortwörtlich*
o/od.	o	*oder*
o.ä.	o parecido(s)	*oder ähnlich(es)*
usw.	etcétera	*und so weiter*
z.B.	por ejemplo	*zum Beispiel*
(V)	lenguaje vulgar	*vulgär, derb*
v.	véase	

Diccionario Español-Alemán

A

Abanico

Parecer un abanico
Ein Quecksilber sein

Abarcar/*Umfassen*

Abarcar con la vista
Überblicken

Abarcar muchas cosas a la vez
Alle Hände voll zu tun haben

Quien mucho abarca, poco aprieta
Wer viel beginnt, zu nichts es bringt

Abarcas/*Bundschuh*

Zapatos como abarcas
Schuhe wie Kähne

Abasto

No doy abasto
Ich schaffe es nicht
Ich werde nicht mit ... fertig

Abatanar

Abatanar a uno
Jemanden durchwalken
*od. verprü**geln***

Abécé/*Abc*

No sabe ni el abécé
Er hat keine blasse Ahnung

No saber el abécé
Keine blasse Ahnung haben

Abeja

Estar como abeja en flor
Sich wie der Fisch im Wasser fühlen

Abemolar

Stimme dämpfen

Abismarse/*Versinken in*

Abismarse en el dolor
*Sich **versenken** in*
Sich ganz dem Schmerz hingeben

Abocado

Abocado al fracaso
Zum Scheitern verurteilt

Verse abocado a un peligro
Vor einer Gefahr stehen

Abogado

Abogado de secano
Winkeladvokat

Abombarse

Abombarse una persona
*Sich **beschwipsen***

Abonado/*Gedüngt*

Campo (o terreno) abonado
Günstiger Boden
Gefundenes Fressen

Aborregarse

Ein Herdenmensch werden

Aborricarse/*Verdummen*

Aborto/*Fehlgeburt*

Es un aborto del diablo
Er ist häßlich wie die Nacht
(od. wie die Sünde)

Abrasar/*Vergeuden/Verzehren*

Abrasarse de sed
Vor Durst vergehen

Abrazar

Abrazar el estado religioso
In ein Kloster eintreten

Abrazar la religión católica
Katholisch werden

Abrazar un partido
Sich einer Partei anschließen

Abrigar

Abrigar esperanzas
Hoffnungen hegen
Pläne schmieden

Este tío es de abrigo
Bei dem Kerl ist Vorsicht am Platz

Abrir/*Öffnen*

Abrir la cabeza a alguien
Jemandem den Schädel einschlagen

Abrir la mano
Bestechlich sein

En un abrir y cerrar de ojos
Im Nu
In einem Augenblick

Abuela

¡Cuéntaselo a tu abuela!
Mache das einem anderen weis!
Wer's glaubt, wird selig!

Ese tío no necesita abuela
Der Kerl streicht sich nicht schlecht heraus!

Éramos pocos y parió mi abuela
Der hat uns gerade noch gefehlt!

Abundancia/*Fülle*

De la abundancia del corazón habla la boca
Wes das Herz voll ist, des geht der Mund über

Abundio

Ser más tonto que Abundio
Strohdumm sein

Aburrirse

Aburrirse como una ostra
Sich zu Tode Langweilen

Acabar/*Beenden*

¡Acabáramos!/ ¡Acabara ya!
Das hättest du auch gleich sagen können

Es el cuento de nunca acabar
Das ist eine endlose Geschichte

¡Es el acabóse!
Das ist doch die Höhe!

¡Y sanseacabó!
Und Schluß damit
Und damit basta!

Aceite/*Öl*

Echar aceite al fuego
Öl ins Feuer gießen

Aceituna

Cambiar el agua a las aceitunas
Pinkeln gehen (Männer)

Llegar a las aceitunas (o los anises)
Sehr spät (od. zu spät) kommen

Acelga

Cara de acelga
Leichengesicht

Acera

De la acera de enfrente
Homosexuell
Schwul
Von der anderen Facultät

Adán/*Adam*

Como Adán en el paraíso
Im Adamskostüm
Splitternackt

Aduana

Pasar por todas las aduanas
Sehr getrieben sein

Afilar

Afilar la lengua
Sich (absichtlich) mißverständlich ausdrücken
Schöntun

Aflojar

Aflojar la mosca (o la bolsa)
Geld (od. Moneten) herausrücken

Agarrada

Tener una agarrada
Sich in die Wolle geraten

Agosto

Hacer uno su agosto (o su agostillo)
Seine Schäfchen ins trockene bringen

Agua/*Wasser*

¡Agua va!
Vorsicht!
Kopf weg!
Bahn frei!

Ahogarse en poca (o en un vaso de) agua
Über jeden Strohhalm stolpern

Bailarle uno el agua a otro
Jemandem zuvorkommen
Zuvorkommend sein
Jemandem um den Bart gehen

Bañarse uno en agua rosada
Schadenfroh sein (wenn jemand seinen Rat nicht befolgt hat)

Coger agua en cesta (o cesto, o harnero)
Mit dem Sieb löffeln
Nutzlos arbeiten

Como agua de Mayo
Hochwillkommen
Wie gerufen

Correr el agua donde solía
Wieder ins Geleise Kommen

Echar agua en el mar
Eulen nach Athen tragen

Echar el agua al molino a alguien
Jemandem gehörig die Meinung sagen

Echar uno todo el agua al molino
Sich äußerst anstrengen
Sein Letztes hergeben

Echarse uno al agua
Den Sprung (ins Ungewisse) wagen

Encharcarse uno de agua
Zuviel Wasser (auf einmal) trinken

Es una gota de agua en el mar
Das ist nur wie ein Tropfen auf einem heißen Stein

Es agua pasada
Das ist längst vorbei
Das ist Schnee von gestern

Estar uno hecho un agua
Vor Schweiß triefen
In Schweiß gebadet

Estar como pez en el agua
Sich (so wohl) wie ein Fisch im Wasser fühlen

Estar con el agua hasta el cuello (o hasta la boca, la garganta)
Das Wasser steht ihm bis zum Hals

Hacerse una cosa agua (de cerrajas)
Ins Wasser fallen

Hacerse una cosa agua en la boca
Im Mund zerlaufen (od. zergehen)

Hacérsele a uno la boca agua
Jemandem läuft das Wasser im Mund zusammen

Irse al agua una cosa
Ins Wasser fallen

Írsele a uno las aguas
Sich in die Hosen pinkeln

Llevar uno el agua a su molino
(Nur) auf seinen eigenen Vorteil bedacht sein

Meterse en agua el tiempo
Regnerisches Wetter sein

No alcanzar para agua
Kaum zum Leben reichen

No hallar agua en el mar
Nicht das Mindeste (das Leichteste) erreichen (können)

¡No va por ahí el agua del molino!
Das hat damit nichts zu tun
Das ist nicht das Richtige

Poner agua en cedazo
Jemandem (unklugerweise) ein Geheimnis anvertrauen

Sacar uno agua debajo de las piedras
Der kann Wein aus einem Stein quetschen!
Was er anfängt, gelingt ihm.

Sin decir ¡agua va!
Mir nichts, dir nichts

Sin tomar agua bendita
Ohne sich die Finger schmutzig zu machen
Ohne Dreck am Stecken

Tan claro como el agua
Sonnenklar

Agua pasada no mueve molino
Was gewesen, ist gewesen

Agua en agosto, azafrán, miel y mosto
Mairegen bringt Glück und Segen

Agua detenida, mala bebida
Stille Wasser gründen tief

Aguar

Aguar la fiesta a alguien
Jemandem das Spiel verderben

Aguarse un asunto
Ins Wasser fallen

Agüero

Ave (o pájaro) de mal agüero
Schwarzseher, Unglücksrabe

Águila

Ser un águila
Gerissen sein
Mit allen Wassern gewaschen sein

Aguja/*Nadel*

Alabar uno sus agujas
Seine Ware herausstreichen

Buscar una aguja en un pajar
Eine Nadel im Heuschober suchen

Conocer (o entender, o saber) la aguja de marear
Ein guter Geschäftsmann sein
Gut Bescheid wissen
Den Rummel kennen

Meter (o dar) aguja y sacar reja
Mit der Wurst nach der Speckseite werfen

Ahíto/*Voll*

Estar ahíto de
Die Nase voll haben von etwas
Einer Sache überdrüssig sein

Voll (od. satt) sein
Etwas satt haben

Ahogarse

Ahogarse en un vaso de agua
Über jeden Strohhalm stolpern

Ahorcar

Ahorcar los hábitos
Die Kutte an den Nagel hängen

Ahuecar/*Platz machen*

Ahuecar el ala
Sich davonmachen
Ausrücken

Aína(s)

No tan aína(s)
Nicht so leicht (od. einfach)

Aire/*Luft*

Al aire libre
Im Freien
An der frischen Luft

Azotar el aire
Vergebliche Mühe

Cortarlas (o matarlas) en el aire
Scharfsinning, geistreich sein
Etwas schnell begreifen

Creerse del aire
Leichtgläubig sein

Darse un aire a alguien
Jemandem ähneln

Darse aires (de grandeza)
Wichtigtun (od. groß tun)

Estar en el aire
In der Luft hängen
Ungewiß sein

Mudar aires
Eine Luftveränderung vornehmen

Todo es aire lo que echa la trompeta
Reine Luft und nichts dahinter!

Tomar el aire
Frische Luft schöpfen

Ajo

¡Bueno anda el ajo!
Das ist ja ein schöner Laden!

Echar ajos y cebollas
Gift und Galle spucken (od. speien)

Estar en el ajo
Seine Hand im Spiel haben

Hacer morder (en) el ajo
Jemanden auf die Folter spannen
Jemanden durch die Mangel drehen

Harto de ajos
Ein grober Klotz sein
Ein richtiger Bauer sein

Machacar el ajo (cigüeña)
Klappern (Storch)

Más tieso que un ajo
Stocksteif, hochnäsig sein
Einen Nagel im Kopf haben

Quien se pica, ajos come
Wen's juckt, der kratze sich!

Ajustar

Ajustar las cuentas a alguien
Mit jemandem ein Hühnchen rupfen

Ala/*Flügel*

Ahuecar el ala
Sich davonmachen
Ausrücken

Arrastrar el ala
Den Hof machen

Cortar las alas a alguien
Jemandem die Flügel stutzen

Caerse las alas a alguien
Den Mut verlieren

Dar alas a alguien
Jemanden (auch noch) dazu ermutigen

Tocado del ala
Einen Dachschaden haben

Volar con sus propias alas
Auf eigenen Füßen stehen

Alacrán/*Skorpion*

Es un alacrán
Er hat ein giftiges Maul

Albarda/*Packsattel*

Albarda sobre albarda (o aparejo)
Ein weißer Schimmel

Echar una albarda a uno
Jemandem auf die Nerven (auf den Wecker gehen)

Poner dos albardas en un burro
Sich wiederholen
Einen Pleonasmus gebrauchen

Volverse la albarda a la barriga
Der Schuss geht nach hinten los
Sich ins eigene Fleisch schneiden

Alcachofa

Tiene corazón de alcachofa
Er ist ein Schürzenjäger

Alcanzar/*Reichen*

No se me alcanza
Es will mir nicht in den Kopf

Si alcanza no llega
Das ist kaum (gerade noch) ausreichend

Aldaba

Tener buenas aldabas
Mächtige Gönner haben

Aldabonazo

Ernste Warnung

Alfiler

No cabe un alfiler
Es ist gestopft voll

Alforjas

Sacar los pies de las alforjas
Sich machen
Sich mausern

Algodón/*Baumwolle*

Se ha criado entre algodones
Er ist verhätschelt worden

Alguacil

Come más que un alguacil
Er frißt wie ein Scheunendrescher

Alhaja

¡Menuda alhaja!
Ein sauberes Früchtchen!

Alharaca

Sin alharacas ni bambollas
Ohne viel Wesens zu machen

Alheña

Hecho alheña (o molido como alheña)
Total fertig (od. kaputt) sein

Alimón

Al alimón (a la buena de Dios)
Mit vereinten Kräften
Gemeinsam
Aufs Geratwohl

Alma/*Seele*

Abrir uno su alma a otro
Jemandem sein Herz ausschütten

Agradecer con (o en) el alma una cosa
Von Herzen dankbar für etwas sein

¡Alma mía!
Mein Liebling!

Arrancarle a uno el alma
Jemandem das Herz zerreißen

Caérsele a uno el alma a los pies
Jemandem fällt das Herz in die Hosen

Como alma que lleva el diablo
In aller Hast

Con el alma y la vida
Mit Sturmeseile

Con (toda) el alma
Von ganzem Herzen

Con mil almas
Von Herzen gern

Dar uno el alma a Dios
Seine Seele aufgeben
Sterben

Dar uno el alma al diablo
Nur auf seinen eigenen Vorteil bedacht sein
Äußerst rücksichtslos sein

Estar uno con el alma de Garibay
Unnütz dastehen (od. zusehen)
Nicht (od. nirgends) mitmachen

Estar con el alma en la boca (o entre los dientes)
In den letzten Zügen liegen
Beinahe umkommen vor Angst

Estar con el alma en un hilo
Sehr gespannt sein
Wie auf glühenden Kohlen sitzen
Fast umkommen vor Angst

Exhalar (o dar) el alma
Seine Seele aufgeben

Hablar uno al alma a otro
Jemandem gut zureden
Jemandem offen seine Meinung sagen (od. etwas ans Herz legen)

Írsele el alma a uno por (o tras) una cosa
Etwas von Herzen herbeisehnen
Sich etwas sehnlichst wünschen

Llegarle a uno al alma una cosa
Jemandem zu Herzen (od. sehr nahe) gehen

Llevar a uno en el alma
Jemanden im Herzen tragen

No tener alma
Herzlos sein
Kein Herz im Leibe haben

Padecer como alma en pena
Unsäglich leiden

Partir una cosa el alma
Jemandem das Herz brechen (od. zerreißen)

Partirle (o romperle) a uno el alma
Jemandem den Schädel einschlagen

Pasearle a uno el alma por el cuerpo
Eine Seelenruhe haben

Pesarle a uno en el alma algo
Es tut jemandem von Herzen leid

Sacarle a uno el alma
Jemanden schröpfen

Sacar a uno el alma de pecado
Jemanden aushorchen (bzw. herumkriegen)

Tener uno el alma parada
Sich nicht anstrengen

Tener siete (o más) almas como (que) un gato
Zäh sein (wie eine Katze)

Tocarle en el alma
Zu Herzen gehen
Jemandem ans Herz greifen

Traer uno el alma en la boca (o en las manos)
Viel durchzumachen haben

Volverle a uno el alma al cuerpo
Jemandem fällt ein Stein vom Herzen

Almibarar

Almibarar un asunto
Jemandem Honig ums Maul schmieren

Almohada/*Kissen*

Consultar (un asunto) con la almohada
Eine Sache überschlafen

Dar vueltas a la almohada
Sich im Bett unruhig hin und herwälzen
Nicht (ein) schlafen können

La mejor almohada es una conciencia tranquila
Ein gutes Gewissen ist ein sanftes Ruhekissen

Alpargata

No tener ni para unas alpargatas
Ein armer Schlucker sein

Alquitara

Dar algo por alquitara
Etwas nur tropfenweise geben

Altar

Quedarse para adornar altares
Eine alte Jungfer sein (od. werden)

Tener a alguien en los altares
Jemandem größte Hochachtung entgegenbringen
Jemanden anhimmeln

Altura

A estas alturas
Jetzt (,da es schon so spät, weit ist)
Zu dieser Jahreszeit
So, wie die Dinge jetzt liegen

Estar a la altura de alguien (de la situación)
Jemandem (der Lage) gewachsen sein
So gut sein wie jemand

Estar (quedar) a la altura del betún
Sehr niedriges Niveau haben
Einen Dreck wert sein

Ponerse a la altura de alguien
Sich jemandem anpassen

Amén

Decir a todo amén
Zu allem Ja und Amen sagen

En un decir amén
Im Nu
In einem Augenblick

Llegar a los amenes
Am Schluß kommen

No dijo ni amén
Er har kein Sterbenswörtchen gesagt

Amigo/*Freund*

Tener cara de pocos amigos
Unfreundlich aussehen

Amo

Ser el amo (del cotarro)
Das Regiment (das große Wort) führen

Amor/*Liebe*

Al amor de la lumbre (o del fuego)
Am Kamin oder am Feuer

Amor con amor se paga
Man muß Gutes mit Gutem vergelten

Con mil amores
Herzlich gern
Von Herzen gern

Dar como por amor de Dios
Gnädig geben worauf der andere sowieso ein Recht hat

En amor y compañía
In Fried(en) und Eintracht

Hacer el amor
Jemanden den Hof machen
Flirten
Mit jemandem schlafen

Ir al amor del agua
Sich jemandes Wünsche geschickt anpassen

Por amor al arte
Umsonst
Gratis
Aus Liebe zum Nächsten
Aus reinster Nächstenliebe

¡Por amor de Dios!
Um Gottes Willen!

Tener poco amor al trabajo
Arbeitsscheu sein
Fertige Arbeit suchen

Anca/*Kruppe*

Dar ancas vueltas a uno
Jemandem einen Vorsprung geben
Hervorragend (in einem Spiel, Wettstreit, usw.) sein

Ir a las ancas
Hinten aufsitzen

Llevar uno a las ancas
Jemanden aushalten (müssen)

No sufrir ancas
Keinen Spaß verstehen

Volver ancas
Umkehren
Kehrt machen

Ancho/*Weit*

A lo ancho
Nach (od. in) der Breite

Estar a sus (o a todos) anchos (o anchas)
Sich wohl fühlen
Es sich bequem machen
Sich wie zu Hause fühlen

Ponerse muy ancho
Mächtig stolz sein
Sich aufblasen

Quedarse uno tan ancho
Das ist ihm, mir, usw. ganz egal

Venirle muy ancho el cargo a uno
Das Amt ist eine (od. ein paar) Nummer(n) zu groß für ihn

Andada

Volver uno a las andadas
In eine schlechte Gewohnheit zurückfallen
Rückfällig werden
Die Katze läßt das Mausen nicht

Andanada

Soltar a uno una andanada
Jemandem eine dicke Zigarre verpassen

Andar/*Gehen*

¡Anda!
Aber geh!
Sag bloß !
Sieh mal einer an!
Nanu!

¡Anda y vete a freir espárragos!
Scher dich zum Kuckuck (od. zum Teufel)

¡Anda y vete a paseo (o a pasear)!
Scher dich weg!
Verzieh dich
Schleich dich
Hau schon ab!

Andar uno a la que salta (o a la que briba)
Jede Gelegenheit wahrnehmen (od. beim Schopf) nehmen
Auf Gelegenheiten aus sein

Andar (o ir) a una
Sich einig sein

Andar a cachetes con el hambre
Sich durchhungern
Sein hartes Brot verdienen

Andar a la greña con
Sich herumbalgen mit

Andar a tiros
Sich spinnefeind sein

Andar a vueltas con algo
Sich herumschlagen mit etwas

Andar con rodeos
Umschweife machen

Andar con cuidado
Vorsichtig zu Werk gehen

Andar de cabeza
Nicht wissen, wo einem der Kopf steht
Bis über die Ohren in Arbeit stecken

Andar desnudo (o hecho un Adán)
Ungepflegt, zerlumpt, herumlaufen

Andar despistado
Auf der falschen Fährte sein

Andar mal de dinero
Schlecht bei Kasse sein

Andar mal de matemáticas
Schlecht in Mathematik sein

Andar metido en un asunto
Seine Hand im Spiel haben
In eine Sache verwickelt sein

Andar por las nubes (precio)
Unerschwinglich sein

Andarse con paños calientes
Falsche Rücksichten nehmen
Unzulängliche Maßnahmen treffen

Andarse por las ramas
Umschweife machen
Vom Thema abkommen

Hay que andarse con cien ojos
Man muß Habichtsaugen haben
Man kann gar nicht vorsichtig genug sein

No se anda con bromas
Mit dem ist nicht zu spaßen

Todo se andará
Es wird schon alles gut werden
Es wird schon gehen
Immer mit der Ruhe!

Andas

En andas y volandas
Im Nu
Im Ruckzuck

Llevar en andas a alguien
Jemanden mit Samthandschuhen anfassen
Jemanden in Watte wickeln

Andorga/*Wanst*

Llenarse la andorga
Sich den Bauch (od. den Wanst) vollschlagen

Anegado

Anegado en llanto
Tränenüberströmt
In Tränen aufgelöst

Anegarse en llanto
In Tränen zerfließen

Angel/*Engel*

Como los propios ángeles
Himmlisch
Wunderbar

Estar con los angelitos
Zerstreut (od. nicht bei der Sache sein)

¡Menudo angelito es ese!
Der ist auch so ein Unschuldsengel!

Pasa un ángel
Loc. bei einer längeren Pause im Gespräch: «Ein Engel geht vorbei»

Tener mucho ángel
Charme haben

Angulema

Hacer (o venir con) angulemas
Mit Schmeicheleien kommen

Anillo

No se te van a caer los anillos
Es wird dir kein Zacken (od. keine Stein) aus der Krone fallen

Venir como el anillo al dedo
Wie gerufen kommen
Ausgezeichnet passen
Sitzen (od. passen) wie angegossen

Anís

Estar hecho un anís
Schick angezogen sein

Llegar a los anises
Zu spät zu einem Fest kommen

No valer un anís
Keinen Pfifferling taugen

Animar/*Beleben*

Animar una reunión
Leben in eine Gesellschaft bringen

Animar a una persona
Jemanden aufheitern (bzw. ermuntern od. trösten)
Jemandem Trost zusprechen
Jemanden anfeuern, ermutigen od. aufhetzen, anstacheln
Jemandem Mut machen

Ánimo/*Gemüt*

¡Ánimo!
Kopf hoch!
Nur Mut!

Cobrar ánimo
Mut fassen

Con ánimo de
In der Absicht zu

Dar ánimo
Mut machen (od. einflößen)
Ermutigen, aufmuntern

Estar sin ánimos (o con ánimos para nada)
Zu nichts aufgelegt sein
Keine Lust haben

Hacer ánimo de
Die Absicht haben zu

Perder el ánimo
Den Mut verlieren

Sin ánimo de ofender a nadie
Ohne jemandem zu nahe treten zu wollen

Tener ánimo de
Die Absicht haben zu

Antecedente

Estar en antecedentes
Im Bilde sein

Poner en antecedentes a alguien
Jemanden ins Bild setzen

Sin antecedentes
Beispiellos

Tener antecedentes (penales)
Vorbestraft sein

Tener malos antecedentes
Einen schlechten Ruf haben

Antena

Estar con las antenas puestas
Seine Ohren spitzen

Le he visto la antena
Ich habe ihn (od. seine Absichten) durchschaut

Anzuelo/*Angelhaken*

Echar el anzuelo
Die Angel auswerfen

Pescar a alguien con anzuelo de oro
Jemanden durch Bestechung gewinnen

Tragar (o morder) el anzuelo
Anbeißen
Auf den Leim gehen
Darauf hereinfallen

Año/*Jahr*

Cumplir años
Geburtstag haben (bzw. feiern)

Cumplir ... años
... Jahre alt werden

Entrado en años
Bejahrt

Estar de buen año
Dick und fett sein

Ganar año
Das Abschlußexamen bestehen

Los años corren que vuelan
Die Jahre fliegen nur so dahin

Los años no pasan en balde
Die Zeit geht eben nicht spurenlos vorbei
Die Zeit hinterläßt eben ihre Spuren

Por él no pasan los años
Man merkt ihm das Älterwerden nicht an
Er sieht sehr jung aus für sein Alter

Perder un año
Ein Jahr verplempern

Tardar años
Ewig brauchen

Apabullar/*Plattdrücken*

Me quedé apabullado
Ich war einfach platt

Apagar/*Auslöschen*

¡Apaga y vámonos!
Gehen wir, hier ist nichts mehr zu erwarten
Jetzt ist Schluß
Jetzt reicht's!

Apagar la luz
Das Licht ausmachen (od. auslöschen)
Apagar la sed
Den Durst stillen. (od. löschen)

Apagar los bríos
Den Mut dämpfen

Apagar un fuego
Ein Feuer löschen

¡Qué apagado estás!
Du siehst sehr niedergeschlagen aus

Apalear

Apalear oro
*Das Geld **scheffeln***
*In Geld **schwimmen***

Apañar

¡Apáñatelas como puedas!
Schau selber zu, wie du zurechtkommst

¡Estamos apañados!
Jetzt sitzen wir schön in der Patsche!

Es un hombre muy apañado
Er ist sehr geschickt (od. anstellig)
Ich weiß nicht, wie er es fertig bringt

Le han apañado de lo lindo
Den haben sie ganz schön fertiggemacht!

No sé cómo se las apaña
Ich weiß nicht, wie er es anstellt
Ich weiß nicht, wie er fettig bringt

Ya se las apañará
Er wird sich schon zu helfen wissen

Apaño/*Flicken*

Buscarse un apaño
Sich irgendeinen Broterwerb verschaffen

Encontrar un apaño
Eine Notlösung finden

Tener un apaño
Ein Liebesverhältnis haben

Aparentar/*Scheinen*

Aparenta menos años de los que tiene
Er sieht jünger aus, als er ist

Trata de aparentar que es rico
Er will vorgeben, daß er reich ist

Apariencia/*Schein*

Las apariencias engañan
Der Schein trügt

Salvar las apariencias
Den Schein wahren

Apearse/*Absteigen*

Apearse uno de su burro
Endlich seinen Irrtum einsehen

Apearse por la cola (o por las orejas)
Vom Pferd abgeworfen werden

Aprendiz

Aprendiz de mucho, maestro de nada
Hansdampf in allen Gassen

Apretar/*(Zu)drücken*

Apretar a alguien las clavijas
Jemandem sehr (od. hart) zusetzen

Jemanden in die Enge treiben

Dios aprieta, pero no ahoga
Gott versucht den Schwachen nicht über die Kraft

Estar en un aprieto
In der Klemme sein

Apuntar

Apuntar alto
Hoch hinaus wollen

Aquí/*Hier*

Aquí fue Troya
Hier begann das Unglück

Aquí te pillo, aquí te mato
Die Gelegenheit nehme ich beim Schopf

Ara/*Altar*

En aras de (la amistad)
(Der Freundschaft) zum Opfer

En aras de la claridad
Der Klarheit willen

Arbol/*Baum*

Del árbol caído, todos hacen leña

Wenn der Baum fällt, bricht jedermann Holz

Los árboles le impiden ver el bosque
Er sieht den Wald vor lauter Bäumen nicht

Arder

Arder por hacer algo
Darauf brennen, etwas zu tun

Arder verde por seco
Immer muß es der Unschuldige büßen

Ardo en deseos de verte
Ich komme um vor Sehnsucht nach dir

¡Está que arde!
Er ist wütend

¡Toma, y vas que ardes!
Da nimm, mehr gibt's nicht!

Ardite

No me importa un ardite
Das ist mir ganz egal

No valer un ardite
Keinen Pfennig wert sein

Arena/*Sand*

Edificar sobre arena
Auf Sand bauen

Escribir en la arena
In den Wind schreiben

Sembrar en arena
Sich unnütze Mühe machen

Argolla

Echar a alguien una argolla
Jemanden vepflichten

Arma/*Waffe*

Alguien es de armas tomar
Mit dem (der) ist nicht gut Kirschen essen

Pasar por las armas
Über die Klinge springen lassen
Frau umlegen (od. vernaschen)

Armar

¡La que se va a armar!
Das wird einen Krach geben!

Se armó la de San Quintín (la de Troya, la Marimorena)
Es gab einen Mordskrach (od. Mordsspektakel)

Aro

Hacer pasar por el aro a alguien
Jemanden zur Vernunft bringen

Pasar por el aro
In den sauren Apfel beißen

Arrastrar

Arrastrar a alguien por los suelos
Jemanden mit Schmutz bewerfen

Está para el arrastre
Er gehört zum alten Eisen
Er ist schrottreif

¡Qué vida tan arrastrada!
So ein Hundeleben (od. Hundsleben)!

Arrear

¡Arrea!
Donnerwetter!
Sag bloß!

¡El que venga detrás, que arree!
Den letzten beißen die Hunde!

Arreglar

Arreglárselas
Sich zu helfen wissen
Sich durchschleppen, -helfen, -wursteln

¡Estamos arreglados (o aviados)!
Jetzt sind wir aufgeschmissen!
Jetzt sitzen wir schön in der Tinte!

Arreglo

Esto no tiene arreglo
Da ist nichts (mehr) zu machen

Tú no tienes arreglo
Bei dir ist Hopfen und Malz verloren

Arrendar

No le arriendo las ganancias
Ich möchte nicht in seiner Haut stecken

Arriar

Arriar las velas
Klein beigeben

Arrimar (véase «Ascua»)

Arrimar el hombro
Alle mal anpacken

Arroba

Echar por arrobas
Übertreiben

Por arrobas
Scheffelweise

Tener dinero por arrobas
Haufen- (od. scheffelweise) Geld haben

Tener gracia por arrobas
Ein Charmeur sein
Äußerst charmant

Arroyo/ *Gosse*

Poner a alguien en el arroyo
Jemanden auf die Straße setzen

Salir del arroyo
Aus der Gosse kommen

Arroz

Arroz con tenedor
Ganz etepetete

Ser mucho arroz para tan poco pollo
Viel zu gut (bzw. zu groß, usw.) sein für jemanden

Arte

Como por arte de magia
Wie durch ein Wunder

No tener arte ni parte en...
Nichts mit etwas zu tun haben

Saber el arte
Den Kniff kennen

Venir con malas artes
Mit niederträchtigen Mitteln vorgehen

Asa/ *Griff*

Tener a alguien por el asa
Jemanden in der Hand haben

Asar

Estoy asado

Ich weiß nicht mehr ein noch aus (vor Arbeit)
Mir ist heiß

Le asaron a preguntas (v. «Freír»)
Sie löcherten ihn mit Fragen

Ascua (Véase «Brasa»)/*Glut*

Arrimar el ascua a su sardina
Die Gelegenheit (im eigenen Interesse) ausnutzen

Estar sobre ascuas
Wie auf glühenden Kohlen stizen

Pasar sobre ascuas
Rasch darüber hinweghuschen

Tener a alguien en ascuas
Jemanden auf die Folter spannen

Asentar/*Setzen*

Asentarle a uno las costuras
Jemanden die Hosen strammziehen

Tener buenas asentaderas
Gutes Sitzfleisch haben

Asesino/*Morder*

Gritar «al asesino»
Zeter und Mordio schreien

Asfalto/*Asphalt*

Estar en el asfalto
Auf dem Pflaster liegen

Mujer de asfalto
Ein Stadtmensch

Así/*So*

Así así - así asá
So so, mittelmäßig

Así como así
Ohne weiteres, jedenfalls, einfach so
Plötzlich
Ohne (weitere) Umstände

Así como (que) llega (llegue)
Sobald er kommt

Así como él puede, tú también podrás
Wenn er es (tun) kann, dann kannst du es auch

Así o así - así que así - así o asá - así o asado
So oder so
Gehüpft wie gesprungen, ganz egal, ganz gleich, ganz wurs (ch)t

Así de grande, pequeño, etc.
So groß, so klein, usw.

¡Así le maten!
Hoffentlich krepiert er!
Soll er doch verrecken!

Así sea
So sei es

Es así de sencillo
So einfach ist es

Una serpiente así de larga
So eine lange Schlange

Asiento

No calentar el asiento
Nicht lange im Amt bleiben

Pegársele a alguien el asiento
Am Stuhl kleben (bleiben)

Tener buen asiento
Einen guten Schluß haben

Tener culo de mal asiento
Unruhige Person sein
Ein Quecksilber sein

Asistir/*Beistehen*

¡(Que) Dios nos asista!
Gott steh' uns bei!

Asno

Apearse de su asno (o burro)
Seinen Fehler einsehen (od. eingestehen)

No ver siete (o tres) sobre un asno
Stockblind sein
Die Hand vor seiner
Nase nicht sehen (können)

Asomo

Ni por asomo
Nicht die Spur
Nicht im Entferntesten

Aspereza

Limar asperezas
Meinungsverschiedenheiten beseitigen

Aspiraciones

Tener grandes aspiraciones
Ehrgeizig sein
Hoch hinaus wollen

Asta

Dejar a alguien en las astas del toro
Jemanden im Stich lassen

Astilla/*Splitter*

De tal palo tal astilla
Der Apfel fällt nicht weit vom Stamm

Hacer astillas
Kurz und klein schlagen

Sacar astillas de algo
Aus etwas Nutzen ziehen

Atadero

No tener atadero
Weder Grund noch Boden haben

Atajar

Atajar un mal de raíz
Ein Übel an der Wurzel packen

Atajo/*Abkürzung*

No hay atajo sin trabajo
Der kürzeste Weg ist oft der anstrengenste

Atar/*Binden*

Atar corto a uno
Jemanden kurz anbinden

Atar los perros con longaniza
Wie im Schlaraffenland leben

Allí tampoco atan los perros con longaniza
Dort geht es auch nicht so üppig zu, wie manche glauben

Atar cabos
Rückschlüsse ziehen
Sich einen Reim auf etwas machen

Atando cabos, se puede decir...
Hieraus läßt sich schließen ...

Atar bien todos los cabos
Alles gut durchdenken

Estar atado de pies y manos
Keinerlei Bewegungsfreiheit haben (bei Entscheidungen, Handlungen usw.)
An Händen und Füßen gebunden sein

No atar ni desatar
Unsinn (od. Quatsch) reden
Unentschlossen sein
Alles in der Luft hängen lassen

Ser loco de atar
Total verrückt sein

Tener atada la lengua
Zum Schweigen verpflichtet sein

Atarantarse

In Bestürzung geraten
Außer Fassung geraten

Atarugarse

Sich verschlucken - Verlegen schweigen

Atención/*Aufmerksamkeit*

¡Atención!
Achtung!

Colmar de atenciones a alguien
Jemanden mit Aufmerksamkeiten überhäufen

Deshacerse en atenciones
Überaus liebenswürdig sein

Digno de atención
Beachtenswert

Falto de atención
Unaufmerksam

Llamar la atención
Auffallen
Auffallen erregen
Aus der Rolle (od. dem Rahmen) fallen
Die Blicke auf sich ziehen
Ins Auge fallen

Llamar la atención a alguien
Jemanden zurechtweisen (od. rügen, verwarnen)

Me llamó la atención que ...
Es fiel mir auf (od. ins Auge) daß...

Prestar (poner) atención
Aufmerksam sein
Aufpassen
Zuhören

Atenerse

Atenerse a lo seguro
Auf Nummer Sicher gehen
Auf sicherem Boden bleiben

Atenerse a lo dicho
Dabei bleiden

Atenerse a lo mejor
Sich das Beste aussuchen

Atenerse a lo pactado
Sein Wort halten

Atenerse a las consecuencias
Die Folgen auf sich nehmen müssen
Es sich selbst zuschreiben müssen

(No) saber a qué atenerse
(Nicht) wissen, woran man ist

Atestarse

Atestarse (o atiborrarse, o atracarse)
Sich vollstopfen (mit Essen)

Atildarse/*Sich herausputzen*

Atinar/*Treffen*

Atinar al blanco
Das Ziel treffen
Es richtig treffen

Atinar a hacer algo
Etwas richtig machen
Etwas gelingt einem

No atino a comprenderle
Ich kann ihn einfach nicht verstehen

Atisbar

Atisbar una buena ocasión, una propina, un buen negocio, una ganga
Eine gute Gelegenheit, ein Trinkgeld, ein gutes Geschäft, einen günstigen Kauf wittern

Atisbo (véase «Rastro»)

No queda un atisbo de esperanza
Es bleibt kein Fünkchen Hoffnung

Atizar/*Schlagen*

¡Atiza!
Donnerwetter!
Na sowas
Was du nicht sagst

Atizar el fuego, el odio
Feuer, Haß schüren

Atizar una paliza a alguien
Jemanden verprügeln (od. eine Tracht Prügel versetzen)

Atizar una bofetada
Jemanden Ohrfeigen (od. eine Ohrfeige geben, versetzen, runterhauen)

Atizarse un trago
Einen hinter die Binde gießen

Atocinar/*Abmurksen*

Atocinarse
Sich sterblich verlieben

Aus der Haut fahren
Die Wand hochgehen

Atole

Dar atol(e) con el dedo a alguien
Jemanden übers Ohr hauen
Jemandem eins auswischen

Ser un pan con atole
Dumm sein
Ein Klotz sein

Tener sangre de atole
Fischblut in den Adern haben

Atolondrar/*Betäuben*

Atolondrar a alguien
Jemanden aus der Fassung bringen, od. verwirren

Atolondrarse
In Verwirrung geraten
Aus der Fassung (od. ganz durcheinadner) kommen

Atolondrado

Leichtfertig, unbesonnen, unvorsichtig
Verworren, verwirrt, bedeppert
Wie vor den Kopf geschlagen

Atolladero

Sacar a alguien del atolladero
Jemandem aus der Verlegenheit (od. der Klemme, der Patsche) helfen

Atragantar/*Schlucken*

Esta palabra se me atraganta
Ich kann dieses Wort nicht aussprechen

Este individuo se me atraganta (o le tengo atragantado, o atravesado en la garganta)
Ich kann diesen Kerl nicht ausstehen
Ich habe diesen Kerl gefressen
Dieser Kerl liegt mir im Magen

Atragantarse
Sich verschlucken (Essen)
Sich versprechen (Aussprache)
Steckenbleiben (Rede)

Atranco (véase «Atolladero»)/*Klemme*

No saber cómo salir del atranco
Nicht mehr ein noch aus wissen

Atrás/*Zurück*

¡Atrás!
Zurück (treten)!

Dejar atrás
Hinter sich lassen

Echarse para (o volverse) atrás
Einen Rückzieher machen

Quedarse atrás en los estudios (en la carrera)
Zurückbleiben (bei einem Rennen, beim Studium)

Atravesado

Tener a alguien atravesado (en la garganta)
Jemanden nicht leiden (od. nicht ausstehen können)

Atreverse/*Wagen*

¡Atrévete!
Untersteh' dich!

Atreverse con alguien
Es mit jemandem aufnehmen

No me atrevo con este trabajo
Diese Arbeit ist zu schwierig (bzw. zu viel) für mich

Atrincherarse

Atrincherarse tras algo/o alguien
Sich hinter etwas/jemanden ***verschanzen***

Atrocidad (ver «Barbaridad»)

Decir atrocidades
Die unglaublichsten Dinge sagen

Hacer atrocidades

Die unglaublichsten Dinge zu Wege bringen

¡Qué atrocidad!
Das ist doch die Höhe!
Wie scheußlich (od. entsetzlich)!

Saber una atrocidad
Unheimlich viel wissen

Atropellar/*Überfahren*

Atropellar por todo
Sich über alles hinwegsetzen

Atropellarse al hablar
Sich beim Reden überstürzen

Atropellarse en
Sich übereilen bei

¡Esto es un atropello!
Das ist die reinste Vergewaltigung!

Atufarse/*Sich giften*

Den wilden Mann markieren

Aturdir/*Verblüffen*

Aus der Fassung bringen

Ausencia/*Abwesenheit*

Brillar alguien (o algo) por su ausencia
Durch Abwesenheit glänzen

Hacer buenas (malas) ausencias a alguien
Gut (schlecht) von jemandem reden

Tener buenas (malas) ausencias
Einen guten (schlechten) Leumund haben

Autoridad/*Autorität*

Hablar con autoridad
Ein Machtwort sprechen

No tener autoridad sobre alguien
Bei jemandem nichts ausrichten können

Tener (o disfrutar de) gran autoridad entre
Sich eines großen Ansehens erfreuen
In hohem Ansehen stehen

Ave/*Vogel*

Ave de mal agüero (v. «pájaro»)
Unglücksrabe

Ser un ave
Sehr schnell sein
Gerissen sein

Ser un ave zonza
Ein Einfaltspinsel sein
Zerlumpt herumlaufen

Avemaría

En un avemaría
Im Nu

Saber uno como el avemaría una cosa
Etwas auswendig wissen

Aviar (véase «Ir»)

¡Estamos aviados!
Da sitzen wir schön in der Klemme!

Estar uno aviado
In der Patsche (od. in der Klemme) sitzen

Avío/*Werkzeug*

¡Al avío!
Ans Werk!

Estar a su avío
Auf einen Vorteil (od. eine passende Gelegenheit) aus sein

Hacer (estar a) su avío
Seinen Kram erlegigen

Ir al avío
Zur Sache kommen

Ir a su avío
Auf seinen eigenen Vorteil bedacht sein
Auf seinen Nutzen bedacht sein
In die eigene Tasche arbeiten

Aviso/*Benachrichtigung*

Andar (o estar) uno sobre aviso
Auf der Hut sein

Dar aviso a alguien
Jemanden benachrichtigen

Poner sobre aviso a alguien
Jemanden warnen

Servir de aviso
Eine Lehre sein

Sin previo aviso
Mir nichts dir nichts
Unangemeldet

Avispar/*Antreiben*

Hay que avispar a este muchacho
Diesem Jungen muß man die Augen öffnen (bzw. Beine machen)
Man muß ihn antreiben

Un muchacho avispado
Ein aufgeweckter (bzw. schlauer) Junge

Avispero

Meterse en un avispero
*In ein **Wespennest** stechen*

Avizor

Estar ojo avizor
Auf der Hut sein

Ayer

Lo que va de ayer a hoy
Die Zeiten ändern sich

De ayer a hoy
Seit kurzem
Über Nacht

¡Parece que fue ayer!
Mir ist, als ob es gestern wäre

Ayuda

Costar Dios y ayuda
Unendliche Mühe kosten

Azogado

Temblar como un azogado
Zittern wie Espenlaub

Azotes y galeras

Ewiger Schlangenfraß

Azotea/*Dachgarten*

Está mal de la azotea
Er hat nicht alle Tassen im Schrank
Er hat einen Dachschaden

B

Be

Be por be (o ce por be)
Haargenau-Haarklein

Tener las tres bes
Gut, hübsch und billig sein (Bueno, bonito y barato)

Baba

Caérsele a alguien la baba con
Vernarrt sein in
Jemanden anhimmeln

Echar babas
Geifern

Hablar babas
Quasseln; dummes Zeug reden; dumm (od. dämlich) daherreden

Ser un baboso
Nicht gerade eine Leuchte sein
Ein doofer Heini sein

Babia

Estar en babia
Geistesabwesend sein

Bacalao

Cortar el bacalao
Die erste Geige spielen

Mi mujer es la que corta el bacalao en casa
Bei uns hat meine Frau die Hosen (od. die Stiefel) an (od. das letzte Wort)

Bache

Pasar un bache
In einem Tief stecken

Badana/*Schafleder*

Zurrar a alguien la badana
Jemandem das Fell gerben

Badila

Darse con la badila en los nudillos
Sich ins eigene Fleisch schneiden

Bailar

Al son que me tocan bailo yo
Ich hänge meine Mäntelchen nach dem Wind

Bailar con la más fea
In den sauren Apfel beißen

Bailar el agua a alguien
Jemandem um den Bart gehen

Que me quiten lo «bailao»
Die Freude, die ich hatte, kann mir keiner mehr nehmen

¡Otro que tal baila!
Auch so einer!

Bajar

Bajar los humos a alguien
Jemandem die Flügel stutzen

Bala

Bala perdida
Wilder Junge

Como una bala
Blitzschnell

Salió corriendo como una bala
Blitzchnell abhauen, wegrennen, abbrausen
Er war weg wie der Wind

Balar

Balar por algo
Nach etwas lechzen

Baldar

Baldar a alguien
Jemanden rupfen
Jemanden windelweich schlagen

Balsa

Ser una balsa de aceite
Eine Friedensinsel sein

Banda

Ser de la otra banda (del otro bando)
Von der anderen Fakultät sein

Cerrarse en banda
Hartnäckig sein

Dejar en banda a alguien
Jemanden im Stich lassen

Bandeja

Pasar la bandeja
Den Klingelbeutel herumreichen

Poner algo en bandeja (de plata)
Etwas jemandem sehr erleichtern

Servir algo en bandeja (de plata)
Etwas fix und fertig übergeben

Te hace un favor y en seguida pasa la bandeja
Er tut dir einen Gefallen und will ihn sofort bezahlt (bzw. erwidert) haben

Bandera/*Fahne*

A banderas desplegadas
Mit fliegenden Fahnen
Freimütig, offen

Arriar bandera(s)
Sich ergeben
Die Segel streichen

Dar a uno la bandera
Jemandes ersten Platz anerkennen

¡Está de bandera!
Dufte!
Prima!

Jurar (la) bandera
Fahneneid leisten

Llevarse uno la bandera
Den Sieg an seine Fahnen heften
Erfolg haben

Banderilla

Plantar (o poner) a uno un par de banderillas
Jemandem eins auswischen

Banquillo/*Anklagebank*

Estar en el banquillo
Auf der Anklagebank sitzen
Angeklagt sein

Baño

Dar un baño a alguien
Jemanden in den Schatten stellen
Jemandem zeigen, was man kann

Baqueta/*Rute*

Mandar a (la) baqueta
Mit der Peitsche (od. Rute) regieren

Tratar a baqueta a alguien
Jemanden rücksichtslos behandeln

Baquetazo/*Schlag*

Darse un baquetazo
Der Länge nach hinfallen (od. hinschlagen)

Echar a baquetazos limpios a alguien
Jemanden hochkantig hinauswerfen

Tratar a baquetazos
Tratar a baquetazo limpio
Jemanden piesackern, quälen, plagen

Baraja/*Kartenspiel*

Barajárselas
Sich zu helfen wissen
Gut zurechtkommen

Barajar números en el aire
Rasch begreifen
Mit Zahlen jonglieren

Entrar en baraja
Ins Spiel kommen
Mit dabei sein

Jugar con dos barajas
Doppeltes Spiel treiben

¡Paciencia y barajar!
Abwarten und Tee trinken!

Romper la baraja
Die Beziehungen (bzw. Verhandlungen) abbrechen

Baranda

Echar de baranda
Aufschneiden
Angeben

Barato/*Billig*

Cobrar el barato
Andere tyrannisieren
Den wilden Mann markieren
Allgemein gefürchtet sein

Dar de barato
Umsonst geben
Zugeben

Hacer barato
Billig abgeben
Preis heruntersetzen

Lo barato es caro
Billiges kommt oft am teuersten

Barba/*Bart*

A barba regada
Reichlich

Andar con la barba por el suelo
Ein Tattergreis sein

Barba a barba
Von Angesicht zu Angesicht

Con toda la barba
Mit allen Schikanen

Echar a las barbas
Jemandem etwas vorwerfen

Echar la barba en remojo
Auf der Hut sein
Vorbeugen

Estar con la barba en remojo
Sehr im Druck sein (od. unter Druck stehen)

En las barbas de uno
Jemandem ins Gesicht

Hacer la barba a uno
Jemandem um den Bart gehen
Jemandem auf die Nerven gehen

Llevar a uno de la barba
Jemanden beherrschen od. unterdrücken

Mentir por la barba
Unverschämt lügen
Lügen wie gedruckt

Mesarse las barbas
Sich raufen

Pelarse uno las barbas
Sich die Haare raufen

Por barba
Pro Kopf

¡Por mis barbas!
Bei meiner Ehre!

Reírse en mis barbas
Mir frech ins Gesicht lachen

Subirse uno a las barbas de otro
Gegen jemanden frech (od. unverschämt) werden

Temblarle a uno las barbas
Vor Angst schlottern

Tener pocas barbas
Unerfahren sein

Tentarse uno las barbas
Sich die Haare raufen

Barbaridad

Gustar algo una barbaridad
Etwas toll finden
Etwas furchtbar gern mögen od. tun

Hacer (o cometer) barbaridades
(Nur) Unsinn (od. Blödsinn) bzw. Unfug anstellen, od. treiben

¡Qué barbaridad! (ver «Atrocidad»)
Unerhört!
Unglaublich
Toll!

Saber una barbaridad
Unheimlich viel wissen

Una barbaridad de dinero
Ein Heidengeld

Barbecho

Firmar uno como en un barbecho
Unterschreiben, ohne das Kleingedruckte zu lesen

Hablar en barbecho
An die leere Wand predigen (od. reden)
Tauben Ohren (od. in den Wind) predigen

Barbo

Hacer el barbo
So tun als ob man singe (im Chor)

Barbullón/*Brabbelfritze, Nuschler*

Barlovento/*Luv*

Ganar el barlovento
Jemandem den Wind aus den Segeln nehmen

Barra

A barras derechas
Ohne Falsch

De barra a barra
Durch und durch

Estirar la barra
Sich sehr anstrengen

Llevar a alguien a la barra
Jemanden zur Rechenschaft ziehen

Sin pararse en barras
Rücksichtslos
Ohne Hemmungen
Ohne Rücksicht auf Verluste

Tirar uno la barra
Zum Höchstpreis verkaufen

Barranco

No hay barranco sin atranco
Ohne Fleiß kein Preis

Salir del barranco
Aus der Klemme kommen

Barrer/*Kehren*

Barrer con todo
Reinen Tisch machen

Barrer en su propia casa
Vor seiner eigenen Tür kehren

Barrer hacia (o para) dentro
In seine eigene Tasche arbeiten

Barrera

Ver los toros desde la barrera
Als Unbeteiligter zusehen

Barrido

Servir lo mismo para un barrido que para un fregado
Mädchen für alles sein

Barriga

Hinchar las barrigas
Sich aufspielen
Sich aufblasen

Barro

Tener barro a mano
Geld wie Heu haben

Bártulos/*Siebensachen*

Liar los bártulos
Seine Siebensachen packen

Preparar los bártulos
Seine Siebensachen packen

Basilisco/*Basilisk*

Estar hecho un basilisco
Gift und Galle speien
Fuchsteufelswild sein

Bastarse

Bastarse y sobrarse
Sich selber helfen können

Bastón/*Stecken*

Dar bastón al vino
Durchprügeln

Meter a alguien bastones entre las ruedas
Jemandem einen Knüppel zwischen die Beine werfen

Batuecas

Estar en las Batuecas
Nicht bei der Sache sein

Parece que viene de las Batuecas
Er ist reichlich ungeschliffen

Batuta/*Taktstock*

Llevar la batuta
Den Ton angeben

Baúl

Cargar el baúl a alguien
Jemandem den Schwarzen Peter (die Schuld) zuschieben

Henchir el baúl
Den Wanst vollschlagen

Bautismo

Romper el bautismo a alguien
Jemandem den Schädel einschlagen

Baza/*Stich (Karten)*

(A) sentar bien su baza
Die Trümpfe in der Hand haben
Ins Schwarze treffen

Hacer baza
Glück bei einem Unternehmen haben

Jugar una baza
Einen Trupf ausspielen

Meter baza
Sich einmischen
Seinen Senf dazugeben

No dejar meter baza
Niemanden zu Wort kommen lassen

Beata/*Betschwester*

Beato con uñas de gato
Scheinheiliger

De día beata, de noche gata
Tags Betschwester, nachts Bettschwester

Beber

Beber el aire
Zerstreut sein

Beber fresco
Ahnungslos
Ohne Argwohn sein

Beber los sesos a alguien
Jemandem den Kopf verdrehen

Beber los vientos por algo
Etwas sehnsüchtig herbeiwünschen

Beber por lo ancho
Alles für sich haben wollen

Beberse las lágrimas
Die Tränen unterdrücken

Beber más de la cuenta
Einen über den Durst trinken

Beber a palo seco
Auf nüchternen Magen trinken

Como quien se bebe un vaso de agua
Im Handumbrehen
Kinderleicht

Belén

Armar un belén
Ein heilloses Durcheinader anstiften

Es un belén
Das ist höchst verwickelt

Estar en Belén
Geistesabwesend sein

Todo este belén
Dieser ganze Krempel

Bellota

Si le menean da bellotas
Er ist dumm wie Bohnenstroh

Bemol

Esto tiene tres bemoles
Das ist doch allerhand!
Das ist doch das Letzte!

Bendito

Dormir como un bendito
Wie ein Murmeltier schlafen

Es pan bendito
Ein Christkindchen (od. ein Engel, ein herzensguter Mensch) sein

Berenjenal

Meterse en un berenjenal
Sich in die Nesseln setzen

Berrinche/*Wutanfall*

Cogerse un berrinche
Einen Wutanfall bekommen
Plärren (Kinder)

Berza/*Kohl*

Berzas y capachos
Wie Kraut und Rüben (durcheinander)

Picar la berza
Anfänger sein

Besar

Besar el suelo
Hinfallen

Llegar y besar el santo
Etwas auf Anhieb erreichen

Besugo

¡Ya te veo, besugo!
Ich weiß schon, worauf du hinauswillst
Nachtigall, ick (od. ich) hör dir trapsen!

Bicho/*Tier*

Bicho malo nunca muere
Unkraut verdirbt nicht

Bicho raro
Komischer Kauz

Mal bicho
Gemeiner, hinterlistiger Kerl

No había bicho viviente
Keine Seele (kein Aas) war da

Bigote

Estar de bigote
Klasse-Spitze-Toll sein

Tener (tres pares de) bigotes
Äußerst schwierig sein
Sich von seinem Entschluß nicht abbringen lassen
Beharrlich (od. hartnäckig) sein

Birlibirloque

Por arte de birlibirloque
Wie her-bzw. weggezaubert

Birlonga

A la birlonga
In den Tag hinein
Ziellos

Bizco

Dejar bizco a alguien
Jemanden auf die Matte legen

Quedarse bizco
Platt (od. erstaunt) sein

Blanca/*Weiß, blank*

Blanco y en botella
Binsenwahrheit

Cargar el blanco a algien
Jemandem die Schuld zuschieben

Dar en el blanco
Ins Schwarze treffen

Dejar a alguien en blanco
Jemanden im unklaren lassen

Estar sin blanca
Blank sein
Auf dem Trockenen sitzen

Hacer de lo blanco negro
Aus Schwarz weiß machen

Juzgar lo blanco por negro y lo negro por blanco
Das Pferd beim Schwanz aufzäumen

No distinguir lo blanco de lo negro
Ein ausgemachter Dummkopf sein

No tener blanca
Abgebrannt sein
Pleite sein

Ser el blanco de las miradas
Alle Blicke sind auf jemanden gerichtet

Blas

Díjolo Blas, punto redondo
Da gibt's keinen Widerspruch

Bledo

Me importa un bledo
Das ist mir schnuppe

Bóbilis

Lo consiguió de bóbilis
Es ist ihm in den Schoß gefallen

Bobo

Entre bobos anda el juego
Auf einen Schelmen anderthalbe

Boca/*Mund*

A boca llena
Rücksichtslos
Frei von der Leber weg

A boca de invierno
Am Anfang des Winters

A boca (de) jarro (a bocajarro)
Direkt vom Krug (trinken)

Abrir boca
Einen Imbiß zu sich nehmen

Andar (ir) de boca en boca (o en boca de todos)
Von Mund zu Mund gehen
In aller Leute Mund sein

A qué quieres, boca
Wie gerufen
Gerade richtig
Ganz nach

A pedir de boca
Wunsch

Boca abajo
Bäuchlings
Auf dem Bauch

Boca arriba
Rücklings
Auf dem Rücken

Boca de risa
Freundlicher Mensch

Boca de verdades
Aufrichtiger Mensch

Buscar a uno la boca
Jemanden zum Sprechen bringen

Decir algo con la boca chica (o chiquita)
Nur aus Höflichkeit so reden

Decir lo que se le viene a la boca
Kein Blatt vor den Mund nehmen

Echar por la boca
Loslegen

En boca cerrada, no entran moscas
Por la boca muere el pez
Reden ist Silber, Schweigen ist Gold

Estar uno con la boca (pegada) a la pared
Seine Not verschweigen

Estar uno a qué quieres, boca
Alle seine Wünsche erfüllt haben

Ganar a uno la boca
Jemanden überzeugen (bzw. manipulieren)

Hablar por boca de ganso
Andern dumm nachschwätzen

Hacer boca
Einen Imbiß (od. einen Aperitif) nehmen

Heder la boca a uno
Ein Bettler sein

Írsele la boca a uno
Mit etwas herausplatzen
Unbesonnen reden

Irse uno de boca
Zügellos handeln
Sich zügellos benehmen

La boca se me hace agua
Das Wasser läuft mir im Mund zusammen

Mentir con toda la boca
Unverschämt lügen

Meterse en boca del lobo
In die Höhle des Löwen gehen

No decir esta boca es mía
Nicht piep sagen
Den Mund nicht aufmachen

No tomar en (la) boca a uno
Jemanden nicht (einmal) erwähnen

Partir la boca a uno
Jemandem eine Ohrfeige geben

Poner boca en uno
Jemanden schlecht machen
Jemandem etwas in den Mund legen

Poner la boca al viento
Nichts zu essen haben

Por la boca muere el pez
Reden ist silber, Schweigen ist Gold

Quitar a uno de la boca una cosa
Es jemandem von der Zunge nehmen

Tapar la boca a uno
Jemandem den Mund (ver) stopfen
Jemanden zum Schweigen bringen

Tener buena boca
Kein Kostverächter sein
Gut von andern reden

Tener mala boca
Andere schlecht machen
Schimpfwörter gebrauchen
Einen schlechten Geschmack im Mund haben

Traer uno siempre en la boca una cosa
Immer mit dem selben Thema (an)kommen

Bocado/*Bissen*

Bocado de Adán
Adamsapfel

Bocado sin hueso
Gutes Geschäft

Caro bocado
Schlechtes Geschäft

Comer una cosa en un bocado (o en dos bocados)
Etwas hastig hinunterschlucken

Contarle a uno los bocados
Sehr mit jemandes Essen knausern

Dar un bocado
Zubeißen
Zuschnappen

Dar un bocado a uno
Jemandem (aus Mitleid) etwas zu essen geben

Me cuenta los bocados
Er zählt alle meine Schritte

Un bocado difícil de digerir
Ein harter Brocken

Tomar un bocado
Einen Imbiß nehmen

Boda

No hay boda sin tornaboda
Keine Rose ohne Dornen

Bola

Decir bolas
Schwindeln
Jemandem einen Bären aufbinden

Dejar que ruede la bola
Der Dinge Lauf lassen

Hacer bolas
Die Schule schwänzen

No dar pie con bola
Uberhaupt nicht zurechtkommen
Alles falschmachen

¡Y dale bola!
Jetzt kommt er schon wieder damit!

Bolina

Andar de bolina
Auf den Bummel gehen

Echar de bolina
Sich aufplustern

Bolos

Echar a rodar los bolos
Die Puppen tanzen lassen
Randalieren

Bolsillo/*Tasche (An Kleidung)*

Le tiene en el bolsillo
Den hat er in der Tasche

Meterse a alguien en el bolsillo
Jemanden für sich gewinnen

Bolsa/*Tasche*

Bolsa rota
Verschwender

¡La bolsa o la vida!
Geld her oder das Leben!

Bomba/*Bombe*

Caer como una bomba
Wie eine Bombe einschlagen (Nachricht)

Estar echando bombas
Vor Wut toben

Reventó (o estalló) la bomba
Die Bombe ist geplatzt

Bombo/*Pauke*

Dar bombo a alguien
Jemanden in den Himmel heben

Pregonar algo a bombo y platillo
Etwas hinausposaunen
Für etwas gewaltig die Werbetrommel rühren

Tengo la cabeza hecha un bombo
Mir dröhnt der Kopf wie eine Pauke

Bonete

De bonete
Auf Kosten anderer

Boqueada

Estar dando las boqueadas
Im Sterben liegen
Zur Neige gehen

Borda/*Bord*

Dar bordas
Unentwegt hin-undhergehen

Echar algo por la borda
Etwas über Bord werfen

Bordar

Bordar algo
Etwas mit vielen Ausschmückungen erzählen
Etwas perfekt vollenden

Borla

Tomar la borla
Seinen Doktor machen

Borra/*Flusen*

Meter borra
Leeres Stroh dreschen
Unnötig aufblähen

Borrón

Borrón y cuenta nueva
***Strich** drunter, Schwamm drüber*

El mejor escribano echa un borrón
Das kann jedem einmal passieren
Das kann selbst in der besten Familie vorkommen

Bota/*Stiefel*

Morir con las botas puestas
Etwas in vollen Zügen genießen
In den Sielen sterben

Ponerse las botas
Nach Herzenslust essen, trinken, usw.

Bote

Dar el bote a alguien
Jemanden hochkantig hinausschmeißen

Tener a alguien en el bote
Jemanden in der Tasche haben

Braga

A bragas enjutas no se pescan truchas
Ohne Fleiss, kein Preis

Estar hecho una braga
Völlig erschossen sein

No poder con las bragas
Schwach, erschöpft sein
Kaum seine Füße heben können

Ser un bragazas
Ein Pantoffelheld sein

Bragueta

Dar un braguetazo
Eine reiche Frau heiraten

Tener bragueta
Ein ganzer Kerl sein

Brasa/*Kohlenglut*

Estar como en brasas
Wie auf glühenden Kohlen sitzen

Ponerse hecho una brasa
Feuerrot anlaufen

Tener a alguien en brasas
Jemanden in (großer) Unruhe halten

Brazo

A fuerza de brazos
Mit Gewalt

A todo brazo
Aus Leibeskräften

Estar con los brazos cruzados
Die Hände in den Schoß legen

No dar su brazo a torcer
Nicht nachgeben

Ser el brazo derecho de alguien
Jemandes rechte Hand sein

Valerse de buenos brazos
Gute Hilfe, Fürsprache haben

Brecha

Abrir (se) brecha
Eine Bresche legen
Jemanden überreden

Estar siempre en la brecha
Immer (zur Verteidigung einer Sache) bereit sein

Hacer brecha en alguien
Auf jemanden Eindruck machen

Brete/*Klemme*

Poner en un brete
In eine schwierige Lage bringen

Breva

Está madura la breva
Die Zeit ist reif

Más blando que una breva
Pflaumenweich

No caerá esa breva
Das Glück wird man nicht haben

Briba/*Lotterleben*

Andar a la briba
Herumstreunen
Ein Gaunerleben führen

Briján

Saber más que Briján
Alle Kniffe kennen

Brincar

En un brinco
Im Nu

Está que brinca
Er zittert vor Wut

Brizna

Tener briznas de algo
Einen Anflug von etwas haben

Broche

Poner broche de oro a algo
Etwas krönen

Broma/*Scherz*

Mezclar bromas con veras
Mit Zuckerbrot und Peitsche vorgehen

No estar para bromas
Nicht zum Scherzen aufgelegt sein

Bruces

Darse de bruces con alguien
Jemanden unerwartet begegnen

Brújula

Por brújula
Über den Daumen gepeilt

Brujulear

Anda brujuleando el asunto
Er fühlt der Sache auf den Zahn
Bei jemanden auf den Busch klopfen
Jemanden auf den Zahn fühlen

Saber brujulear
Sich geschickt durchschlagen (od. durchs Leben lavieren)
Den Rummel kennen

Buche

No le cabe en el buche
Er kann den Mund nicht halten

Sacar el buche a alguien
Etwas aus jemandem herausholen

Buen/*Gut*

A la buena de Dios
Aufs Geratewohl
Auf gut Glück

Dar algo por las buenas
Etwas gutwillig geben (bzw. hergeben od. rausrücken)

Dar una buena a alguien
Jemanden fertigmachen

De buenas a mejor
Immer besser

De buenas a primeras
Mir nichts, dir nichts

En las buenas y en las malas
In Freud und Leid

Lo bueno, si breve, dos veces bueno
In der Kürze liegt die Würze

Más bueno que el pan
Äußerst gutmütig
So gut wie Gold

No estar bueno de la cabeza
Nicht recht bei Trost sein

Pedir algo por las buenas
Etwas mir nichts, dir nichts verlangen

Por las buenas
Im Guten

Por las buenas o por las malas
Wohl oder übel

Buey/*Ochse*

Buey viejo, surco derecho
Alte Esel wissen viel

El buey suelto bien se lame
Freiheit tut wohl

Habló el buey y dijo ¡mu...!
Vom Ochsen kann man nur Rindfleisch verlangen

Trabajar como un buey
Sich abschuften

Bufido/*Schnauben*

Me lanzó unos bufidos
Der hat mich vielleicht angeschnauzt

Soltar un bufido
Laut herausplatzen (lachen)

Bula

Hay bulas para difuntos
Die dümmsten Bauern ernten immer die größten Kartoffeln

Tener bulas
Sich etwas anmaßen
Eine Sondererlaubnis haben

Vender bulas
Schwindeln

Bulto

Buscar a alguien el bulto
Jemandem auf den Pelz rücken

Escurrir el bulto
Sich drücken
Sich dünnemachen

Moler a alguien el bulto
Jemandem das Fell gerben

Pescar a alguien el bulto
Jemanden beim Schlafittchen packen

Sacar el bulto
Verduften-Abhauen

Bulla

Estar de bulla
Lustig sein

Meter (armar) bulla
Krach (od. Radau) machen
Die Bude auf den Kopf stellen

Bullir

Bulle en todo
Er muß überall dabei sein

Bullirle a alguien algo
Heftig nach etwas verlangen

Me bullen los pies
Es juckt mich in den Füßen

Buñuelo

Mandar a freir buñuelos
Zum Teufel schicken

No es buñuelo
So einfach ist das nicht

Bureo

Ir de bureo
Auf den Bummel gehen

Burra (o)/*Esel (in)*

Apearse del burro
Seinen Irrtum od. Fehler einsehen (od. eingestehen)

Burro cargado de letras
Fachidiot

Burro grande, ande o no ande
Je größer, desto lieber (selbst wenn es zu nichts taugt)

Correr burro una cosa
Verschwinden (Sache)

Costar una burra
Eine Stange Geld kosten

Decir burradas
Quatsch (od. Unsinn) reden, bzw. grobe Frechheiten sagen

Descargar la burra
Seine Arbeit auf andere abschieben

Írsele a alguien la burra
Aus der Schule plaudern

No apearse del burro
Stur bleiben

No ver tres (o siete) en un burro
Stockblind (od. blind wie ein Maulwurf) sein

No meter el burro en casa
Den ganzen Tag auf der Stràße sein

Trabajar como un burro
Wie ein Maulesel schuften

Una vez puesto en el burro (o en el borrico)
Wer A sagt, muß auch B sagen

Buscar/*Suchen*

Buscarse la vida
Sich recht und schlecht durchschlagen

Buscárselas
Seinen Geist anstrengen
Sich (hin)durchfinden
Auf Mittel sinnen

Quien busca halla
Wer suchet, der findet

Se lo ha buscado
Das hat er sich selber eingebrockt

Busilis

Allí está el busilis
Da liegt der Hund begraben
Das ist des Pudels Kern

Dar en el busilis
Ins Schwarze treffen

C

Cabal/*Völlig*

No estar en sus cabales
Nicht richtig bei Trost sein

Cabalgar

Cabalgar sobre una ilusión
Sich Illusionen hingeben

Caballero

Caballero en su opinión
Hartnäckig auf seiner Meinung bestehen

Caballero cubierto
Unhöflicher Mensch

Poderoso caballero don dinero
Geld regiert die Welt

Caballo/*Pferd*

A caballo regalado no hay que mirarle el diente
Einem geschenkten Gaul sieht man nicht ins Maul

Con mil de a caballo
Wütend-Mit Pauken und Trompeten

A uña de caballo
Mit knapper Not
Spornstreichs

Ir en el caballo de San Francisco
Auf Schusters Rappen reiten

Poner a alguien a caballo
Jemanden in den Sattel heben

Sacar limpio el caballo
Gut durchkommen
Erfolg haben

Cabello (véase «Pelo»)/*Haar*

Asirse de un cabello
Nach einem Strohhalm greifen

Cortar (o hender, o partir) un cabello en el aire
Haarspaltereien treiben
Haare spalten

Estar colgado de los cabellos
Wie auf glühenden Kohlen sitzen

Estar pendiente de un cabello
An einem Haar hängen

Llevar a uno de un cabello
Jemanden um den (kleinen) Finger wickeln können

Llevar a uno de (o por) los cabellos
Jemanden an den Haaren herbeizerren

No faltar (ni) un cabello a algo
So gut wie fertig sein

No montar un cabello una cosa
Unwichtig sein

No tocar a uno en un cabello
Jemandem kein Haar krümmen

Podérsele ahogar a uno con un cabello
Sehr bekümmert und bedrückt sein

Ponérsele a uno los cabellos de punta
Die Haare stehen jemandem zu Berge
Die Haare sträuben sich jemandem

Traer una cosa por los cabellos
Etwas bei den Haaren herbeiziehen

Tropezar en un cabello
Über jeden Strohhalm stolpern

Caber

No cabe en mi cabeza
Das will mir nicht in den Kopf

¡No cabe más!
Das ist doch die Höhe!

No cabe ni un alfiler
Das ist gestopft voll

No caber en sí de alegría
Vor Freude ganz aus dem Häuschen sein

Cabeza/*Kopf*

Andar de cabeza
Nicht mehr wissen, wo einem der Kopf steht
Bis über die Ohren in Arbeit stecken

Andársele a uno la cabeza
Schwindlig werden
Schwach sein

Alzar la cabeza
Den Kopf heben

Alzar (o levantar) cabeza
Sich erholen
Mut fassen

Bajar uno la cabeza
Den Kopf senken
Klein beigeben

Bullirle a uno la cabeza
Der Kopf kocht jemandem

Cabeza abajo
Drunter und drüber
Durcheinander

Cabeza a pájaros
Leichtfuß, Wirrkopf

Cabeza de chorlito
Windbeutel, Wirrkopf
Spatzenhirn

Cabeza de hierro
Starrkopf
Beharrliche, zähe Person

Cabeza de turco
Prügelknabe, Sündenbock

Cabeza redonda
Dummkopf

Cabeza torcida
Heuchler

Calentarle a uno la cabeza
Jemandem den Kopf heiß machen

Calentarse uno la cabeza
Sich den Kopf zerbrechen

Dar uno con la cabeza en las paredes
Sich kopfüber in etwas stürzen
Mit dem Kopf durch die Wand wollen

Dar uno de cabeza
Vom Thron fallen

Darse con la cabeza en las(s) pared(es)
Sich den Kopf an der Wand aufschlagen

Escarmentar uno en cabeza ajena
Durch fremden Schaden klug werden

Esconder la cabeza bajo el ala
Den Kopf in den Sand stecken

Írsele a uno la cabeza
Es wird jemandem schwindlig
Vergeßlich werden

Jugarse (o apostarse) uno la cabeza
Seinen Kopf wetten

Llenar a uno la cabeza de viento (o de pájaros)
Jemandem einen Floh ins Ohr setzen

Llevar de cabeza a alguien
Jemanden verrückt machen

Meter a uno en la cabeza una cosa
Jemandem etwas beibringen

Meter a uno la cabeza en un puchero
Sich auf etwas versteifen

Metérsele a uno en la cabeza algo
Sich etwas in den Kopf setzen

No tener donde volver la cabeza
Nicht wissen, wohin man sich wenden kann

No saber donde se tiene la cabeza
Nicht mehr wissen, wo einem der Kopf steht

Olerle a uno la cabeza a pólvora
In großer Gefahr (od. in Lebensgefahr) schweben

Pasarle a uno una cosa por la cabeza
Jemandem durch den Kopf gehen

Perder uno la cabeza
Den Kopf (od. den Verstand) verlieren

Quebrantar (o quebrar) a uno la cabeza
Jemanden in die Knie zwingen
Jemandem auf die Nerven gehen

Quitar a uno de la cabeza una cosa
Jemandem etwas aus dem Kopf schlagen

Sentar la cabeza
Vernunft annehmen

Subirse una cosa a la cabeza
Jemandem zu Kopf steigen (Wein, Erfolg)

Tener la cabeza a las once (o a pájaros)
Zerstreut sein

Tener la cabeza en su sitio
Einen guten Kopf haben
Verstand haben

Tener mala cabeza
Ein schlechtes Gedächtnis haben

Tener pájaros en la cabeza
Einen Vogel haben
Spinnen

Traer algo/alguien a uno de cabeza
Etwas/jemand macht jemanden (ganz) verrückt
Etwas/jemand macht jemandem große Sorgen

Traer uno sobre su cabeza a otro
Jemanden in den Himmel heben

Tocado de la cabeza
Spinnen-Einen Dachschaden haben

Vestirse por la cabeza
Weiblichen Geschlechts (bzw. ein Geistlicher) sein

Cabezada

Dar (o echar) una cabezada
Ein Nickerchen machen

Dar la cabezada
Jemandem sein Beileid aussprechen

Darse de cabezadas
Sich abmühen (od. abrackern)
Sich die Beine ablaufen (und doch nichts erreichen)

Darse de cabezadas contra las paredes
Mit dem Kopf wider die Wand rennen

Cabezón

Agarrar, llevar, o traer de los cabezones a uno
Jemanden an der Kandare haben

Ser un cabezón (o cabezota)
Ein Dickkopf, Starrkopf od. Dickschädel sein

Cable

Echar o lanzar un cable a alguien
Jemandem unter die Arme greifen
Jemandem (wieder) auf die Beine helfen

Cabo

Al cabo
Zuletzt
Schließlich
Am Ende

Al cabo de la jornada
Schließlich und endlich

Al cabo y a la postre
Schließlich und endlich

Al cabo, al cabo
Letzten Endes

Al cabo del mundo
Irgendwohin

Al cabo de Dios os (te) salve
Nach einer Ewigkeit
Nach ewig langer Zeit

Al cabo de un mes
Nach einem Monat

Al cabo de un rato
Kurz darauf

Al fin y al cabo
Letzten Endes

Atar (o juntar) cabos
Sich einen Reim auf etwas machen
Rückschlüsse ziehen

Dar cabo a una cosa
Etwas vollenden (od. zu Ende führen, od. abschließen)

De cabo a cabo
Von A bis Z

Dar cabo de una cosa
Mit etwas fertig werden (auch iron.)
Etwas zerstören, kaputtmachen

De cabo a rabo
Von Anfang bis Ende
Durch und durch

Estar al cabo
Am Ende sein

Estoy al cabo de mi paciencia
Meine Geduld ist zu Ende

Estoy al cabo de mis fuerzas
Ich bin am Ende meiner Kräfte

Estar al cabo de una cosa (o de la calle)
Im Bilde sein

Bescheid wissen
Dahinter gekommen sein
Alles durchschauen können

Estar muy al cabo
In den letzten Zügen liegen

Llevar a cabo una cosa
Etwas vollbringen
Etwas aus- (od. durchführen)

No tener ni cabo ni cuerda una cosa
Weder Hand noch Fuß haben

Tener una cosa al cabo del trenzado
Etwas wie seine Westentasche kennen

Cabra

Echarle a uno las cabras
Jemanden alles zahlen lassen

Estar como una cabra
Einen Dachschaden haben
Nicht alle Tassen im Schrank haben
(Total) verrückt sein

La cabra siempre tira al monte
Die Katze läßt das Mausen nicht

Meterle a uno las cabras en el corral
Jemanden ins Bockshorn jagen

Cabrearse

Coger (od. agarrar) un **cabreo**
Wütend werden
Einschnappen
Aus dem Häuschen geraten
Außer sich sein vor Wut
In Wut geraten

Cabuya

Dar cabuya
An-, festbinden
Vertäuen

Ponerse en la cabuya
Etwas begreifen
Dahinterkommen

Cacao

No valer un cacao
Keinen Pfifferling wert sein

Pedir cacao
Um Gnade bitten
Vor jemandem kriechen

Se va a armar un gran cacao
Das wird ein heilloses Durcheinander geben

¡Vaya cacao!
So ein (heilloses) Durcheinander!
So ein Mist!

Cacarear

Cacarear los propios éxitos
Seinen Erfolg ausposaunen
Sich selbst rühmen

Cacarear y no poner huevos
Angabe und nichts dahinter

Caciquear

In alles hineinreden
Herumkommandieren
Schikanieren

Cacha

Hacer la cacha
Alles möglich tun, (um etwas zu erreichen)

Estar enamorado hasta las cachas
Bis über die Ohren verliebt sein

Meterse hasta las cachas en algo
Bis über die Ohren in etwas stecken

Meter un cuchillo hasta las cachas en...
Das Messer bis ans Heft in ... stecken

Cachivaches

Kram
Krimskrams
Siebensachen

Cacho

Ser un cacho de pan
Ein herzensguter Mensch (od. eine treue Seele, od. ein Engel) sein

Cachondearse

Cachondearse de alguien
Sich lustig machen über jemanden

Estar de **cachondeo**
Spaß machen (od. treiben)

¿Estás de cachondeo?
Spinnst du?
Du machst wohl Spaß?

¡Estarás de cachondeo!
Du meinst das doch (hoffentlich) nicht im Ernst!
Das kann doch nicht dein Ernst sein!

Es un tipo muy cachondo
Er ist ein fideles Haus
Er ist ein lustiger Kerl

Tomar algo a cachondeo
Etwas nichts ernst nehmen

Caer

Al caer de la hoja (o pámpana)
Im Spätherbst

Caer bien (mal)
Gut (schlecht) ankommeri bei jemanden

(Este chico me cae bien gordo [mal])
Ich mag diesen Jungen (nicht)
Ich kann ihn nicht ausstehen
Er fällt mir auf die Nerven

Caer bien (mal) una cosa
(Un) gelegen kommen

Caer enfermo (o malo)
Krank werden
Erkranken

Caer en el garlito
In die Falle gehen

Caer en la tentación
In Versuchung geraten

Caer en el error de
Den Fehler begehen, zu

Caer en la cuenta
Etwas plötzlich merken, verstehen, begreifen

Caer en gracia
Sympathie erwecken

(Me ha caído en gracia)
Ich finde ihn, sie, es lustig (bzw. sympathisch, od. nett)

Caerse de bueno (tonto)
Ein herzensguter Mensch (ein Trottel) sein

Caerse de risa
Sich krank- (od. tot-)lachen

Caerse de sueño
Totmüde (od. zum Umfallen müde) sein

Caerse de suyo (de su peso) algo
Etwas leuchtet ohne weiteres ein

Caerse de maduro
Steinalt sein
Ein alter Knacker sein

Caerse redondo
Wie tot umfallen
Niederstürzen wie ein gefällter Baum

Dejar caer
Beiläufig erwähnen
Einstreuen, fallen lassen

Dejarse caer por ...
Bei, in ... auftauchen od. aufkreuzen

Estar al caer
Imminent sein

No caerá esa breva (brevita)
Das Glück werde ich nicht haben

No tener donde caerse muerto
Arm wie eine Kirchenmaus sein

No caigo
Ich kann mich nicht erinnern
Ich versteh nicht ganz

¡Ya caigo!
Jetzt geht mir ein Licht auf!
Jetzt hab ich's!
Jetzt begreife ich (es)!

Café

Estar de mal café
Schlechte Laune haben

Tener mal café
Einen üblen Charakter haben

Cafetera

Estar como una cafetera
Spinnen
Einen Dachschaden haben

Cajón/*Schubladen*

Cajón de sastre
Sammelsurium, Durcheinander
Wirrkopf (Pers.)

Es de cajón
Das ist doch (ganz) klar (od. einfach)

Ser de cajón
Üblich sein
Einfach sein

Cal

De cal y canto
Felsenfest, dauerhaft

Cerrado a cal y canto
Verriegelt und verrammelt

Una de cal y otra de arena
Immer schön im Wechsel (etwas negatives und etwas positives)

Caldo/*Fleischbrühe*

Amargar el caldo
Jemandem die Suppe versalzen

Hacer a alguien el caldo gordo
Jemanden ins Fett setzen

No quieres caldo, toma 3 tazas
Wer sich vor der Arbeit drückt, dem fällt doppelt auf den Rück
Da, du wolltest doch arbeiten (iron.)

Poner a caldo a alguien
Jemandem den Kopf waschen
Jemanden zur Schnecke (od. zur Minna) machen

Revolver el caldo
Eine Sache wieder aufrühren

Cáliz/*Kelch*

Apurar hasta las heces el cáliz
Den bitteren Kelch bis zur Neige leeren

Calvo

Ni tanto ni tan calvo
Nur keine Übertreibung!
So toll ist es nun wirklich nicht

Se ha quedado calvo de tanto pensar
Hat der sich aber angestrengt! (iron.)
Hat der aber sein Hirn zermartert! (iron.)

Calzar

Calzarse a alguien
Jemanden in die Tasche stecken

Calzárselos
Einen Anpfiff verdient haben

Calzón

Dejar a alguien en calzoncillos
Jemanden bis aufs Hemd ausziehen

Métete en tus calzones
Kümmere Dich um deinen eigenen Kram!

Tener bien puestos los calzones
Ein ganzer Kerl sein

Callar/*Schweigen*

Dar la callada por respuesta
Einfach nicht antworten

Quien calla otorga
Wer schweigt, stimmt zu

¡Qué calladito te lo tenías!
Sieh mal einer an!
(Und) das sagst du mir jetzt erst?

Yo me callo
Da will ich lieber nicht reinreden
Da mische ich mich nicht rein
Ich sage (lieber) nichts

Calle

Dejar a alguien en la calle
Jemandem das Brot wegnehmen

Echarse a la calle
Sich empören
Auf die Barrikaden gehen

Llevarse a alguien de calle
Über jemanden Herr werden

Callo

Criar, hacer, o tener callos
Ein dickes Fell wachsen lassen

Dar el callo
Schuften
Sein Letztes hergeben

Ser un callo
Einen schwierigen Charakter haben

Tener callos en los oídos
Kein musikalisches Gehör haben

¡Vaya callo!
So ein Besen! (Häßl. Frau)

Camelo

Dar (el) camelo a alguien
Jemanden auf den Arm nehmen
Jemanden hintergehen (od. hinters Ohr hauen)

Ser un camelista
Ein Lügenbeutel sein

Camino/*Weg*

Abrir(se) camino
Sich einen Weg bahnen
Den Weg bahnen
Sich durchsetzen im Leben

Abrir nuevos caminos
Bahn brechen
Neue Wege weisen

Allanar el camino
Den Weg ebnen

A medio camino
Halbwegs
Auf halbem Wege

A dos horas de camino de aquí
Zwei Wegstunden von hier

Camino de casa
Heimwärts

Camino de ...
Auf dem Weg nach ...

Cruzarse en el camino de uno
Jemandem den Weg verlegen
Jemandem entgegentreten

De un camino, dos mandados
Zwei Fliegen auf einen Schlag

Echar cada cual por su camino
Jeder geht seinen Weg

Entrar (o meterle) a uno por camino
Jemanden zur Vernunft bringen

Ir cada cual por su camino
Jeder geht seinen Weg

Ir uno fuera de camino
Auf dem falschen Weg sein
Einen Umweg machen

Ir por (o llevar) buen camino
Auf dem rechten Wege sein
Berechtigt (od. richtig) sein

Ponerse en camino (para)
Sich auf den Weg machen

Tomar el camino en las manos
Sich aufmachen (nach)

Camión (v. «Tren»*)*

Estar como un camión
Eine tolle Figur haben

Camisa/*Hemd*

Cambiar de camisa
Seine Meinung wie das Hemd wechseln

Dejar a uno sin camisa
Jemanden bis aufs (letzte) Hemd ausziehen

Jugar(se) uno hasta la camisa
Ein leidenschaftlicher Spieler sein
Seinen ganzen Besitz verspielen

Meterse uno en camisa de once varas
Sich in die Nesseln setzen
Seine Nase in Dinge stecken, die einen nichts angehen

No llegarle a uno la camisa al cuerpo
Eine Heiden- (od. Riesen-)angst haben
Vor Angst mit den Knie schlottern

Vender uno hasta la camisa
Sein letztes Hab und Gut verkaufen

Campana/*Glocke*

Dar la campanada
Aufsehen erregen
Den Vogel abschießen
Ins Schwarze treffen

Echar las campanas al vuelo
Mit allen Glocken läuten
Etwas an die große Glocke hängen

No haber oído uno campanas
Ziemlich unwissend sein

Oír campanas y no saber dónde
Etwas haben läuten hören
Etwas falsch verstehen und/oder falsch weitergeben

Querer tocar las campanas y asistir a la procesión
An zwei Orten zugleich sein wollen

Subirse al campanario
Die Wände hochgehen

Campo/*Land, Feld*

A campo raso
Unter freiem Himmel

A campo través (o traviesa)
Querfeldein

Dejar el campo libre
Das Feld räumen

Hacer campo
Platz machen

Hacer campo raso de algo
Mit etwas reinen Tisch machen

Irse por esos campos de Dios
Umherziehen
Weitschweifig werden
Am Thema vorbeireden

Levantar el campo
Eine Sache aufgeben
Das Lager abbrechen

Sacar al campo a uno
Jemanden herausfordern

Tener campo libre
Freie Bahn haben

Cana/*Weißes Haar*

Echar una cana al aire
Auf den Bummel gehen

Peinar canas
Alt sein

Quitar mil canas a uno
Jemandem viel Freude bereiten

Canción/*Lied*

Ser otra canción
Etwas ganz anderes sein

Venir con canciones
Mit dummen Geschichten (od. Quatsch, bzw, dummen Ausreden) kommen

¡Y dale con la canción!
Immer das gleiche Lied (od. dieselbe Leier)!

Candado

Echar candado a la boca (a los labios)
Dicht halten
Kein Sterbenswörtchen sagen

Canela

Canela fina (o canela en rama)
Etwas sehr Feines

Es la flor de la canela
Das Beste vom Besten

Cantar/*Singen*

Cantar uno de plano
Mit der Sprache herausrücken

Cantarlas claras
Kein Blatt vor den Mund nehmen

Cantarle a alguien las cuarenta
Jemandem den Kopf waschen

Ese es otro cantar
Das ist etwas ganz anderes

Canto

Al canto del gallo
Bei Tagesanbruch

En canto llano
Klar und deutlich

Por el canto de un duro
Um ein Haar

Ser canto llano
Nichts Besonderes sein-Spielend leicht sein

Canuto

No sabe ni hacer la O con un canuto
Er ist strohdumm

Capa

Dejar la capa al toro
Haare lassen, aber davonkommen

Hacer de su capa un sayo
Tun können, was man will

Ir de capa caída
Niedergeschlagen sein

No tener más que la capa en el hombro
Nur noch das Hemd auf dem Leibe besitzen

Tirar a alguien de la capa
Jemandem einen Wink geben

Capitán

Son las cuentas del Gran Capitán
Das ist ja sagenhaft teuer

Capote

Dar capote
Alle Trümpfe in der Hand haben

Dar a alguien capote
Jemandem den Wind aus den Segeln nehmen

Decir para su capote
In seinen Bart brummen
Bei sich denken (od. sagen)

Echar un capote a alguien
Jemandem aus der Klemme (od. der Patsche) helfen

Cara/*Gesicht*

A cara descubierta
Offen, ehrlich

A cara o cruz (o cara o sello)
Kopf oder Zahl (od. Bild oder Schrift)

Caérsele la cara de vergüenza
Sich in Grund und Boden schämen
Rot anlaufen (vor Scham)

Cara a (o de cara a)
Angesichts

Cara a cara
Von Angesicht zu Angesicht

Cara de acelga
Leichengesicht

Cara de aleluya (o de pascuas)
Zufriedenes, lächelndes Gesicht

Cara de ángel
Engelsgesicht
Engelchen (iron.)

Cara de cemento (armado)
Unverschämter Kerl

Cara de gualda
Kreidebleiches Gesicht
Leichengesicht

Cara de hereje
Grundhäßliches Gesicht

Cara de (justo) juez (o de alguacil)
Strenges, hartes Gesicht

Cara de corcho
Freches Gesicht
Frech wie Oskar sein

Cara de pocos amigos
Unfreundliches Gesicht

Cara de viernes
Trauriges (bzw. verhärmtes) Gesicht

Cara de vinagre
Saure Miene

Cruzar la cara a uno
Jemanden ohrfeigen

Dar cara a uno
Sich jemandem entgegensetzen

Dar la cara
Für sich einstehen

Dar (o sacar) la cara por otro
Für jemanden eintreten
Jemanden verteidigen

De cara
Ins Gesicht
Gegenüber - Von vorne

De cara a
Im Hinblick auf

Echar a la cara (o en la cara) a uno alguna cosa
Jemandem etwas vorwerfen

Echar cara a una cosa
Etwas entgegentreten
Etwas die Stirn bieten

Estar mirando a la cara a uno
Alles Mögliche für jemanden tun
Sich um jemanden zerreißen

Hacer a dos caras
Zwiegesichtig (od. falsch, od. doppelzüngig) vorgehen

Hacer cara
Die Stirn bieten (od. entgegentreten)

Auf etwas eingehen
Einwilligen

Huir la cara
Jemandem ausweichen (od. aus dem Weg gehen)

La cara se lo dice
Das sieht man ihm (od. seinem Gesicht) an

¡La cara que puso!
Das Gesicht hättest du sehen müssen!

Lavar la cara a alguien
Jemandem schmeicheln
Vor jemandem kriechen

No mirar a la cara a uno
Mit jemandem verfeindet sein

No saber uno dónde tiene la cara
Keine blasse Ahnung haben (von seinem Beruf)

¡Nos veremos las caras!
Wir treffen uns noch!

No tener cara para hacer cierta cosa
Sich schämen, etwas zu tun
Sich nicht trauen, etwas zu tun

No tener uno a quien volver la cara
Nicht mehr ein noch aus wissen
Nicht wissen, an wen man sich wenden kann

No volver la cara atrás
Nicht zurückblicken
Vorwärtstreiben

Partirle a uno la cara
Jemanden übel zurichten
Jemandem in die Fresse schlagen (V)

Plantar cara a alguien
Jemandem die Stirn bieten

Poner buena (mala) cara
Ein (un)freundliches Gesicht machen

Poner cara de...
... aussehen

Poner o tener cara de circunstancias
Traurig, ergriffen, bewegt aussehen (bzw. sich so stellen)

Ponérsele la cara como un tomate (o como una amapola)
Puterrot werden
Rot wie eine Tomate werden

Por su bella (o linda) cara
Por su cara bonita
Um seiner schönen Augen willen

Quitar la cara (o romperle, o partirle a uno la cara)
Jemanden in die Fresse (od. in die Schnauze) schlagen (V)

Sacar la cara por otro
Für jemanden eintreten
Jemanden verteidigen

Salir a la cara a uno algo
Es jemandem ansehen

Saltar a la cara
Offensichtlich sein

Saltar a la cara a alguien
Jemandem ins Gesicht springen

Ser un cara
Dreist sein, bzw. frech sein

¡Su cara defiende su casa!
Häßlicher kann der auch nicht sein!

Tener cara de corcho
Frech (bzw. unverschämt) sein

Tener cara de pocos amigos
Sehr unfreundlich aussehen

Tener cara de monja boba
Sehr (od. allzu) unschuldig aussehen

Tener dos caras
Zwei Seiten haben
Doppelzüngig sein

Tener cara de cualquier cosa
Zu allem fähig sein

Tener más cara que espalda
Ein unverschämter Kerl sein

¡Vaya caradura!
Hat der aber eine Stirn!

Volver la cara a uno
An jemandem vorbeisehen
Jemanden (absichtlich) nicht ansehen

Caraba

¡Es la caraba!
Das ist das Letzte!

Carabina

Ser la carabina de Ambrosio
Nichts taugen
Keinen Pfennig wert sein

Carantoñas

Hacer carantoñas a alguien
Jemandem um den Bart gehen

Carca

Ser un carca
Engstirnig (bzw. stockkonservativ) sein

Ser un carcamal
Ein Mümmelgreiß (od. alter Knacker) sein

Carda

Dar una carda a alguien
Cardar la lana a alguien
Jemandem den Kopf waschen (od. jemandem das Fell gerben)

Carga/*Ladung*

A carga cerrada
Blindlings
Unbedacht
Aufs Geratewohl

Echar uno la carga a otro
Seine Arbeit auf andere abschieben

Echar uno la carga de sí
Sich die Hände waschen

Echar uno las cargas a otro
Jemandem die Schuld geben

Echarse uno con la carga
Dar con la carga en tierra
Sich geschlagen geben
Das Handtuch werfen
Die Flinte ins Korn werfen

Llevar uno la carga
Die Last (zu) tragen (haben)

Ser de ciento en carga
Nichts Besonderes sein

Ser una carga para alguien
Jemandem zur Last fallen

Soltar la carga
Sich verdrücken
Sich die Hände waschen

Volver a la carga
Immer wieder damit anfangen
Hartnäckig auf etwas bestehen

Cargar

Cargarse a uno
Jemanden erledigen
Jemanden durchfallen lassen (Examen)
Jemanden fertigmachen

Cargarse uno una cosa
Etwas kaputtmachen

Cargo/*Amt*

Hacerse cargo de alguna cosa
Etwas übernehmen, leiten
Etwas verstehen, begreifen
Sich klar sein über etwas

Carne/*Fleisch*

Abrírsele a uno las carnes
Eine Gänsehaut bekommen

Aferrarse con carne y uña
Sich mit Klauen und Zähnen anklammern (od. verteidigen)

Carne de gallina
Gänsehaut

Carne y sangre
Fleisch und Blut

Cobrar (o criar, echar, o entrar en) carnes
Dick werden
Fleisch ansetzen

En (vivas) carnes
(Splitter)nackt

En carne viva
Auf offener Haut
An wunder Stelle

Herir en carne viva
Zutiefst verletzen

Metido (o metidito) en carnes
Gut gepolstert (od. beleibt) sein

No ser carne ni pescado
Weder Fleisch noch Fisch sein

Poner toda la carne en el asador
Alles auf eine Karte setzen
Alle Hebel in Bewegung setzen

Ser de carne y hueso
Auch nur ein Mensch sein

Ser uña y carne
Ein Herz und eine Seele sein

Temblarle las carnes a uno
An allen Gliedern zittern

Carracuca

Estar más perdido que carracuca
Schön in die Tinte geraten sein

Ser más viejo que carracuca
Steinalt sein

Ser más feo que carracuca
Häßlich wie die Nacht sein

Ser más tonto que carracuca
Strohdumm sein

Carrera/*Lauf, Karriere*

A carrera abierta (o tendida)
In vollem Lauf

Cambiar de carrera
Den Beruf wechseln
Umsatteln

Dar carrera a alguien
Jemanden studieren lassen

Entrar uno en carrera
Zur Vernunft kommen

En una carrera
Im Nu
Blitzschnell

Hacer la carrera
Auf den Strich gehen (Dirne)

No poder hacer carrera con (o de) alguien
Mit jemandem nicht zurechtkommen (od. nichts anfangen können)

Partir de carrera
Unbedacht handeln
Einfach losrennen

¡Qué carrera llevas!
Du machst aber schöne Fortschritte! (iron.)

Tomar carrera (o carrerilla)
Einen Anlauf nehmen

Carreta

Como una carretera de bueyes
Schwerfällig, langsam

Hacer la carreta
Schnurren (Katze)

Carrete

Dar carrete a uno
Jemanden hinhalten (bzw. vertrösten)

Tener mucho carrete
Eine Langspielplatte aufgelegt haben

Carretero/*Fuhrmann*

Blasfemar (hablar) como un carretero
Wie ein Müllkutscher fluchen (sprechen)

Carrillo/*Backe*

Comer a dos carrillos
Mit vollen Backen kauen
Zwei Eisen im Feuer haben

Carro

A carros
Haufenweise

Cogerle a uno el carro
Pech haben

¡Para el carro!
Halt! Stop! Hör doch auf damit!
Jetzt reicht's aber!

Tirar del carro
Alles selber tun (od. machen) müssen

Untar el carro
Bestechen

Carta/*Karte*

A carta cabal
Vollständig
Durch und durch

Conocer las cartas
Jemanden durchschauen

Carta canta
Ich kann es schwarz auf weiß beweisen

Dar carta blanca
Freie Hand lassen

Enseñar las cartas
Die Karten auf den Tisch legen

Echar las cartas a alguien
Jemandem wahrsagen

Hombre (o mujer) honrado/a
(o de bien) a carta cabal
Grundehrlicher oder kreuzbraver Mensch

Jugar a las cartas
Karten spielen

Jugar a las cartas vistas
Mit offenen Karten spielen

Jugárselo todo a una carta
Alles auf eine Karte setzen

Jugar la última carta
Die letzte Karte (od. den letzten Trumpf) ausspielen

Jugar alguien bien sus cartas
Seine Karten gut zu spielen wissen

No saber a qué carta quedarse
Weder ein noch aus wissen
Unschlüssig sein

Perder uno con buenas cartas
Trotz alledem nichts (trotz aller guten Umstände etwas nicht) erreichen können

Poner las cartas boca arriba
Mit offenen Karten spielen
Die Karten auf den Tisch legen

Tomar cartas en un asunto
Sich an etwas beteiligen
In etwas eingreifen (od. sich einmischen)
Seine Hand im Spiel haben

Cartabón

Echar el cartabón
Die nötigen Maßnahmen treffen

Cartilla

Cantarle (o leerle) a uno la cartilla
Jemandem den Kopf waschen

No estar en la cartilla
Wider die Regeln sein

No saber ni la cartilla
Nicht einmal das kleine Einmaleins können
Keine Ahnung haben

Saberse (o tener aprendido) la cartilla
Sich gut vorbereitet haben

Cartucho/*Patrone*

Quemar el último cartucho
Die letzte Patrone verschießen

Casa/*Haus, Heim*

¡Ah de la casa!
Hallo! Ist da jemand (zu Hause)?

Arderse la casa
Es gibt einen Mords-(od. Riesen-)krach

Caérsele la casa encima
Es in seinen eigenen vier Wänden nicht (mehr) aushalten können

Como una casa
Riesengroß
Wie ein Schrank

Echar la casa por la ventana
Das Geld mit vollen Händen hinauswerfen

Empezar la casa por el tejado
Den Gaul am Schwanz aufzäumen

En casa del gaitero, todos son danzantes
Wie die Alten sungen, zwitschern schon die Jungen
Der Apfel fällt nicht weit vom Stamm

En casa del herrero, cuchillo de palo
Der Schuster trägt oft die schlechtesten Schuhe

Entrar alguien como por su casa (o como Pedro por su casa)
Ohne viel Umstände (od. ganz einfach, od. ziemlich frech) hereinkommen

Estar de casa - Para andar por casa
Schlicht oder ungepflegt gekleidet sein

¡Qué huela la casa a hombre!
Das ist halt ein Mann! (iron.)

Queda todo en casa
Es bleibt in der Familie

Ser de casa
Ein guter Freund der Familie sein

Ser muy de su casa
Sehr häuslich sein

Tener la casa como una colmena
Gut versorgt (bzw. möbliert) sein

Tirar la casa por la ventana
Das Geld mit vollen Händen ausgeben

Casaca

Cambiar (de), mudar, (o volver) uno (la) casaca
Die Partei wechseln
Umschwenken

Casar

No casarse uno con nadie
Unabhängig bleiben wollen

Cascabel/*Schelle*

Poner el cascabel al gato
Der Katze die Schelle umhängen

Ser un cascabel
Sehr fröhlich sein

Vale más el cascabel que el gato
Der Knopf ist mehr wert als der Wanst

Cascar/*Schwatzen*

Cascar a alguien
Jemanden vertrimmen (od. fertigmachen)
Jemanden durchfallen lassen
Jemanden umlegen (od. erledigen)

Cascarla
Abkratzen

Cascarle
Büffeln

Cáscara

No hay más cáscaras
Da bleibt nichts anderes übrig

Ser de la cáscara amarga
Streitsüchtig (od. politisch radikal, od. schwul) sein

Tener mucha cáscara
Es faustdick hinter den Ohren haben

Cascarón

Llevar todavía el cascarón pegado al culo
Recién salido (o acabado de salir) del cascarón
Noch grün (od. noch nicht trocken) hinter den Ohren sein

Salir del cascarón
Flügge werden

Salirse del cascarón
Vorlaut sein

Casco

Alegre (o ligero, o barrenado) de cascos
Leichtsinnig, unbedacht

Calentar los cascos a uno
Jemandem den Kopf heißmachen
Jemandem auf die Nerven (od. auf den Wecker) gehen

Calentarse uno los cascos
Sich den Kopf zerbrechen

Lavar el casco (o los cascos) a uno
Jemandem um den Bart gehen
Vor jemandem kriechen

Levantar de cascos a uno
Jemandem leere Versprechungen machen

Meter a uno en los cascos alguna cosa
Jemandem etwas eintrichtern

Parecerse los cascos a la olla
Der Apfel fällt nicht weit vom Stamm
So wie die Alten sungen, zwitschern schon die Jungen

Quitarle (o raerle) a uno del casco alguna cosa
Jemandem von einem Vorhaben abbringen
Jemandem eine Idee aus dem Kopf nehmen

Romper a uno los cascos
Jemandem den Schädel einschlagen
Jemandem den Kopf heiß machen (od. auf den Wecker gehen)

Romperse los cascos
Sich den Kopf zerbrechen
Sich abrackern

Subirse los cascos a la cabeza
Hochnäsig werden - Sich etwas einbilden

Tener unos cascos de calabaza
(o los cascos a la jineta, o malos cascos)
Ein Quecksilber sein
Einen losen Kopf haben
Unbedacht und kopflos handeln

Untar el casco a alguien
Jemandem schmeicheln (od. um den Bart gehen)
Vor jemandem kriechen

Casilla/*Häuschen*

Sacar a alguien de sus casillas
Jemanden verrückt machen
Jemandem auf die Nerven gehen

Salirse de sus casillas
Aus der Haut fahren
Aus dem Häuschen geraten

Castaña/*Kastanie*

Parecerse como un huevo a una castaña
Sich nicht im mindesten ähneln

Sacar las castañas del fuego
Die Kastanien aus dem Feuer holen

Ser una castaña
Eine Niete sein
Nichts taugen

Castañuela

Estar (alegre) como unas castañuelas
Quietschvergnügt sein
Lebhaft

Catarata

Se abren las cataratas del cielo
Die Schleusen des Himmels öffnen sich

Tener cataratas en los ojos
Verblendet sein

Catarro/*Katarrh*

Al catarro, con el jarro
Etwa: Den Schnupfen muß man mit Schnaps betupfen

Cate

Dar cate (o catear) a alguien
Jemanden durchfallen lassen

Me catearon
Ich bin durchgefallen (od. durchgerasselt)

Catear

Catear a alguien
Dar el cate a alguien

Jemanden durchsausen (in einer Prüfung durchfallen) lassen

Catedral

Como una catedral
Enorm, riesig, riesengroß

Católico

No estar muy católico algo
Nicht ganz astrein sein

Eso no está muy católico
Das ist nicht sehr astrein

No estar muy católico alguien
Sich nicht wohl (od. sonderlich) fühlen
Nicht auf dem Damm sein

Cauce

Volver a su cauce (asunto)
Wieder ins Geleise kommen (Sache)

Caucho

Quemar el caucho
Einen Affenzahn draufhaben

Cebar

Cebarse contra alguien
An jemandem seine Wut auslassen

Cebarse en algo
Sich in etwas versenken

Cebollino

Escardar cebollinos
Unserm Herrgott den Tag stehlen
Herumlungern

Ser un cebollino
Ein Depp (od. ein Trottel) sein

Ceca

Ir de ceca en Meca
Von Pontius bis Pilatus laufen

Cecina/*Dörrfleisch*

Estar como una cecina
Dürr wie ein Besenstiel sein

Cegarse

Cegarse de ira
Blind vor Wut sein

Cegarse por alguien
In jemanden verliebt sein
Sich blindlings in jemanden verlieben

Ceja

Estar hasta las cejas
Von jemandem die Nase voll haben

Estar empeñado hasta las cejas
Bis an den Kragen in Schulden stecken

Quemarse las cejas
Sich blind studieren (büffeln)

Tener entre ceja y ceja a algo
Sich auf etwas versteifen
Etwas im Auge haben

Celemín

Meter la luz bajo el celemín
Sein Licht unter den Scheffel stellen

Cencerro/*Leitglocke*

Estar como un cencerro
Total verrückt sein
Bescheuert sein

Llevar el cencerro
Der Leithammel sein

Ceniza/*Asche*

Escribir en la ceniza
In den Wind schreiben

Huir de la ceniza y caer en las brasas
Vom Regen in die Traufe kommen

Reducir a cenizas
In Schutt und Asche legen

Ser un cenizo
Ein Dummkopf (bzw. ein Pechvogel, od. ein Unglücksrabe) sein

Ceño

Fruncir el ceño
Die Stirne in Falten legen

Cepo

Dormir como un cepo (o ceporro)
Wie ein Murmeltier schlafen

Cera

Dar cera
Feste draufhauen
Es jemandem hart geben

Estar pálido como la cera
Leichenblaß, kreidebleich

No hay más cera que la que arde
Das ist alles

Cernícalo

Coger un cernícalo
Sich ansäuseln

Cerrado

Ser más cerrado que un cerrojo
Dumm wie Bohnenstroh sein

Cerviz/*Genick*

Doblar la cerviz
Sich demütigen

Levantar la cerviz
Stolz (hochmütig) sein
Einen Nagel im Kopf haben

Ser de dura cerviz
Stur (hartnäckig) sein

César

O César o nada
Entweder alles oder gar nichts

Cesto

Estar hecho un cesto
Sinnlos betrunken sein, sternhagelvoll sein
Schlaftrunken, träge oder schwerfällig sein

Estar metido en un cesto
In Watte gewickelt sein

Ser un cesto
Ein Klotz, ein Trottel, ein Idiot sein

Ciego/*Blind*

Andar a ciegas
Im Dunkeln tappen

A ciegas
Blindlings

Ciego para colores
Farbenblind

Estar ciego de amor (de ira)
Blind sein vor Liebe (Wut)

Lo ve un ciego
Das sieht doch ein Blinder

Más ciego que un topo
Stockblind
Blind wie ein Maulwurf

No tener con qué hacer cantar (o rezar) a un ciego
Arm wie eine Kirchenmaus sein

Ponerse ciego
Sich vollstopfen, sich vollfressen
Sich vollaufen lassen

Cielo/*Himmel*

A cielo abierto (o cubierto, o raso)
Unter freiem Himmel

Bajado (o caído, llovido, o venido) del cielo
Urplötzlich
Aus heiterem Himmel
Vom Himmel gefallen

Cerrarse (o entoldarse el cielo)
Sich bedecken (od. sich bewölken)

Clamar una cosa al cielo
Zum Himmel schreien
Himmelschreiend sein

Coger (o tomar) el cielo con las manos
Außer sich sein vor Wut
Die Faust (od. Fäuste) gegen den Himmel (er) heben.

Comprar (o ganar, o conquistar) el cielo
(Bestimmt) in den Himmel kommen
Eine Engelsgeduld haben

Descargar el cielo
Regnen, hageln oder schneien

Descapotarse (o despejarse) el cielo
Sich klären

Desgarrarse (o desgajarse) el cielo
In Strömen gießen
Wettern, stürmen

Escupir uno al cielo
Gegen den Wind spucken

Estar en el quinto (o séptimo) cielo
Im siebenten Himmel sein

Estar hecho un cielo
Wunderschön beleuchtet u. ausgeschmückt sein (Kirche, Saal, usw.)

Ganar uno el cielo
In den Himmel kommen
Eine Engelsgeduld haben

Herir uno los cielos
Wehklagen
Laut jammern; lamentieren

Irse uno al cielo calzado y vestido (o vestido y calzado)
Direkt in den Himmel kommen

Írsele el santo al cielo
Mitten in einer Rede steckenbleiben
Den Faden verlieren

Juntársele el cielo con la tierra
Jemandes Leben hängt an einem Faden
In größter Gefahr schweben

Llovido del cielo
Wie gerufen

Mover (o remover) uno cielo y tierra
Alle Hebel in Bewegung setzen
Himmel und Erde (od. Hölle) in Bewegung setzen

Mudar (de) cielo
Die Tapeten wechseln

Necesitar mudar de cielo (o de aires)
Eine Luftveränderung (od. einen Klimawechsel) brauchen

Nublársele el cielo a uno
Betrübt (od. bedrückt) werden

Poner en el cielo (o los cielos) a uno
Jemanden in den (siebenten) Himmel heben

Ser un cielo
Ein Engel sein
Ein Goldstück sein

Ser un aviso del cielo
Ein Fingerzeig (od. eine Warnung) des Himmels sein

Se vino el cielo abajo
Es gab einen Mordskrach
Ein Höllenspektakel brach aus

Venir como llovido del cielo
Wie gerufen kommen

Venirse el cielo abajo
Der Himmel stürzt ein

Ver uno el cielo abierto
(o los cielos abiertos)
Plötzlich einen Ausweg sehen

Den Himmel offen sehen

Ver uno el cielo por embudo (o por un agujero)
Naiv (od. sehr unerfahren) sein

Ciencia/*Wissenschaft*

A ciencia cierta
Bestimmt
Ganz sicher

A ciencia y conciencia
Wohlüberlegt
Ordentlich, gründlich

A ciencia y paciencia
Mit Wissen und Billigung jemandes

Tener poca ciencia algo
Kein Problem sein
Nicht schwierig sein

Cifrar

Cifrar su esperanza en ...
Seine Hoffnung auf... setzen

Cigüeña

Pintar la cigüeña - Pintarla
Angeben, aufschneiden

Cinturón/*Gürtel*

Ajustarse el cinturón
Sich den Gürtel enger schnallen

Cisco/*Krach*

Armar cisco
Streit anfangen

Quedar hecho cisco (o polvo)
Total erledigt (od. k.o.) sein (Person)
Total kaputt gehen (Sachen)

Cizaña

Meter (sembrar) cizaña
Streit suchen
Zwietracht säen

Clamar/*Schreien*

Clamar al cielo
Zum Himmel schreien
Himmelschreiend sein

Clamar en el desierto
Tauben Ohren predigen

Clavar

¡Como clavado!
Wie angegossen!

Dejarle a alguien clavado
Jemanden verblüffen

En ese bar te van a clavar
In der Bar wirst du ausgenommen (od. geplündert)

Ser (estar) clavado a alguien
Jemandem wie aus dem Gesicht geschnitten sein

Clavo/*Nagel*

Agarrarse a un clavo ardiendo
Nach einem Strohhalm greifen (um sich zu helfen)

Clavar un clavo con la cabeza
Mit dem Kopf durch die Wand gehen

Dar en el clavo
Den Nagel auf den Kopf treffen

Dar una en el clavo y ciento en la herradura
Oft danebenhauen

Remachar el clavo
Sich in einen Irrtum verrennen

¡Por lo clavos de Cristo!
Um Himmels Willen!

¡Te han clavado!
Man hat dich schön beschummelt!

Coba

Dar coba a alguien
Jemandem Honig ums Maul streichen

Coco

Comer el coco a alguien
Jemandem das Hirn vernebeln
Jemanden überzeugen (od. weichmachen)

Estar hasta el coco
Die Nase (od. die Schnauze) vollhaben

Coche

Ir en el coche de San Fernando
Auf Schusters Rappen reisen

Codo

Comerse los codos de hambre
Am Hungertuch nagen

Con los codos sobre la mesa
Müßig sein-Unentschlossen sein

Del codo a la mano
Drei Spannen hoch
Winzig, (od. ein Dreikäsehoch) sein (Pers.)

Empinar el codo
Sich einen hinter die Binde gießen

Estar hasta los codos en algo
Bis zum Hals in einer Sache stecken

Hablar por los codos
Zuviel reden

Llevar codo con codo a alguien
Jemanden verhaften (od. festnehmen)
Jemanden ins Gefängnis stecken (od. verbuchten)

Mentir por los codos
Das Blaue vom Himmel herunterlügen

Romperse los codos
Büffeln, pauken

Coger

Aquí te cojo, aquí te mato
Jetzt werde ich die Gelegenheit beim Schopf nehmen

Coger a uno con las manos en la masa
Jemanden auf frischer Tat ertappen

Coger al vuelo algo
Etwas schnell verstehen

Coger una cogorza
Sich einen Rausch (Affen) antrinken

Coger cariño a alguien
Jemanden liebgewinnen

Coger cariño a algo
Sich an etwas gewöhnen
Sich etwas angewöhnen

Coger con las manos en la masa a alguien
Jemanden auf frischer Tat ertappen

Coger de nuevas
Von einer Nachricht überrascht sein

Coger desprevenido a uno
Jemanden überraschen (bzw. überrumpeln o. erwischen) od. unvorbereitet antreffen

Coger de sorpresa a uno
Jemanden überraschen

Coger el chiste
(Den Witz) begreifen, verstehen

Coger frío
Sich erkälten

Coger la vez a alguien
Jemandem zuvorkommen

Coger la calle (la puerta)
Sich (auf-und) davonmachen

Coger lejos (de)
Weit weg sein
Weit sein von...

Coger un resfriado
Sich einen Schnupfen holen

Coger por los pelos (tren, etc,)
Gerade noch erwischen

Coger por el cuello a alguien
Jemanden beim Kragen (od. beim Schlafittchen) packen

Cogerla con alguien
Mit jemandem anbinden
Jemanden für dummm verkaufen

Cogerse los dedos
Sich in den Finger schneiden
Sich die Finger verbrennen
In die Klemme geraten

Cogerse una cogorza
Sich einen Rausch antrinken
Sich besaufen

Cogerse una mona
Sich beschwipsen
Sich einen Schwips antrinken

Hemos cogido el tren por los pelos
Um ein Haar hätten wir den Zug versäumt
Den Zug haben wir gerade noch erwischt!

No hay por dónde coger este asunto
Man weiß wirklich nicht, wie man diese Sache anpacken soll

Cojo/*Hinkend*

Andar a la pata coja
Auf einem Bein hüpfen

No ser cojo ni manco
Zu allem fähig sein

Una mesa está coja
Ein Tisch wackelt

Una persona está coja
Eine Person hinkt

Cojón/*Hoden*

¡Cojones!
Donnerwetter!
Verdammter Mist (od. verdammte Scheiße V)!

Estar con los cojones de corbata
Einen Mordsschiß haben

Cojonudo
Klasse, Spitze, dufte, super
Verflixt, verzwickt, verdammt schwer

(No) tener cojones
(Keinen) Schneid (od. Mumm) haben

¡Tiene cojones! (un asunto)
Verflixt und zugenäht!
So ein Mist!
So eine verzwickte Sache (Angelegenheit, Lage, usw.)!

Cola/*Schwanz*

Atar por la cola
Das Pferd am Schwanz aufzäumen

Ir a la cola
Im letzten Wagen fahren

Morderse la cola
Sich in den Schwanz beißen

No pega ni con cola
Das paßt überhaupt nicht

Colar

A mí no me la cuelas
Mir kannst du das nicht weismachen

Colar algo a alguien
Jemandem etwas weismachen (od. andrehen)

Colar una cosa (ilícitamente)
Etwas durchschmuggeln

Colarse (líquido, aire)
Durchströmen, durchsickern, durchkommen

Colarse (alguien en una cola)
Sich vordrängen, sich durchschlängeln

Colarse (alguien sin pagar o sin invitación)
Sich durch - od. einschmuggeln, sich
sich einschleichen

Colarse (decir inconveniencias, etc.)
Danebenhauen
Einen Bock schießen; Ins Fettnäpfchen treten

Colarse por alguien
Sich in jemanden verlieben (od. vergucken)

¡Te has colado!
Danebengehauen!
Da hast du einen schönen Bock geschossen!

Coleto

Decir para su coleto
Für sich sagen (denken)
In seinen Bart brummen

Echarse un jarro de vino al coleto
Sich einen hinter die Binde gießen

Colgar

Colgar a alguien el sambenito
Jemandem die Schuld in die Schuhe schieben

Colgar los hábitos
Die Kutte an den Nagel hängen

Dejar colgado a alguien
Jemanden im Stich lassen

Estar colgado de los cabellos
Wie auf glühenden Kohlen sitzen

Color/*Farbe*

Colorín colorado (este cuento se ha acabado)
Schlußformel eines Berichtes (Märchen) und wenn sie nicht gestorben sind, (dann leben sie heute noch)

Cambiar (mudar) de color
Seine Meinung ändern

Mudar de color
Die Farbe wechseln

No tener color
Uninteressant, langweilig, öde sein (bei Sport, Veranstaltungen, usw.)

Pasarlas de todos los colores
Viel durchmachen - In tausend Nöten sein

Perder el color
Bleich, blaß werden

Ponerse de mil colores
Puterrot, tomatenrot, knallrot werden (vor Scham od, Ärger, Wut).

Sacarle a alguien los colores
Jemandem die Farbe ins Gesicht treiben

Sacarle a uno los colores (a la cara)
Jemandem die Schamröte ins Gesicht treiben

Su color de
Unter dem Vorwand

Tener (o haber) color
Interessant, spannend sein

Coma

Con puntos y comas
In allen Einzelheiten

Sin faltar una coma
Haargenau-Vollständig

Comer/*Essen*

Comer a dos carrillos
Mit vollen Backen kauen

Comer a alguien vivo
Aus jemandem Hackfleisch machen

Sin comerlo ni beberlo
Ohne sein eigenes Zutun

Con su pan se lo coma
Das ist seine Sache

¿Con qué se come esto?
Was soll das bedeuten?

Comerse crudo a alguien
Jemanden in die Tasche stecken

Lo comido por servido
Es kommt nichts dabei heraus

Comino

Eso me importa un comino
Das ist mir ganz egal (od. schnuppe)

Comulgar

Yo no comulgo con ruedas de molino
Mir kann man so etwas nicht weismachen
Ich bin doch nicht von gestern

Concierto

Sin orden ni concierto
Wirr durcheinander

Un concierto para sordos
In den Wind (od. an die leere Wand) reden od. predigen

Concha

Tener más conchas que un galápago
Mit allen Salben geschmiert sein

Conformar

Ser de buen conformar
Anspruchslos (od. bescheiden) sein

Contar/*Zählen*

Poder contar con alguien
Auf jemanden zählen können

No sabe ni contar
Er ist blöd
Er kann nicht mal (bis drei) zählen

Coña/*Ulk, Witz*

Dar la coña a alguien
Jemandem auf den Wecker fallen

¡Es la coña!
Das ist doch die Höhe!

¡Estás de coña!
Du machst bestimmt Witze!

¡Estarás de coña!
Das meinst Du bestimmt nicht so!

Copa

Como la copa de un pino
Enorm

Irse de copas
Die Kneipen abklappern

Corazón/*Herz*

Abrir el corazón a uno
Jemandem gut zureden
Jemanden beruhigen

Abrir uno su corazón (o su pecho) a alguien
Jemandem sein Herz ausschütten

Anunciarle a uno el corazón una cosa
Vorwarnungen, Vorgefühle haben
Dunkle (od. trübe) Ahnungen haben

Arrancársele a uno el corazón (o el alma)
Jemandem das Herz zerreißen

Atravesar el corazón
Das Herz durchbohren
Ins Herz schneiden

Blando de corazón
Empfindlich, weichherzig, sanftmütig

Brincar(le) a uno el corazón dentro del pecho
Jemandem hüpft das Herz vor Freude
Das Herz lacht ihm im Leibe

Clavar (o clavársele) a uno en el corazón una cosa
Jemandes Herz zerreißen (od. durchbohren)

Con el corazón en la mano
Offenherzig

Con el corazón en un puño (o encogido)
Schweren (od. blutenden) Herzens
Das Herz dreht sich jemandem im Leibe

De (todo) corazón
Von (ganzem) Herzen

Desgarrar el corazón a uno
Jemandem das Herz zerreißen

Duro de corazón
Hartherzig

El corazón no es traidor
Das Herz lügt nicht

El corazón se le hizo pasa
Das Herz fiel ihm in die Hosen

Encogérsele a uno el corazón
Den Mut verlieren

Helársele a uno el corazón
Das Herz bleibt jemandem stehen

Llevar el corazón en la(s) mano(s)
Das Herz auf der Zunge tragen
Offenherzig sein

Meter el corazón en un puño
Jemandem Angst einjagen

No caberle a uno el corazón en el pecho
Außer sich vor Freude (od. vor Schreck) sein
Großzügig sein

No tener uno corazón
Kein Herz (im Leibe) haben

No tener uno corazón para
Nicht den Mut (od. die Lust, od. den Schwung) haben zu

Partir (o quebrar) el corazón
Das Herz zerreißen (od. zerbrechen)

Partir uno corazones
Ein Herzensbrecher sein

Sacar uno el corazón a otro
Jemanden schröpfen

Salirle a uno del corazón algo
Etwas von ganzem Herzen tun

Salirle a uno el corazón por la boca
Jemandem fällt das Herz in die Hosen
Total fertig (od. kaputt) sein

Secársele a uno el corazón
Kein Herz mehr haben
Hartherzig werden

Ser uno todo corazón
Ein herzensguter Mensch sein

Sin corazón
Herzlos

Tener uno el corazón bien puesto (o en su sitio)
Das Herz auf dem rechten Fleck haben

Tener uno el corazón de oro
Ein herzensguter Mensch sein
Ein Herz von Gold haben

Tener uno el corazón de piedra
Ein Herz von Stein haben
Hartherzig sein

Tener uno mucho corazón
Ein großes Herz haben

Tener el corazón en la mano
Das Herz auf der Zunge tragen

Tocarle a uno el corazón
An jemandes Herz rühren
Jemandes Herz bewegen

Corbatín

Salirse por el corbatín
Sehr mager sein

Cordero

Ahí está la madre del cordero
Da liegt der Hase im Pfeffer

Coro

Hablar a coros
Der Reihe nach sprechen

Hacer coro con alguien
Jemandem beistimmen (od. beipflichten)

Coronilla

Andar de coronilla
Nicht wissen, wo einem der Kopf steht
Weder ein noch aus wissen vor ...

Estar hasta la coronilla
Die Nase voll haben

Corral

Como pava en el corral
Wie Gott in Frankreich

Hacer corrales
(Die Schule) schwänzen

Correa

Dar correa a alguien
Jemanden bremsen, (wenn er zu viel od. zu lange redet)

Tener mucha correa
Ausdauer haben
Einen Spaß vertragen (können)

Correr/*Rennen*

A todo (o a más) correr
Schnellstens, schleunigst
In vollem Lauf

A (todo) turbio correr
Schlimmstenfalls

(No) corre prisa
Es eilt (nicht)

Corre que te corre
Schleunigst

Correr uno con alguna cosa
Etwas übernehmen

(Yo corro con todo)
Es geht alles auf meine Kosten (od. Kappe)

Correr por cuenta de alguien
Etwas geht auf jemandes Kosten

Corren rumores
Man munkelt

Corre la voz
Es geht das Gerücht, (daβ)

Correr la misma suerte
Das gleiche Schicksal erleiden

Correr el riesgo
Das Risiko eingehen

Correr uno a su ruina
In sein Verderben rennen

Correrla
Sich austoben (od. ausleben)

Correrse (de vergüenza)
Sich schämen

Correrse al prometer
Zuviel versprechen
Sich verplappern

Correrse una juerga
Sich toll amüsieren
Einen draufmachen

Correrse a un lado
Zur Seite rücken

El que no corre, vuela
Er tut alles hintenherum
Ein Schlaumeier

Corrida/o

Corrido como una mona
Tief beschämt
Vor Scham in den Boden versinken können

Dar a uno una corrida en pelo
Jemandem haushoch überlegen sein
Jemanden antreiben
Mit der Peitsche hinter jemandem her sein

Más corrido que un zorro viejo
Mit allen Wassern gewaschen
Mit allen Hunden gehetzt

Corriente

Corriente y moliente
Nichts Besonderes
Vom Haufen

Dejarse llevar de la corriente
Mit dem Strom schwimmen

Estar al corriente
Auf dem laufenden sein
Im Bilde sein

Ir (o navegar) contra corriente
Gegen den Strom schwimmen

Llevarle (o seguirle) la corriente
Nach jemandes Pfeife tanzen
Sich jemandes Laune fügen
Jemandem nach dem Mund reden

Poner a uno al corriente de algo
Jemanden über etwas unterrichten
Jemanden einweihen (in etwas)

Salir todo corriente y moliente
Alles glatt verlaufen (od. gehen)

Corro/*Kreis*

Escupir en corro
Seinen Senf dazu geben
Sich ins Gespräch mischen

Hacer corro
Auseinandertreten
Platz machen

Hacer corro aparte
Einen eigenen Verein aufmachen

Jugar al corro (de las patatas)
(Ringel)-ringelreihen spielen

Cortar/*Schneiden*

Cortar a alguien
Jemanden schneiden

Cortar al cero
Kahlscheren

Cortar en seco
Plötzlich abbrechen

Cortar por lo sano
Das Übel an der Wurzel packen

Cortar trajes
Über Abwesende lästern
Jemanden (in seiner Abwesenheit) bekritteln

Cortarse la leche, sangre
Milch, Blut gerinnt

Cortarse alguien fácilmente
Sehr schüchtern sein

Cortarse alguien en un discurso
In der Rede stecken bleiben

Un aire que corta
Ein schneidender Wind

Corte

Dar (o hacer) un corte de mangas
(Obszöne Geste im Sinn: Du kannst mich doch...!)

Hacer la corte a alguien
Jemandem den Hof machen
Jemandem um den Bart gehen

Me da corte
Ich traue mich nicht
Ich schäme mich

Cortés/*Höflich*

Lo cortés no quita lo valiente
Ni quita lo cortés lo valiente
Höflichkeit und Festigkeit schließen einander nicht aus

Cortijo

Alborotar el cortijo
Den Laden auf den Kopf stellen

Cortina/*Vorhang*

Correr la cortina
Den Vorhang zuziehen
Den Schleier über etwas werfen
Das Geheimnis lüften

Dormir a cortinas verdes
Unter freiem Himmel schlafen

Corto/*Kurz*

A la corta o a la larga
Früher oder später
Kurz und gut

Atar corto a alguien
Jemanden an die Kandare nehmen

Ni corto ni perezoso
Mir nichts, dir nichts
Ganz einfach

No quedarse corto
Keine Antwort schuldig bleiben

Quedarse corto
(Había unos 10.000 personas, y me quedo corto)
Zu kurz kommen
Nicht dahinter kommen
Zu niedrig schätzen
Mindestens: Es waren mindestens 10.000 Personen anwesend, (wenn nicht noch mehr)

Ser de cortos alcances
Nicht gerade eine Leuchte sein

Cosa

A cosa hecha
Schnurstracks
Absichtlich
Mit sicherem Erfolg

A cosa de las ocho
So gegen acht Uhr
Ungefähr um acht Uhr

¡Ahí está la cosa!
Das ist es eben!
Da liegt der Hase im Pfeffer!

Cada cosa para su cosa
Alles schön da wo es hingehört

Cada cosa a su tiempo (y los nabos en adviento)
Alles zu seiner Zeit
Immer mit der Ruhe

Como quien hace otra cosa
(o tal cosa no hace)

Heimlich (still und leise)
Versteckt
(Ganz so,) als ob er's nicht wäre

Como quien no quiere la cosa
Nur so tun
Sich (nur so) stellen
Sich zieren
Geziert tun

Como por cosa (arte) de magia
Wie her-(bzw. weg-)gezaubert

Como si tal cosa
(So) mir nichts, dir nichts
Ganz einfach
(Einfach, od. ganz, so,) als ob nichts geschehen wäre

Corran las cosas como corrieren
Was auch immer kommen mag

Cosa de
Ungefähr, etwa

Cosa de oír
Hörenswert

Cosa del otro jueves
Etwas Besonderes
Alte Geschichten
Schon lange her (od. vorbei)

Cosa de risa
Lächerlich
Nicht ernst zu nehmen(de) Sache (od. Angelegenheit)

Cosa de ver - Será cosa de ver
Sehenswert
Das bleibt noch abzuwarten
Das wird sich erst zeigen

Cosa hallada, no es hurtada
Gefunden ist nicht gestohlen

Cosa perdida
Ein hoffnungsloser Fall (Person)

Decir cuatro cosas a uno
Jemandem gehörig die Meinung sagen

Dejando una cosa por otra
Um das Thema zu wechseln

Dejarlo como cosa perdida
Daran ist nichts zu ändern
Unverbesserlich sein (Person)
Ihn (bzw. sie, das,) kann man (eben) nicht (mehr) ändern

Estando las cosas como están
Da sich die Dinge so verhalten

La cosa cambia
Das Blatt wendet sich

La cosa es que
Die Tatsache ist

Ni cosa que lo valga
Bei weitem nicht

¡No hay tal cosa!
Dem ist nicht so
Keineswegs

¡No hay cosa que valga!
Das stimmt nicht
Das ist nicht wahr

No es cosa mía
Das geht mich nichts an
Das ist nicht meine Sache

¡No he visto cosa igual!
Das ist ja unglaublich!

No hacer cosas a derechas
Nichts richtig machen
Nichts recht machen

No ponérsele a uno cosa por delante
Vor nichts zurückschrecken
Gerade auf sein Ziel zugehen

No ser cosa del otro jueves (o del otro mundo)
Nichts Besonderes sein

No ser la cosa para menos
Berechtigt sein

No tener uno cosa suya
Sehr gebefreudig sein

Poner las cosas en su punto
Die Dinge aufklären

Poquita cosa
Unwichtige (bzw. kleine, zierliche) Person

Son cosas de él
Das ist typisch für ihn
So typisch er!

¡Qué cosas dices!
Was du alles sagst!

Tomar una cosa por otra
Etwas falsch verstehen

¡Vaya una cosa!
Als ob das was wäre!

Cosecha

De su propia cosecha
Auf seinem eigenen Acker gewachsen

Cosquillas

Buscar las cosquillas a uno
Jemanden reizen (bzw. ärgern)

Hacerle a uno cosquillas algo
Jemanden reizen (gefallen, anziehen)

Tener cosquillas
Kitzlig sein

Tener malas cosquillas
Keinen Spaß verstehen

Costa/*Kosten*

A costa ajena
A costa de los demás
Auf anderer Leute Kosten

A costa mía (suya, etc.)
Auf meine (seine, usw.) Kosten

A toda costa
Um jeden Preis

Costado

Hablar por los cuatro costados
Wie ein Wasserfall reden
Zuviel reden

Por los cuatro costados
Hundertprozentig

Costal/*Sack*

A boca de costal
Maßlos, überreichlich

El costal de los pecados
Der menschliche Leib

Estar uno hecho un costal de huesos
Nur noch Haut und Knochen sein

Ser un costal de mentiras
Ein Lügenbeutel sein

Vaciar el costal
Alles ausplaudern
Auspacken

Costar/*Kosten*

Costar caro
Teuer zu stehen kommen
Cueste lo que cueste
Um jeden Preis

Costilla

Dar de costillas
Auf den Rücken fallen

Es mi media costilla
Das ist meine bessere Hälfte (meine Frau)

Medirle a alguien las costillas
Jemanden vertrimmen (od. verprügeln)

Costumbre/*Gewohnheit*

Como de costumbre
Wie üblich
Wie immer

Tener por costumbre
Gewohnt sein
Zu tun pflegen

Todo se arregla con la costumbre
Man gewöhnt sich an alles

Costura

Meter en costura (o en cintura) a alguien
Jemanden zur Vernunft bringen

Sentar las costuras a alguien
Jemanden verdreschen

Cotarro

Alborotar el cotarro
Krach anfangen

Andar de cotarro en cotarro
Die Zeit vertrödeln (mit Besuchen, in Geschäften)

Dirigir un cotarro
Den großen Ton angeben

Ser el amo del cotarro
Die erste Geige spielen

Coto/*Jagdrevier*

Coto cerrado (de alguien)
Exklusive Gesellschaft

Esto es coto cerrado de X
Komm bloß X nicht ins Gehege!

Coz

Dar coces contra el aguijón
Wider den Stachel löcken

Está dando coces
Bei dem ist (im Moment) dicke Luft

Mandar a coces
Barsch und herrisch sein

Creces

Pagar algo con creces
Etwas doppelt vergelten

Crédito

No dar crédito a sus oídos
Seinen Ohren nicht trauen

Sentar (tener sentado) el crédito
In gutem Ruf stehen

Cresta/*Kamm* *(Hahn)*

Alzar la cresta
Jemandem schwillt der Kamm (Hochmut)

Cortar la cresta a alguien
Jemandem den Dämpfer aufsetzen

Criba

Estar hecho una criba
Wie ein Sieb durchlöchert sein (etwas)
Total kaputt (od. erschossen), od. am Ende seiner Kräfte sein

Pasar algo por la criba
Genau überprüfen

Crin

Asirse a las crines
Ängstlich auf sein Vorteil bedacht sein

Cristiano

Hablar en cristiano
Klar ausdrücken

No hay cristiano que lo entienda
Das versteht kein Mensch (Schwein)

Por aquí no pasa un cristiano
Hier kommt niemand durch

Cristo

Donde Cristo dio las tres voces
Wo sich die Füchse Gute Nacht sagen

Estar hecho un Cristo
Fürchterlich zugerichtet sein

Le sienta como a un santo Cristo un par de pistolas
Das paßt wie die Faust aufs Auge

¡Ojo al Cristo que es de barro!
Vorsicht!

Poner a alguien como un Cristo
Jemanden zur Minna machen

Cromo

Estar hecho un cromo
Einfach unmöglich aussehen

Cruz/*Kreuz*

Algo (alguien) es una cruz
Etwas (Jemand) ist eine Plage
Es ist ein Kreuz mit ihm!

Andar con la cruz a cuestas
Bittgänge machen

¡Cruz y raya!
Schluß damit!

Desde la cruz hasta la fecha
Von Anfang bis Ende

Cruzar/*Kreuzen*

Cruzar la cara a alguien
Jemanden ohrfeigen

Cruzar los brazos
Die Arme kreuzen (od. verschränken)

Cruzarse de brazos
Die Hände in den Schoß legen

Cruzarse de palabras
In einen Wortwechsel geraten

No cruzar palabra con alguien
Mit jemandem verkracht sein

Cuadrar/*Passen*

Algo no cuadra
Etwas stimmt nicht

Algo no cuadra con algo
Etwas paßt nicht zu etwas

Cuadro

Quedarse en cuadro
Allein zurückbleiben

Cuajo

Arrancar de cuajo
Mit Stumpf und Stiel ausreißen

¡Ensancha el cuajo!
Sei geduldig!
Es wird schon besser werden

Tener mucho cuajo
Sehr geduldig sein
Viel aushalten

Cuarto

Dar un cuarto al pregonero
Etwas an die große Glocke hängen

De tres al cuarto
Billig, minderwertig

Estar sin un cuarto
Keinen Pfennig besitzen

Echar su cuarto a espadas
Seinen Senf dazu geben

Cuba/*Faß*

Estar como una cuba
Sternhagelvoll sein

Cuchara

Meter su cuchara
Seinen Senf dazugeben

Cucharón

Despacharse con el cucharón
Meter su cucharón
Den Löwenanteil für sich beanspruchen

Cuchillo/*Messer*

Pasar a cuchillo
Über die Klinge springen lassen

Cuenta/*Rechnung*

A cuenta (de alguien)
Als Anzahlung
(Auf jemandes Kosten)

A final de cuentas
Letzten Endes

Ajustarle las cuentas a alguien
Mit jemandem abrechnen (od. ein Hühnchen rupfen)

Borrón y cuenta nueva
Schwamm drüber!

Caer en la cuenta
Etwas endlich (od. plötzlich) verstehen

¡Ya caigo (en la cuenta)!
Jetzt geht mir ein Licht auf!

Correr por cuenta de alguien
Jemandes Verantwortung sein

Eso corre por mi cuenta
Das geht auf meine Kappe

Dar cuenta de una cosa
Mit etwas fertig werden
Sich einer Sache erledigen
Aufessen, austrinken

Dar buena (mala) cuenta de su persona
Sich (nicht) bewähren

Darse cuenta de algo
Etwas merken
Etwas riechen

Echar cuentas
(Aus)rechnen, kalkulieren

Echar la cuenta
Die Rechnung machen

Echar (o hacer) la cuenta sin la huéspeda
Sich zu früh freuen
Die Rechnung ohne den Wirt machen

En resumidas cuentas
Kurz und gut

La cuenta es cuenta
Geschäft ist Geschäft

Más de la cuenta
Zuviel
Mehr als nötig

No salirle la cuenta a uno
Sich verrechnet haben

No me sale la cuenta
Meine Rechnung geht nicht auf

No tener cuenta con alguien
Mit jemandem nichts zu tun haben

Pasar la cuenta
Die Rechnung präsentieren

Por la cuenta que me trae
Ich bin ja selber daran interessiert

Perder la cuenta
Sich an etwas nicht mehr erinnern

Rendir cuentas
Rechenschaft ablegen

Sin darse cuenta
Ungewollt
Unbemerkt

Tener en cuenta una cosa
Etwas wert sein
Sich lohnen

Tener (o tomar) cuenta en
In Betracht ziehen
Berücksichtigen

Teniendo en cuenta
Im Hinblick auf

Tomar uno por su cuenta
Auf sich nehmen

¡Vamos a cuentas!
Kommen wir zur Sache!

Vivir a cuenta de otro
Auf jemandes Kosten leben

Cuento/*Geschichte*

Acabados son cuentos
Und jetzt Schluß
Und damit basta!

Aplicarse el cuento
Sich etwas zu Herzen nehmen
Etwas auf sich beziehen

Como digo (o iba diciendo) de mi cuento
Und wie ich sagte
Und was ich sagen wollte

Degollar el cuento
Jemanden unterbrechen

Dejarse de cuentos
Zur Sache kommen

Despachurrar (o destripar) a uno el cuento
Jemandes Bericht breittreten
Jemandes Geschichte (bzw. Vorhaben) verderben (od. verpatzen)

Estar en el cuento
Im Bilde sein

En todo cuento
In allen Fällen

El cuento de la lechera
Die Milchmädchenrechnung

El cuento de nunca acabar
Immer die alte Leier

No querer cuentos con serranos
Sich zu gut sein, um mit jemandem streiten zu wollen

Quitarse de cuentos
Zur Sache kommen

Tener más cuento(s) que Calleja
Aufschneiden, angeben
übertreiben

(No) venir a cuento
Nichts mit der Sache zu tun haben

Venirle a uno con cuentos
Jemandem mit Geschichten kommen

Vivir del cuento
Auf Kosten anderer leben
Ein Schmarotzer sein
Von dunklen Geschäften leben

Cuerda

Andar en la cuerda floja
Einen Eiertanz aufführen

Apretar la cuerda
Andere Saiten aufziehen

Aflojar la cuerda
Mildere Saiten aufziehen

Bajo cuerda
Unter der Hand

Dar cuerda a alguien
Auf jemandes Lieblingsthema kommen

Estirar uno las cuerdas
Seine Beine strecken
Einen Spaziergang machen

La cuerda no da más
Auf dem letzten Loch pfeifen

Ser uno de una sola cuerda
Sich ständig wiederholen

Son de la misma cuerda
Die gehören doch alle zur gleichen Sippschaft

Siempre se rompe la cuerda por lo más delgado
Der Damm bricht immer da, wo er am dünnsten ist

Tener cuerda para rato
Die alte Platte auflegen
Langwierige Reden halten

Tirar de la cuerda a alguien
Jemanden zügeln

Tirar de la cuerda para todos o para ninguno
Alle gleich behandeln

Cuerno

¡Al cuerno con ... !
Zum Teufel mit ...!

Algo se ha ido al cuerno
Etwas ist in den Eimer gegangen

Andar en los cuernos del toro
Auf dem Pulverfaß sitzen

Levantar (o poner, o subir) a uno hasta, por, o sobre, el cuerno (o los cuernos) de la luna
Jemanden in den Himmel heben
Jemanden über den grünen Klee loben

No valer un cuerno
Keinen Pfifferling wert sein

Poner cuernos al marido
Dem Ehemann Hörner aufsetzen

Ponerse de cuerno con alguien
Mit jemandem zerstritten sein

Romperse uno los cuernos
Sich abrackern
Sich die Hände wund arbeiten

Saber a cuerno quemado
Unangenehm, bzw. bitter sein für jemanden
Verdächtig sein

Sobre cuernos, penitencia
Schuld und Schand von etwas haben

¡(Y) un cuerno!
Denkste!

Cuero/*Haut*

Dejar a uno en cueros
Jemanden bis aufs Hemd ausziehen

Estar en cueros (vivos)
(Splitter)nackt sein

Estar hecho un cuero
Veilchenblau sein
Stockbetrunken sein

Poner cueros y correas en una cosa
Sich für jemanden die Beine ablaufen

Cuerpo/*Körper*

A cuerpo (gentil)
Ohne Mantel
Leicht gekleidet

A cuerpo de rey
Fürstlich

A cuerpo descubierto
Unbedeckt, unbeschützt
Offen

A cuerpo limpio
Durch eigene Kraft

Ohne fremde Hilfe Eigenhändig
Mit bloßer Hand

Cuerpo a cuerpo
Mann gegen Mann

Dar uno con el cuerpo en tierra
(Hin) fallen

De cuerpo entero
In voller Größe

De cuerpo presente
Aufgebahrt (Leiche)

Descubrir el cuerpo
Eine Blöße zeigen
Sich bloßstellen

Echar uno el cuerpo fuera
Sich vor etwas drücken

En cuerpo y alma
Mit Leib und Seele

Ganar una con su cuerpo
Sich verkaufen (Dirne)

Hacer del cuerpo
Seine Notdurft verrichten

Huir uno el cuerpo
(Einem Schlag) ausweichen
Sich (vor etwas) drücken

Pedirle a uno el cuerpo una cosa
Auf etwas Lust haben

(No) quedarse con algo (nada) en el cuerpo
(Nichts) Etwas für sich behalten

Tomar cuerpo
Gestalt annehmen

Volverla al cuerpo
Es jemandem heimzahlen

Cuervo

Cría cuervos, y te sacarán lo ojos
Undank ist der Welten Lohn

No poder ser el cuervo más negro que las alas
Es ist alles halb so schlimm
Schlimmer kann es nicht werden

Venir el cuervo
Es kommt (kam) ein Rettungsengel

Cuesta/*Hang*

Hacérsele a uno cuesta arriba
Jemandem gegen den Strich gehen

Ir cuesta abajo (arriba)
Bergab (bergauf) gehen

Llevar a uno a cuestas
Für jemanden schuften müssen
Jemanden huckepack tragen

Llover a cuestas
Gegen den Wind gespuckt haben

Tener a uno a cuestas
Jemanden er-, unterhalten müssen

Tener la cuesta y las piedras
Alle Vorteile haben

Cuidado/*Vorsicht*

¡Cuidado conmigo!
¡Cuidado me llamo!
Nehmt euch in acht vor mir!

¡Cuidado con repetir eso!
Tu das bloß nicht wieder!

¡Cuidado contigo si...!
Du kannst was erleben, wenn...!

De cuidado
Gefährlich

Estar de cuidado
Schwerkrank (od. sterbenskrank) sein

Eso me deja (o me trae, me tiene) sin cuidado
Das ist mir völlig egal!
Das läßt mich kalt!

Tener cuidado
Aufpassen
Vorsichtig sein

Culo/*Hintern*

Andar con el culo a rastras
Auf dem letzten Loch pfeifen

Caerse de culo
(Vor Überraschung) auf den Hintern fallen

Dar uno con el culo (o de culo) en las goteras
Herunterkommen

Ir de culo
Immer schlechter gehen (Geschäft)

Pensar con el culo
Mit dem Hintern denken

Perder uno el culo
Rennen

Perder uno el culo por alguien
Sich die Beine für jemanden ablaufen

Tomar (od. confundir) el culo por las cuatro témporas
Alles durcheinander werfen
Alles verwechseln

Tener (o ser) uno culo de mal asiento
Kein Sitzfleisch haben
Ein Quecksilber sein

Cumplido

Cumpla yo, y tiren ellos
Seine Pflicht und Schuldigkeit tun

Hablar sin cumplidos
Frei von der Leber weg sprechen

No gastar cumplidos
Nicht viel Federlesens machen
Ohne Umschweife handeln

Ser muy cumplido
Sehr höflich (bzw. sehr zuvorkommend) sein
Por cumplido
Aus Höflichkeit (od. Anstand)

Cuna/*Wiege*

Conocer a uno desde la cuna
Jemanden schon von Kindheit her kennen

De cuna humilde
Aus einfacher Familie stammend

Desde la cuna
Von klein auf
Von Kindheit her

Le viene de cuna
Est ist ihm angeboren

Cuña

Meter cuña
Unruhe stiften

Meterle a uno una cuña
Jemandem unter die Arme greifen
Jemandem helfen

Ser buena cuña
Eine gute Hilfe (od. Empfehlung) sein

Tener cuñas
Gute Beziehungen haben

Cura/*Kur*

Cura de caballo
Roßkur

No tener cura
Unheilbar sein
Unverbesserlich sein

Curar/*Heilen*

Como te curas, duras
Wie man sich bettet, so liegt man

Curado de espanto
Abgebrüht

Curarse en salud
Vorbeugen ist besser als heilen

Ch

Chacota/*Spaß*

Echar algo a chacota
Hacer chacota de algo
Sich über etwas lustig machen

Estar de chacota
Zum Scherzen aufgelegt sein
Spaß machen

Tomar algo a chacota
Etwas ins Lächerliche ziehen

(Todo lo toma [o lo echa] a chacota)
Er zieht alles ins Lächerliche (od. er macht sich über alles lustig)

Chacotearse

Chacotearse de algo/o de alguien
Sich über etwas/jemanden lustig machen

Chacotero/*Lustig*

Ser (muy) chacotero
Ein Spaßmacher sein
Aufgedreht, lustig sein

Cháchara/*Geschwätz*

Estar de cháchara
Schwatzen, quasseln, quatschen

Chacharear por lo bajo
Vor sich hin quasseln

Chafado/*Zerquetscht*

Dejar a alguien chafado
Jemandem den Mund stopfen
Jemanden sehr bedrücken

¡Me has dejado chafado!
Da bin ich platt!

Me han chafado la combinación
Man hat mir meine Pläne über den Haufen geworfen
Man hat mir die Tour vermasselt

Me has chafado el vestido
Du hast mir das Kleid zerknittert (od. zerknautscht)

Chalado/*Beknackt*

Estar chalado
Spinnen
Verrückt, sein, beknackt sein

Estar chalado por alguien
In jemanden vernarrt (od. verknallt) sein

Chalán/*Pferdehändler*

Regatear como un chalán
Feilschen, schachern (wie eín Pferdehändler)

Ser más embustero que un chalán
Lügen wie gedruckt
Ein großer Schwindler sein

Ser más vivo que un chalán
Sehr gerissen (od. getrieben) sein

Chalarse/*Durchdrehen*

Chalarse por alguien
Sich in jemanden verknallen
(Ganz) verrückt sein nach jemandem

Chalupa

Estar chalupa
Spinnen
Einen Dachschaden haben

Chamada/*Pechsträhne*

Pasar una chamada
Eine Pechsträhne haben
Schlechte Zeiten durchmachen

Chamba (v. «Chimba»)/*Glück*

Estar de chamba
Schwein haben

Por chamba
Durch einen Glückstreffer

Chambón/*Stümper*

Ser un chambón
Ein Glückspilz sein
Ein Pfuscher (od. ein Stümper) sein

Champar/*Frech werden*

Jemandem eine Frechheit an den Kopf werfen-
Jemandem etwas (eine erwiesene Gefälligkeit) vorhalten (od. vorwerfen)

Chamullar/*Quasseln, quatschen*

¡Qué mal chamulla!
Was für ein Kauderwelsch der redet!

Chamuscado

Está chamuscado
Er ist vorsichtig geworden
Ein gebranntes Kind scheut das Feuer

Chamusquina/*Brandgeruch*

Huele a chamusquina
Es ist dicke Luft
Es wird brenzlig
Da stimmt was nicht
Da ist etwas faul an der Sache

Chancleta

Estar hecho una chancleta
Nichts mehr taugen

Ser un chancleta
Ein Tölpel (bzw. ein Stümper) sein

Cháncharras máncharras/*Flausen*

Andar en cháncharras máncharras
Flausen machen
Faule Ausreden bringen

Chanchi

Pasarlo chanchi
Sich toll amüsieren

Chanchullo/*Schwindel*

Andar en chanchullos
Schieben, schwindeln
Dunkle Geschäfte treiben

No me vengas con chanchullos
Ich will alles klipp und klar
Rede nicht um die Sache herum
Komm' zur Sache

Chantar

Se la hemos chantado
Wir haben es ihnen gesteckt

Chapado

Chapado a la antigua
Altfränkisch
Altmodisch

Chaparrete

Chaparro
Kleiner (dicker) Mensch
Knirps

Chaparrón/*Regenschauer*

Aguantar el chaparrón
Die Strafpredigt über sich ergehen lassen

Un chaparrón de ideas
Ein Haufen (od. eine ganze Menge) Ideen

Esperar a que pase el chaparrón
Die Strafpredigt abwarten

Llueve a chaparrones
Es gießt (od. es regnet) in Strömen

Chapetón

Ha pasado el chapetón
Die Gefahr ist vorbei
Es ist reine Luft

Chapurrear/*Kauderwelschen*

Chapurrear un idioma
Eine Fremdsprache schlecht und recht sprechen

Chapuza/*Pfuscherei*

Dedicarse a chapuzas
Gelegenheitsarbeiten ausführen

Es un chapucero trabajando
Er ist ein richtiger Pfuscher (od. Stümper)
Murksen; herumwurs(ch)teln

Hacer chapuzas
Flickarbeiten (bzw. Pfuscharbeiten) verrichten

Chapuzón/*(Regen) schauer*

Darse un chapuzón
Ein kleines (od. kurzes) Bad nehmen
Sich ganz kurz naß machen (od. erfrischen)

¡Vaya chapuzón que me ha caído encima!
Ich bin total (od. völlig) durchnäßt!

Chaqueta/*Jacke*

Cambiar de chaqueta
Sein Fähnchen nach dem Wind hängen

Decir algo para su chaqueta
Etwas in den Bart brummen

Ser un chaquetero
Ein Opportunist (od. eine Wetterfahne) sein

Volver la chaqueta
Seine Gesinnung (od. Meinung) ändern

Chaquetear

Seine Meinung ändern
Kalte Füße bekommen
Es sich anders überlegen

Chaquetea con uno y otro partido
Er ändert andauernd (od. ständig) seine Gesinnung
Er liebäugelt mal mit dieser, mal mit jener Partei

Charca/*Teich*

Pasar la charca (o el charco)
Über den großen Teich (Übersee) fahren

Charal

Estar uno hecho un charal
Dürr wie eine Bohnenstange sein

Charla

Dar una charla
Einen Vortrag halten

Estar de charla (o charloteo)
Ein Schwätzchen halten
Plaudern, schwatzen

Charlar/*Plaudern*

Charlar por los codos
Sich unterhalten
Unaufhörlich quatschen

Charlotada

Blödsinn, Unsinn
Komische Stierhetze

Charol

Darse charol
Sich mächtig aufspielen
Angeben

Chasco/*Reinfall*

Dar un chasco a alguien
Jemanden hereinlegen (od. anführen)

Llevarse un chasco
Sich verrechnen
Enttäuscht werden
Herreinfallen
Einen Reinfall erleben

¡Menudo chasco!
Ein schöner Reinfall!
So eine Blamage!

Un chasco de aúpa (o de órdago)
Ein fürchterlicher Reinfall

Chasis

Quedarse en el chasis
Nur noch ein Gerippe (od. Haut und Knochen) sein
Zaundürr sein

Chasqueado

Dejar chasqueado a alguien
Jemanden im Stich lassen
Jemanden reinlegen (od. anführen)

Quedarse chasqueado
Hereinfallen
Einen Reinfall erleben

Chata

Pummelchen

Chatarra/*Schrott*

Este coche es pura chatarra
Dieses Auto gehört zum Alteisen

Este oficial (esta señora) lleva mucha chatarra
Dieser Offizier (diese Dame) trägt viel Lametta

Chateo

Ir de chateo
Die Kneipen abklappern
Auf Sauftour gehen

Chato

Tomarse un chato
Sich ein Gläschen genehmigen

Chaval/*Junge*

Estar hecho un chaval
Wie ein junger Bursche, Bub aussehen
Sehr jung aussehen für sein Alter

Chaveta

Estar alguien chaveta
Den Verstand verloren haben
Verrückt sein

Perder uno la chaveta
Den Verstand verlieren
Spinnen
Durchdrehen

Cheque

Dar a alguien un cheque en blanco
Jemandem freie Hand geben

Chicle

Pegarse a alguien como un chicle
Sich wie eine Klette an jemanden hängen

Chicha/*Maiswein/Fleisch*

De chicha y nabo
Vom großen Haufen
Nichts Besonderes

No ser ni chicha ni limoná (o limonada)
Weder Fisch noch Fleisch sein

Tener (o ser de) pocas chichas
Nur Haut und Knochen sein
Dünn wie eine Bohnenstange sein

Chichirimoche

A la noche chichirimoche; y a la mañana, chichirinada
Viel versprechen und nichts halten

Chichisbeo/*Liebelei*

Tener un chichisbeo con alguien
Ein Techtelmechtel haben mit jemandem

Chiflar (se)

Sich vollaufen lassen
Einen heben

Chiflarse por algo/por alguien
Verrückt sein nach etwas/jemandem

(Me chiflan los chocolates)
(Ich bin ganz verrückt nach [ganz wild auf] Pralinen)

Chiflarse de alguien
Jemanden veralbern
Sich lustig machen über jemanden

¡Deja estas chifladuras!
Laß den Blödsinn!

Estar chiflado
Spinnen
Einen Dachschaden haben

Estar chiflado por alguien
In jemanden verknallt sein

Su última chifladura es...
Jetzt hat er den... fimmel

Chimenea/*Kamin*

Fumar como una chimenea
Wie ein Schlot rauchen

China/*Stein*

¡Naranjas de la china!
Pustekuchen!

Poner chinas a alguien
Jemandem Steine in den Weg legen

Tocarle a alguien la china
Pech haben
An die Reihe (od. drankommen)

Tropezar en una china
Über jeden Stein stolpern

Chinchar/*Piesacken, belästigen*

Chincharse
Sauer werden
Beleidigt sein

¡Chínchate!
Ätsch!
Geschieht dir recht!

Chinche/*Wanze*

Morir como chinches
Haufenweise sterben (od. wie die Fliegen sterben)

Ser un chinche
Ein lästiger Kerl sein
Schadenfroh sein
Ein Quälgeist (bzw. eine freche Wanze) sein

Chino

Engañarle a alguien como a un chino
Jemanden gewaltig übers Ohr hauen

Esto me parece chino
Das kommt mir spanisch vor
Das sind für mich böhmische Dörfer

Tener la paciencia de un chino
Eine Engelsgeduld haben

Chiquitas/*Kleinigkeiten*

Dejarle chiquito a alguien
Jemanden kleinkriegen (bzw. weit hinter sich lassen)

Hacerse el chiquito
Sich dumm stellen

No andarse en chiquitas
Keine Umstände machen
Den Stier bei ben Hörnern packen
Nägel mit Köpfen machen

No me vengas con chiquitas
Komm' zur Sache!
Rede nicht wie die Katze um den heißen Brei!

Chiquilladas/*Kinderei*

¡No hagas chiquilladas!
Treib' doch keine Dummheiten (od. keinen Blödsinn)

Chiribitas

Echar chiribitas
Gift und Galle spucken

Me hacen chiribitas los ojos
Ich sehe Sterne

Chirigota/*Scherz*

Tomarse algo a chirigota
Etwas auf die leichte Schulter nehmen

Chiripa/*Glück*

De pura chiripa
Ganz zufällig
Durch einen Glückstreffer

Tener chiripa
Schwein (od. Glück) haben

Chirona/*Kittchen*

Meter en chirona
Hinter Schloß und Riegel setzen

Chismes/*Klatsch*

Coger sus chismes y largarse
Seine Siebensachen packen

¿Qué chismes son éstos?
Was ist denn das für Zeug?

Traer y llevar chismes
Klatsch herumtragen

Chispa/*Funke (n)*

Coger una chispa
Sich ansäuseln

Echar chispas
Vor Wut schäumen
Eine Stinkwut haben

¡Ni chispa!
(Rein) gar nicht(s)

No dar chispa(s)
Langweilig (od. geistlos) sein

Tener mucha chispa
Vor Geist sprühen

Chiste

Caer en el chiste
Dahinterkommen
Den Braten riechen

Dar en el chiste
Die Pointe erfassen

No seas tan chistoso
Laß die faulen (od. blöden) Witze, Scherze

¡Tiene chiste la cosa!
Das darf doch nicht wahr sein!

Chita

A la chita callando
Heimlich, still und leise

Dar en la chita
Ins Schwarze treffen

No valer una chita
Keinen Pfifferling wert sein

Chivar/*Verpetzen*

Chivarse (con alguien)
Dar el chivatazo

Jemanden (bei jemandem) verpetzen

Chiva(o)/*Ziege/Ziegenbock*

Estar como una chiva (o un chivo)
(v. «Chota»)

Einen Dachschaden haben
Ein verrücktes Huhn (od. verrückte Zicke) sein

Ser el chivo expiatorio (o emisario)
Der Sündenbock sein

Chivato/*Petzer, Spitzel*

Ser un chivato
Ein Petzer sein

Chocar/*Anstoßen*

¡Chócala!
¡Choca estos cinco!
Schlag ein!
Hand drauf!

No me choca lo más mínimo
Das (ver)wundert mich überhaupt nicht

Chocho/*Schwachköpfig*

Estar chocho por alguien
Ganz vernarrt sein in jemanden

Estar chocheando
Kindisch werden im Alter
Altersschwach werden
An Alterschwäche leiden

¡Estarás chocheando!
Du leidest wohl an Altersschwäche!
Du wirst wohl langsam altersschwach!

Un viejo chocho
Ein kindischer Alter

Chol (l) a/*Kopf, Schädel, Birne*

No me cabe en la chol (l) a
Das will mir nicht in den Schädel

Chollo/*Dusel*

¿Dónde has encontrado este chollo?
Wo hast du denn das Ding so billig bekommen?

¡Menudo chollo has tenido!
Hast du einen Dusel (od. ein Mordsglück) gehabt!

Chopo/*Gewehr, Schießprügel, Knarre*

Yo no cargo con el chopo
Mich kriegen die nicht zum Militär

Choricear (o chorizar)/*Klauen, stibitzen*

Chorizo (choricero, ratero)/*Dieb*

Es un chorizo de cuidado
Bei dem ist Vorsicht am Platz, der hat lange Finger!

Ser un chorizo
Lange Finger haben

Chorrada/*Geschwätz*

¡No digas chorradas!
Rede keinen Blödsinn!

Chorrear/*Triefen*

Chorrear felicidad
Vor Glück strahlen

Chorrear dinero
Vor (od. von) Geld Strotzen

Chorrear agua, grasa, aceite
Vor Wasser, Fett, Öl triefen

Chorrear sangre una herida
Eine Wunde blutet

El dinero entró chorreando
Das Geld kam tropfenweise ein

Chorreo/*Anschnauzer, Rüffel*

¡Qué chorreo de dinero!
Das geht ins Geld!
Das ist hinausgeschmissenes Geld

Chorrillo

Irse uno por el chorrillo
Mit den Wölfen heulen

Tomar uno el chorrillo de
Den Dreh von etwas herauskriegen

Chorro

Beber a chorro
Vom Strahl trinken

Como los chorros del oro
Blitzblank; blitzsauber

Chorro de dinero
Geldregen, Geldstrom

Chorro de elocuencia
Wortschwall

Chorro de sangre
Blutstrom

Hablar a chorros
Wie ein Wasserfall reden

Soltar el chorro (de risa)
Laut loslachen
Aus vollem Halse lachen
Lauthals lachen

Sudar a chorros
In Schweiß gebadet sein
Vor Schweiß triefen

Chota (v. «Chiva»)/*Kalb*

Estar como una chota
Eine verrückte Zicke (ein verrücktes Huhn) sein
Einen Dachschaden haben

Chotearse (de)/*Spotten*

Sich lustig machen (über jemanden)

Choteo/*Gaudi, Fopperei*

Tomar a choteo
Sich lustig machen über
Etwas nicht ernst nehmen

Chotis

Ser más agarrado que un chotis
Ein Knauser (od. ein Geizhals, ein Geizkragen, ein Geizhammel) sein

Chotuno/*Zickel...*

Oler a chotuno
Wie in einem Ziegenstall stinken (Ort)
Wie ein Ziegenbock stinken (Person)

Chucha/*Schwips*

Agarrarse una chucha
Sich einen Schwips (od. einen Affen) antrinken

¡Qué chucha tengo!
Bin ich aber müde!
Ich bin hundemüde!

Chufa

Echar chufas
Prahlen, angeben, aufschneiden

Tener sangre de chufas
Fischblut in den Adern haben

Chufletearse (de alguien)/***Spotten, foppen*** *(jemanden)*

Ser un chufletero
Ein Spaßmacher sein
Ein Witzbold sein

Chulear

Chulearse
Angeben
Ein Pferdchen laufen lassen (Zuhälter)

Chuleta(s)

Spickzettel, Ohrfeige, (Koteletten [Backenbart])

Ser un chuleta
Ein Geck (od. ein Fatzke, od. ein Strizzi sein)

Pásame una chuleta
Reich' mir den Spickzettel (od. Spicker)

Chulo

Llevas unos vaqueros muy chulos
Du hast schicke (od. tolle) Jeans an

Ponerse en plan chulo
Dreist, frech, angriffslustig werden

Chunga/*Scherz*

Estar de chunga
Spaß treiben
Scherzen, necken

Lo pasó chungo
Es ist ihm mies ergangen

¡Vaya trabajo chungo!
Ist das eine Stümperei!

Chupa

Poner a alguien como chupa de dómine
Jemanden zur Schnecke (od. zur Minna) machen
Jemanden fertigmachen (od. abkanzeln)

Chupada/*Zug*

Dar una chupada a un cigarro
Einen Zug an einer Zigarre tun
An einer Zigarre ziehen

¡Dále una chupadita!
Da, trink mal (ein Schlückchen)

Chupar

Chupar del bote
(Mit)schmarotzen

Chuparse el dedo
In den Mond (od. in die Röhre) gucken

Chuparse los dedos por algo
Sich die Finger nach etwas lecken

¡Chúpate ésa (y vuelve por otra)!
So, nun weißt du Bescheid!
Da hast du was zu Kauen'

Esto está chupado
Das ist kinderleicht
Das ist ein Klacks

Chupacalcetines (América)

Ser un cobista
Schmeichler, Speichellecker

Chupatintas

Ser un chupatintas
*Ein **Schreiberling** (od. ein Tintenkleckser, ein Federfuchser, ein Bürohengst) sein*

Chupasangre

Ser un chupasangre
*Ein **Blutsauger** sein*

Chupete

¡De (re)chupete!
Großartig! Toll!
Lecker (lecker)! (bei Essen)

Chupinazo

Schuß (bei Feuerwerk)

¡Menuda noticia, es un chupinazo!
Das ist eine Bombe!
Das ist eine Bombennotiz!
Das schlägt ein wie eine Bombe!

Chupito/*Schlückchen*

Echarse un chupito
Ein Schlückchen nehmen

Chupón/*Schmarotzer*

Ser un chupón, un chupóptero
Nassauer

Churra/*Dusel, Glück*

¡Vaya churra que has tenido!
Hast du aber einen Dusel (od. ein Schwein) gehabt!

Churro/*Pfuscherei*

Me ha salido un churro
De habe ich gemurkst (od. gepfuscht)
Das ist ein Murks (od. eine Pfuscherei) geworden

¡Vete a freír churros!
Hau ab!
Verzieh dich!

Chus (o chuz)

No decir chus ni mus
Nicht piep sagen
Keinen Muckser machen

Chutar

Chutarse (droga)
An der Nadel hängen

Va que chuta (un negocio)
Das Geschäft geht ausgezeichnet

Va que chuta (un asunto)
Das geht ja wie geschmiert

Chuzo

Caen, llueve, nieva chuzos (de punta)
Es gießt (bzw. hagelt)
Es regnet in Strömen
Es schneit (sehr stark, ganz toll)

D

Daca

Andar al daca y toma
Sich herumstreiten
Tauziehen

Es un toma y daca
Wie du mir, so ich dir

Dado

Correr el dado
Glück haben

Estar como un dado
Sehr verheißungsvoll aussehen

Danza

Entrar en danza
Eingreifen

Meterse en danza
Sich in eine Sache verwickeln

Meterle a alguien los perros en danza
Jemanden in eine üble Geschichte hineinbringen

Dar/*Geben*

¡Ahí me las den todas!
Das ist mir wurscht (od. ganz egal)

Ahora le da al vino
Jetzt hat er angefangen zu trinken

Ahora le ha dado por leer
Jetzt hat er den Lesefimmel

A mal dar
Schlimmstenfalls
Wenigstens

¡Dale!
Schon wieder!

¡Dale fuerte! ¡Dale escabeche!
Gib ihm Saures!
Immer feste drauf!

¡(Y) dale que dale! ¡Dale que te pego!
Immer wieder die selbe Leier!
Auf Teufel komm raus

Dárselas de listo
Ein Schlaumeier (od. ein Alleswisser) sein

Dar el pego
Jemanden beschummeln

Dar gato por liebre
Jemanden übers Ohr hauen

Dar una espantada
Reißaus nehmen

Dar leña
Jemanden verprügeln

Dar a conocer
Bekanntgeben, bekanntmachen

Dar a entender
Andeuten; insinuieren

Dar algo a alguien
Jemanden vergiften (bzw. verhexen)

Dar (o darse) con alguien o con algo
Auf jemanden (od. etwas) stoßen
Jemanden (od. etwas) finden

Dar uno consigo (o con otro) en el suelo
Hinfallen (bzw. jemanden zu Boden werfen)

Dieron con él en la cama
Sie legten ihn ins Bett

Dar de sí una prenda: El jersey ha dado de sí
Weiter, länger werden
Sich dehnen: Der Pulli ist ganz ausgeleiert

Dar de sí un producto
Ausgiebig sein

Dar de sí una persona
Leistungsfähig sein

Dar uno (en blando) en duro
Auf (keinen) Widerstand stoßen

Dar en ello
(Endlich) etwas verstehen (od. begreifen)

Dar a uno en qué merecer
Jemandem das Leben versauern

Dar a uno en qué pensar
Jemanden nachdenklich machen (od. stimmen)

Darla (o dárselas) de
Sich aufspielen als
Sich hinstellen als

Dar a uno mascada una cosa
Jemandem etwas vorkauen

Dar por bien empleado...
Es lohnt sich zu...

Dar para
Ausreichen für
Ausreichend sein für

Dar por (muerto)
Für (tot) erklären

Dar por concluido
Als abgeschlossen erklären (od. ansehen od. gelten lassen)

Dar por hecho
Als selbstverständlich betrachten

Dar qué hablar (o qué decir)
Das Stadtgespräch sein

Dar qué hacer
Arbeit machen

Dar tras uno
Wie wild auf jemanden losgehen
Jemanden angreifen

Darle a una cosa
Die Gewohnheit haben, etwas zu tun

Darle a uno por
Auf etwas verfallen

Darle algo a una persona
Einen Anfall kriegen
Ohnmächtig werden

Darse a la bebida
Dem Trinken verfallen

Darse el bote
Abdampfen
Sich verdrücken

Darse uno a conocer
Sich zu erkennen geben
Zeigen, wer man ist
Farbe bekennen

Dársela a uno
Jemanden übers Ohr hauen
Jdm. etwas weismachen

Dársele a uno bien (mal) algo
Etwas gut (schlecht) können
Jemandem (nicht) liegen

Dársele poco a uno
Jemandem wenig ausmachen

Darse por aludido
Sich betroffen fühlen

Darse por pagado
Sich zufriedengeben
Sich begnügen mit

Darse por vencido
Sich ergeben
Aufgeben

Dar sobre uno
Jemanden angreifen
Wie wild auf jemanden losgehen

No dar una
Alles verkehrt machen
Ständig danebenhauen - Faulenzen

Para dar y tomar
In Hülle und Fülle

¡Qué más da!
Ist (doch) egal!
Ist schon recht!

Se me da tanto por lo que va como por lo que viene
Das ist mir vollkommen egal

Si no se calla, me va a dar algo
Wenn er nicht bald aufhört, kriege ich einen Anfall!

Dares y tomares

Andar en dares y tomares
Einen Wortwechsel haben

Debido

Como es debido
Wie es sich gehört

Decir/*Sagen*

¡Cualquiera lo diría!
Kaum zu glauben!

Decir por decir
Belangloses Zeug daherreden

Decirle a alguien cuatro cosas
Jemandem gehörig die Meinung sagen

Digo que no digo nada
Das habe ich schon im voraus gewußt

Dime con quien andas y te diré quien eres
Sage mir, mit wem du umgehst, und ich sage dir, wer du bist

Es más fácil de decir que de hacer
Es ist leichter gesagt als getan

Es un decir
Es ist so eine Redensart

Ni que decir tiene
Es erübrigt sich, zu erwähnen

¡No me diga!
Was Sie nicht sagen!

Quien mal dice, peor oye
Wie man in den Wald hineinruft, so schallt es zurück

Dedillo/*Finger*

Conocer algo al dedillo
Aus dem Effeff Kennen
Wie seine Westentasche kennen

Saber al dedillo algo
Etwas an den Fingern (od. wie am Schnürchen) hersagen können

Dedo

Antojársele los dedos huéspedes
Sich Illusionen machen

Atar bien su dedo
Seine Vorkehrungen treffen

Comerse los dedos por algo
Sehr begierig nach etwas sein

Dar un dedo de la mano por
Alles hergeben für

Estar a dos dedos
Ganz nahe an etwas sein

Meter a alguien los dedos en la boca
Jemanden geschickt ausforschen

Meter a alguien los dedos por los ojos
Jemandem Sand in die Augen streuen

No tener dos dedos de frente
Kein großes Kirchenlicht sein

Poner el dedo en la llaga
An die wunde Stelle rühren

Ser el dedo malo
Ein Unglücksrabe sein

Tener cinco dedos en la mano
Selber zupacken können
Von niemandem abhängig sein

Tener los dedos largos
Lange Finger haben

Tengo dedos de manteca
Heute fällt mir alles aus der Hand

Defender

Irse defendiendo
Von der Hand in den Mund leben
Sich so durchschlagen

Dejar/*Lassen*

¡Déjame en paz!
Laß mich in Ruhe!

¡Déjate de bromas!
Laß die Späße!

¡Déjate de rodeos!
Komm zur Sache!

Dejarse caer
Plötzlich auftauchen (besuchen)

Dejar airoso a uno
Jemanden ins gute Licht stellen

Dejar a un lado (un asunto)
Aufs tote Gleis schieben

Dejar a uno bizco
Jemanden sehr erstaunen (od. in Erstaunen setzen)

Da war ich platt

Dejar caer (una observación)
(Eine Bemerkung) fallen lassen

Dejar feo a alguien
Jemanden (tief) beschämen

Dejar fresco (o plantado) a alguien
Jemanden sitzenlassen

Dejar molido a uno
Jemanden schinden

Dejar a uno seco
Jemanden umlegen
Jemanden sehr erstaunen

Dejar mucho que desear algo
Etwas läßt viel zu wünschen übrig

Dejar para otro día
Auf einen anderen Tag verschieben

Dejar paso
Durchlassen

Dejarlo correr
Einer Sache freien Lauf lassen

Dejarse caer
Plötzlich auftauchen (besuchen)

Dejarse caer con 1000 pts
1000 Peseten springen lassen

Dejarse uno decir algo
Sich eine unangebrachte Bemerkung entschlüpfen lassen

Dejarse llevar
Sich mitreißen lassen

Dejarse rogar
Sich lange bitten lassen

Dejar templando una cosa
Etwas fast aufessen, bzw. austrinken

¡Déjate de bromas!
Laß die Späße (od. Dummheiten)!

¡Déjate de rodeos!
Komm zur Sache!

Estar dejado de la mano de Dios
Gottverlassen sein

Le dejaremos bizco
Wird der Augen machen!

Me dejó bizco
Da war ich platt

No dejarle vivir a alguien
Jemanden nicht in Ruhe lassen

No dejes para mañana lo que puedas hacer hoy
Was du heute kannst besorgen, das verschiebe nicht auf morgen

No dejarle vivir a uno
Jemandem keine Ruhe lassen

No dejarse ensillar
Nicht auf sich herumreiten lassen

No dejar verde ni seco
Nichts übriglassen
Alles auffuttern

Delantera

Tener la delantera
Vorsprung haben

Tomar la delantera
Jemanden überholen (od. übertreffen)

Delicia

Hacer las delicias de alguien
Jemanden entzücken

Dentro

¡Dentro o fuera!
Entweder oder!

Derrumbadero

Caer en un derrumbadero
In eine sehr gefährliche Lage (od. in die Klemme) geraten

Desahogarse

Desahogarse (en denuestos)
Seinem Herzen (mit Schmähungen) Luft machen

Desaire

Hacer un desaire a alguien
Jemanden kränken (zurückweisen)

Tomar a desaire algo
Etwas übel nehmen

Desanudar

Desanudar la voz
Die Stimme wiederfinden

Desasnar

Desasnar a alguien
Jemandem Schliff beibringen

Desatarse

Desatarse en ultrajes contra alguien
Auf jemanden losschimpfen

Desayunar

¿Ahora te desayunas?
Reichlich spät dran
Das hast du erst jetzt gehört?

Desbancar

Desbancar a alguien
Jemanden verdrängen

Desbandada

A la desbandada
In wilder Flucht

Desbaratar

Unsinn reden
Quatsch machen

Desbocarse

Frech werden
Loslegen

Descabezar/*Arbeit anfangen*

Descabezar un sueñecito (echar una cabezadita)
Ein Nickerchen machen

Descabezarse
Sich den Kopf zerbrechen

Descerrajar

Descerrajar a alguien de un tiro
Jemandem eins auf den Pelz brennen

Descojonarse

Me descojoné de risa
Sich totlachen
Sich (halb) totlachen
Sich biegen vor lachen

Descolgarse

Descolgarse con algo
Mit etwas herausplatzen

Descolgarse por un sitio
Irgendwo aufkreuzen

Descomponerse/*Die Fassung verlieren*

Descomponerse con alguien
Jemanden hart anfahren

Descomponerse en palabras
Zu starke Worte gebrauchen

Descontar

Dar por descontado
Als sicher annehmen

¡Descontado!
Ausgeschlossen!

¡Descuente usted!
Das ist zu dick aufgetragen!

Por descontado
Selbstverständlich

Descornarse

Sich den Kopf zerbrechen

Descosido

Como un descosido
Wie ein Wilder

Nunca falta un roto para un descosido
Der eine ist wie der andere

Reír como un descosido
Schallend lachen
Wie ein Verrückter lachen

Descrismarse

Sich abrackern
Sich den Kopf zerbrechen
Sich die Sohlen ablaufen - Aus der Haut fahren

Descuartizar

Estar descuartizado
In Stücke schlagen
Wie gerädert sein

Descubierto/*Unbedeckt*

Hablar al descubierto
Offen sprechen

Poner al descubierto alguien
Jemanden bloßlegen

Quedar en descubierto
Sich nicht rechtfertigen können

Descubrirse

Sein Herz ausschütten
Sich offenbaren
Sich blamieren

Un trabajo hecho para descubrirse
Allen Respekt (vor dieser Arbeit)!

Desenamorarse

Desenamorarse de algo
Einer Sache überdrüssig werden

Desenredarse

Aus einer Schwierigkeit herauskommen

Desentramparse

Aus den Schulden herauskommen

Desenvainar

Vom Leder ziehen
Mit etwas herausrücken

Desesperado/*Hoffnungslos*

A la desesperada
In letzter Verzweiflung

Correr como un desesperado
Wie ein Verrückter (od. wie verrückt) laufen, rennen

Desesperar

Desesperar a alguien
Jemanden zur Verzweiflung bringen

¡Es para desesperarse!
Das ist (ja) zum Heulen!
Der bringt mich noch um!

Deshacer

Deshacerse en atenciones (cumplidos)
Sich in Höflichkeiten ergehen

Deshacerse en llanto
In Tränen zerfließen

Deshacerse de impaciencia
Vor Ungeduld vergehen

Deshacerse por conseguir algo
Alle Hebel in Bewegung setzen um etwas zu erreichen

Ser el que hace y desahace
Die erste Geige spielen

Deslizar/*Schlüpfen*

Deslizar algo a alguien
Jemandem heimlich etwas zustecken

Deslizar palabras en un discurso
Wort fallen lassen od. einwerfen

Deslizar una cosa entre otras
Etwas heimlich zwischen... stecken

Deslizarse
Sich hinwegschleichen

Deslizarse por las mallas
Durch die Maschen schlüpfen

Se me ha deslizado un error
Mir ist ein Fehler entschlüpft (od. unterlaufen)

Deslomar

Deslomar a alguien
Jemanden lendenlahm schlagen
Jemanden fürchterlich strapazieren

Deslomarse

Sich abrackern (od. abschuften)

Deslucir

La lluvia deslució la fiesta
Der Regen hat das Fest verdorben

Desmayarse

In Ohnmacht fallen

Sin desmayarse
Unermüdlich

Desnudar/*Entkleiden*

Desnudar a alguien
Jemanden ausplündern (od. schröpfen)
Jemanden bis aufs letzte Hemd ausziehen

Desollar/*Enthäuten*

Desollar a uno vivo
Jemanden gehörig rupfen (od. schröpfen)
Kein gutes Haar (od. keinen guten Faden) an jemandem lassen - Über jemanden herziehen

Desollarla
Seinen Rausch ausschlafen

Desollarse (los pies, las manos)
Sich (die Füße) wundlaufen
Sich (die Hände) wundreiben
Sich die Haut abschürfen an

Desorbitado/*Übertrieben*

Con los ojos desorbitados
Mit weit aufgerissenen Augen

Precios desorbitados
Ungeheuerliche Preise

Despabilar

Despabilar a alguien
Jemandem die Augen öffnen

Despabilarse
Munter (bzw. schlau) werden

Hay que despabilarse
Wir müssen uns beeilen

Despachar

¡Despacha de una vez!
Red nicht lange drum herum!
Heraus mit der Sprache!

Despachar a alguien
Jemanden ***bedienen,*** *bzw. abfertigen*
Jemanden entlassen, jdn. hinauswerfen
Jemanden fertigmachen, umbringen

Despacharse de algo
Sich einer Sache entledigen

Despacharse a su gusto
Sich etwas von der Seele reden

Despachurrar

Despachurar a uno
Jemanden kleinkriegen (od. kaputtmachen)

Despegar

Sin despegar los labios
Ohne einen Muckser

Despejarse

Despejarse la cabeza alguien
Frische Luft schöpfen

Despejarse el cielo
Sich aufheitern od. aufklären

Despejarse una situación
Sich aufklären

Despellejar

Despellejar a alguien
Kein gutes Haar (od. keinen guten Faden) an jemandem lassen
Über jemanden herziehen

Despeñarse

Despeñarse de un vicio en otro
Sich von einem Laster ins andere stürzen

Despepitarse

Sich den Hals ausschreien

Despepitarse por algo
Für etwas schwärmen

Desperdicio

No tener desperdicio
Äußerst nützlich sein

Despertar/*Wecken*

Despertar interés, envidia
Interesse, Neid erwecken

Despertar recuerdos
Erinnerungen wachrufen

Despertar el apetito
Appetit anregen

Despertar a quien duerme
Jemanden aufrütteln

Un muchacho despierto
Ein aufgeweckter Junge

Despintar

No despintarse
Sich nicht verstellen können

No despintar de (su estirpe)
(Seine Herkunft) nicht verleugnen könen

No despintársele a uno alguien o algo
Jemanden od. etwas noch deutlich in Erinnerung haben

Despiporre

Rummel, Radau, Lärm, Gaudi

¡Menudo despiporre que armaron!
Das war vielleicht ein Radau (bzw. eine Gaudi)!
Da war aber was los!

Despiste

Andar depistado
Auf der falschen Fährte sein

Ser un despistado
Zerstreut, geistesabwesend sein

Tener un despiste
Nicht im Bilde sein
Sich auf der falschen Spur befinden

Desplante

Dar (o hacer) un desplante a alguien
Jemanden abblitzen lassen
Jemandem eine Abfuhr erteilen

Desplazar

Desplazar a alguien
Jemanden verdrängen

Estar desplazado
Fehl am Platz sein

Desplumar

Desplumar a alguien
Jemanden rupfen (od. übers Ohr hauen)

Despojarse

Despojarse de ropa
Kleidung abnehmen, ablegen

Despojos mortales
Sterbliche Hülle

Desporrondingarse (América)

Desporrondiga el dinero
Das Geld (mit vollen Händen) zum Fenster hinauswerfen

Despotricar

Despotricar contra alguien o algo
Gegen jemanden lospoltern (od. wettern)
Über jemanden, etwas, meckern, schimpfen
Sich über etwas, jemanden aufregen

Desprender/*Lösen*

De esto se desprende que ...
Daraus kann man entnehmen, daß...

No poder desprenderse de algo o alguien
Sich von etwas od. jemandem nicht trennen können
Nicht loskommen können von jemandem

Despreocupado/*Unbesorgt*

Esto me tiene despreocupado
Das ist mir vollkommen egal

Desprevenido/*Unvorbereitet*

Cogerle a uno desprevenido
Jemanden überrumpeln od. überraschen

Despuntar

Despuntar el día
Der Tag bricht an

Despuntar una estrella
Ein Stern kommt zum Vorschein

Despuntar una persona en algo
Jemand ragt bei, in etwas hervor

Desquiciar

Desquiciar a alguien
Jemanden verrückt machen (bzw. aus der Fassung bringen, od. ganz durcheinander bringen)

Desquitarse

Desquitarse de algo
Sich rächen od. sich revanchieren

Destajo/*Akkord*

Hablar a destajo
Im Akkord reden
Um die Wette reden

Trabajar a destajo
Akkordarbeit leisten
Sich abrackern

Desternillarse

Desternillarse de risa
Sich (halb) totlachen
Sich kranklachen

Desterrar/*Verbannen*

Desterrar una idea
Einen Gedanken verscheuchen
Sich einen Gedanken aus dem Kopf schlagen

Desterrar una costumbre
Eine Gewohnheit abschaffen

Desterrar la costumbre de...
Sich... abgewöhnen

Desterrar el miedo
Alle Furcht überwinden

Desterrar a una persona
Jemanden verbannen

Destetarse

Destetarse con una cosa
Etwas schon von Kindheit her kennen

Destilar/*Tröpfeln*

Destilarle a uno la nariz
Jemand hat eine tropfende Nase

Una persona destila alegría, odio
Jemand verbreitet Fröhlichkeit, Haß um sich

Destocar

Destocar a alguien
Jemandem das Haar, die Frisur durcheinanderbringen (od. zerwühlen)

Destornillarse

Verrückt werden
Den Kopf verlieren

Destrozado

Estar destrozado
Völlig erschossen sein
Total kaputt (od. hundemüde) sein

Destrozón

Ser un niño destrozón
*Ein **Reißteufel** sein*
Alles kaputtmachen

Desvariar/*Faseln*

Desvariar en sueños
Im Traum faseln

No parar de desvariar
In einem fort reden, quatschen

Desvelar

Desvelarse por alguien
Sehr besorgt sein um jemanden

El café desvela
Kaffee wirkt sehr schlafstörend

Estar desvelado
Nicht (ein)schlafen können

Desvivirse

Desvivirse por alguien
Sich für jemanden aufopfern
Alles Mögliche tun für jemanden

Desvivirse por algo
Etwas unbedingt haben wollen
Sehr erpicht sein auf etwas

Detalle/*Einzelheit*

Entrar en detalles
Sich in Einzelheiten ergehen

Es muy **detallista**
Er ist sehr aufmerksam

No escapársele a uno ningún detalle
Sich keine Einzelheiten entgehen lassen

Nunca ha tenido ningún detalle conmigo
Er hat mir nie die kleinste Aufmerksamkeit erwiesen

Detener/*Auf-, anhalten*

Detener el paso
Stehenbleiben

Detenerse con algo (alguien)
Sich mit etwas (bei jemandem) aufhalten

Detenerse en algo
Lange Zeit brauchen für etwas

No detenerse ante nada
Vor nichts haltmachen

Deuda/*Schuld*

Contraer una deuda
Eine Verpflichtung eingehen

Contraer deudas
Schulden machen

Saldar una deuda pendiente
Eine alte Schuld begleichen

Devanarse

Devanarse los sesos
Sich den Kopf zerbrechen
Sich das Hirn zermartern

Devanarse de risa, de dolor
Sich krümmen vor Lachen, vor Schmerzen

Día/*Tag*

Abrir (o romper) el día
Tagen
Tag werden
Sich aufheitern (od. sich klären)

Abre el día
Der Tag bricht an

A días
Gelegentlich

Alcanzar a uno en días
Kurz nach jemandem sterben

Al día
Auf dem laufenden

Algún día
Irgendwann
Später einmal

Al otro día
Am nächsten Tag

Antes del día
Vor Tagesanbruch

Cada día
Tagtäglich
Jeden Tag

Cada dos días/Un día sí y otro no
Jeden zweiten Tag

Caer el día
Abend werden

Cerrarse (o oscurecerse el día)
Dunkel (od. finster) werden
Sich verfinstern

Como el día a la noche
Wie Tag und Nacht (Unterschied)

Cualquier día
Irgendwann
Später einmal (iron.) - Nie

¿Cuándo nos has de dar un buen día?
Wann ist denn (endlich) der große Tag? (Hochzeit)

Dar a uno el día
Jemandem den Tag verpatzen

Dar los buenos días
Guten Tag wünschen

De día (aún es de día)
Bei (od. am) Tage

Bei Tageslicht
(Es ist noch [immer] hell)

De día en día
Von Tag zu Tag

Del día (Plato del día, novedad del día, luz del día)
Frisch (Brot)
Aktuell
Ganz neu
(Tagesgericht, Tagesgespräch, Tageshelle)

Despejarse el día
Sich aufklären

Despuntar el día
Tagen
Tag werden (Es wird Tag, Der Tag bricht an)

De un día a otro
Sehr bald
In den nächsten Tagen

Días y ollas
Mit Geduld und Spucke...

Día y noche
Tag und Nacht
Immerzu, andauernd

El día de hoy/Hoy (en) día
Heute
Heutzutage

El día de mañana
Morgen
In der Zukunft

El día de mañana no lo vimos
Man weiß nie, was die Zukunft (alles) bringt

El día menos pensado
(Plötzlich) irgendwann

El día que cierno, mal día tengo
El día que cuelo, mal día llevo
El día que maso, mal día paso
Morgen, morgen, nur nicht heute, sagen alle faulen Leute

El mejor día/Un buen día
Eines schönen Tages

El otro día
Neulich

En cuatro días
In kurzer Zeit
(Ganz) schnell

En días de Dios (o del mundo, o en los días de la vida)
Nie (im Leben)

En mis (sus) días
Zu meiner (seiner) Zeit

Entrado en días
Bejahrt
Schön älter

Estar al día
Auf dem laufenden sein

¡Hay más días que longanizas!
Immer mit der Ruhe!
(Nur) nicht so eilig!

La canción de cada día
Immer die alte Leier
Immer das selbe Lied

Llevarse uno el día en una cosa
Den ganzen Tag brauchen, um etwas zu tun

¡Mañana será otro día!
Morgen ist auch noch ein Tag
Besser (od. lieber) später!

¡No en mis días!
Nie (und nimmermehr)!

No es cada día agosto ni vendimia
Nicht alle Tage sind Feiertage

No es cada día pascua ni Santa María
Man muß die Feste feiern, wie sie kommen

No se van (o no pasan) los días en balde
Man wird eben älter
Man kann eben nicht ewig jung bleiben

No tener más que el día y la nohe
Kein Hemd auf dem Leibe haben
Arm wie eine Kirchenmaus (od. bettelarm) sein

No pasar los días por uno
Die Zeit geht an jemandem spurlos vorbei

¡Otro día!
Ein andermal!
Irgendwann (einmal)!

Parecer al tercer día, como ahogado
Zu spät (kommen)
In den Mond gucken können

Poner (se) al día
(Sich) auf dem laufenden halten

¡Tal día hará (o hace, o hizo) un año!
Das ist mir vollkommen egal!
Darauf kann ich verzichten (od. kannst du lange warten)!

Tener uno sus días
Seine Tage haben

Tiene sus días contados
Seine Tage sind gezählt

Todo el santo día
Den lieben langen Tag
Den ganzen Tag lang

Un día es un día
Einmal ist keinmal
Ab und zu darf man schon eine Ausnahme machen

Vivir al día
Von der Hand in den Mund leben
In den Tag hinein leben

Ya es de día
Es wird schon hell

Diablo/*Teufel*

Ahí será el diablo
In des Teufels Küche kommen

¡Al diablo (con)...!
Zum Teufel (mit)...!
Zum Kuckuck (mit).

Andar (o estar) el diablo en catillana
Anda el diablo suelto
Der Teufel los sein in...
Der Teufel ist los

Así paga el diablo a quien bien le sirve
Undank ist der Welten Lohn

¿Cómo diablos lo has hecho?
Wie hast du das nur fertiggebracht?

Correr como el diablo
Wie ein Irrer rennen

Dar de comer al diablo
Stänkern
Unruhe stiften

Dar que hacer al diablo
Unfug treiben
Missetaten begehen
Verbrechen begehen

Darse uno al diablo
Sich mächtig aufregen
Fuchsteufelswild werden sein (od. werden)

De mil diablos (o de los, o de todos los) diablos
Sein (od. werden)
Fürchterlich, schrecklich
Ein Höllen...

¡Diablo (s)!
(Zum) Teufel!
Donnerwetter!

El diablo harto de carne, se metió a fraile
Wenn der Teufel alt wird, wird er fromm

¡El diablo que lo entienda!
Das soll der Teufel verstehen!
Das versteht (doch) kein Mensch!

¡El diablo sea sordo!
Das habe ich lieber nicht gehört!
Man soll den Teufel nicht and die Wand malen

¡Ese es el diablo!
Das ist (eben) der Haken (od. des Pudels Kern)!

Esto pesa como el diablo
Das ist verteufelt schwer

Esto amarga como el diablo
Das ist verflixt bitter (od. bitter wie die Galle)

¡Guárdate del diablo!
Sei auf der Hut!

Hablar uno con el diablo
Der ist mit dem Teufel im Bund
Der steckt mit dem Teufel unter einer Decke

Llevarse el diablo una cosa
Schief ausgehen

Mandar una cosa al diablo
Etwas (od. jemanden) zum Teufel schicken

No es tan feo el diablo como lo pintan
Es ist alles halb so schlimm (od. halb so wild)

No tiene el diablo por donde cogerle (o desecharle)
Er ist der reinste Teufel

No valer uno un diablo
Keinen Pfennig wert sein
Einen Dreck wert sein (V)

¡Qué diablo(s)!
Zum Teufel!
Das hat gerade noch gefehlt!

¿Qué diablos estais haciendo?
Was zum Teufel macht ihr denn da?

¡Que el diablo cargue con él!
Der Teufel soll ihn holen!

¡Que se lo lleve el diablo!
Hol's der Teufel!

Saber a diablo(s)
Scheußlich schmecken

Tener (o parecer que tiene) el diablo en el cuerpo
Den Teufel im Leib haben

Un ruido de mil diablos
Ein Höllenlärm (od. ein Heidenlärm)

Ya que nos lleve el diablo, que sea en coche
Wenn uns schon der Teufel holt, dann bitte mit Glanz und Gloria

Diana

Dar en la (o hacer) diana
Ins Schwarze treffen

No me vengas con dianas
Komme mir nicht mit Schmeicheleien (od. Ausreden)

Diapasón

Bajar (subir) el diapasón
Leiser (lauter) sprechen

Fallar el diapasón
Aus der Rolle fallen
Sich im Ton vergreifen

Dicha/*Glück*

Nunca es tarde si la dicha es buena
Besser spät als nie

Por dicha
Zum Glück

Dicho

Del dicho al hecho hay mucho trecho
Versprechen und Halten ist zweierlei

Dicho y hecho
Gesagt, getan

Es un dicho
Es ist nur eine Redensart

¡Lo dicho!
Es bleibt dabei!
Wie besprochen!

Lo dicho, dicho está
Was man versprochen hat, muß man auch halten

Soltar a alguien cuatro dichos
Jemandem ein paar Frechheiten an den Kopf werfen

Dichoso/*Verflixt/Verdammt*

¡Dichosos los ojos (que te ven)!
Das ist aber schön, dich wieder mal zu sehen!
Ist das eine Überraschung!

Diego

Donde digo «digo», (no digo «digo», sino) digo «Diego»
Ein Oberkonfusionsrat

Hacer el Don Diego
Den Unwissenden spielen

Diente/*Zahn*

Aguzar los dientes
Die Messer wetzen (Essen)

Alargársele a uno los dientes
Großen Appetit bekommen
Etwas schrecklich gern haben wollen

A regañadientes
Widerwillig, unwillig

Armado hasta los dientes
Bis an die Zähne bewaffnet

Crujirle los dientes
Mit den Zähnen knirschen

Dar diente con diente
Mit den Zähne klappern

Decir (o hablar) entre dientes
In den Bart brummen

De dientes afuera
Unaufrichtig (bes. bei Angebot)

Echar los dientes (o las muelas)
Wütend sein
Gift und Galle speien

Enseñar (o mostrar) los dientes
Die Zähne zeigen

Haberle nacido (o salido) los dientes en...
In... geboren sein

Hincar el diente
Sich etwas unter den Nagel reißen
Schmu machen
Andere bekriteln
In etwas hartes beißen
Sich ranmachen an

Métele el diente
Faß den Stier bei den Hörnern an

No tener (o no llegar) para un diente/No tener para untar un diente
Nichts zu brechen und zu beißen haben
Das reicht nicht für einen hohlen Zahn

Ojo por ojo, diente por diente
Auge um Auge, Zahn für Zahn

Pasar los dientes
Es zieht an den Zähnen

Pelar el diente
Kokett lächeln
Jemandem schmeicheln (od. schöntun)
Jemanden anhimmeln

Primero mis dientes que mis parientes
Das Hemd ist mir näher als der Rock

Ponérsele los dientes largos a uno
Jemandem den Mund wässrig machen

Quitar los dientes a uno
Jemanden verdreschen
Jemandem die Fresse polieren

Rechinarle los dientes
Mit den Zähnen knirschen

Sudarle los dientes
Sich die Nägel abbrechen bei etwas

Tener buen diente
Ein guter Esser sein
Kein Kostverächter sein

Tomar (o traer) a uno entre dientes
Jemanden auf dem Kieker haben
Es auf jemanden abgesehen haben

Valiente, por el diente
Ein großes Maul haben

Diestro,

A diestro y siniestro
In die Kreuz und Quer

Dimes y diretes

Andar en dimes y diretes
Sich herumstreiten

Dinero/*Geld*

Acometer con dinero
Bestechen

Cambiar el dinero
Ohne Gewinn verkaufen

Dinero llama dinero
Wo Geld ist, kommt Geld zu

Dinero contante y sonante
Klingende Münze

Dinero en metálico (o en efectivo)
Bargeld

Dinero, y no consejos
Lieber Geld als gute Ratschläge

El dinero no hace la felicidad/El dinero no lo es todo
Geld allein macht nicht glücklich (aber es beruhigt)

Los dineros del sacristán (cantando se vienen y cantando se van)
Wie gewonnen, so zerronnen

Malgastar el dinero
Geld auf den Kopf hauen

No andar muy sobrado de dinero (o andar mal de dinero)
Schlecht bei Kasse sein

Poderoso caballero, Don Dinero
Geld regiert die Welt

Tirar el dinero por la ventana
Das Geld zum Fenster hinauswerfen

Dios/*Gott*

A Dios rogando y con el mazo dando
Hilf dir selbst, so hilft dir Gott
Auf Gott vertrauen und auf Felsen bauen

¡Alabado sea Dios!
Gottlob!
Gott sei gelobt!

A la buena de Dios (v. «Alimón»)
Aufs Geratewohl
Auf gut Glück

Armar la de Dios es Cristo
Einen Riesenkrach machen

Bien sabe Dios que
Gott ist mein Zeuge, daß
Gott weiß, daß

Clamar a Dios
Zum Himmel schreien
Himmelschreiend sein

Como Dios manda
Wie es sich gehört
Anständig

Como hay Dios
So wahr es einen Gott im Himmel gibt

Darse a Dios y a los santos
Sehr besorgt sein
Fürchterlich fluchen

Delante de Dios y de todo el mundo
In aller Öffentlichkeit

Digan, que de Dios dijeron
Laßt sie doch reden

Dios aprieta, pero no ahoga
Etwa: Gott mag drücken, aber nicht ersticken

Dios dirá
Das liegt in Gottes Hand

¡Dios le oiga (, y el pecado sea sordo)!
Hoffen wir das Beste!
Dein Wort in Gottes Ohr!

Dios los cría y ellos se juntan
Gleich und gleich gesellt sich gern

Dios mediante
So Gott will
Wenn nichts anderes dazwischen kommt

¡Dios me libre!
Gott bewahre!

¡Dios se/te lo pague!
Vergelt's Gott!

¡Dios nos coja confesados!
Gott steh' uns bei!

Dios y ayuda
Gott und die Welt

Me costó Dios y ayuda encontrarle
Es hat mich Gott und die Welt gekostet ihn zu finden

Estaba de Dios
Es lag in Gottes Hand
Es war eine Fügung Gottes

Gracias a Dios
Gott sei Dank

Llamar a Dios de tú
Sehr frech (od. unverfroren) sein

Miente más que da por Dios
Er lügt wie gedruckt

Ni Dios
Kein Mensch
Niemand
Kein Schwein

No haber para uno más Dios ni Santa María que...
... ist jemandes ein und alles

¡Por Dios!
¡Por el amor de Dios!
Oh, (ach Du lieber) Gott!
Mein Gott (nochmal)!
Um Gottes Willen

Poner a Dios por testigo
Gott zum Zeugen anrufen

Ponerse a bien con Dios
Beichten

¡Que venga Dios y lo vea!
Das ist (ja) himmelschreiend!

¡Venga Dios y véalo!
Das schreit (od. stinkt) zum Himmel!

Que Dios te ampare, hijo
Gott sei mit dir!

Quiera Dios
Hoffentlich

Si Dios quiere
So Gott will

¡Sabe Dios!
Weiß Gott (, wann, wie, wo, wer, usw.)

Sin encomendarse a Dios o al diablo
Aufs Geratewohl

Tentar uno a Dios
Gott versuchen

¡Válgame Dios!
Ach, du lieber Himmel!
Gott steh' mir bei!

Vaya con Dios
Gott behüte dich

¡Vaya por Dios!
Na, so etwas!
Das ist aber schade!
So ein Pech!

Disgusto/*Ärger*

A (o con) disgusto
Widerwillig

Dar un disgusto a alguien
Jemandem Kummer machen
Jemanden enttäuschen

Estar a disgusto
Sich unbehaglich fühlen
Unzufrieden sein

Llevarse un disgusto
Eine schlimme Nachricht erhalten

No tener más que disgustos
Nur Unannehmlichkeiten (od. Ärger) haben

Tener un disgusto con alguien
Mit jemandem aneinandergeraten
Sich mit jemandem auseinandersetzen

(Te voy a dar un disgusto)
Ich muß dir etwas Unangenehmes (bzw. etwas Trauriges, Schreckliches) sagen

Disparate/*Unsinn*

Costar un disparate
Irrsinnig viel kosten

Decir disparates
Unsinn (od. Quatsch) reden

Divertido/*Lustig*

¡Está divertido!
Das ist ja lustig (od. heiter)!

¡Estamos divertidos!
Da haben wir die Bescherung!

¡Que te diviertas!
Viel Vergnügen!

Doblar/*Verdoppeln*

Doblar a alguien la edad
Doppelt so alt sein wie jemand

Doblar a (o hacia) la derecha
Nach rechts abbiegen

Doblar a palos a alguien
Jemanden verdreschen (od. windelweich schlagen)

Doblar a muerto
Die Totenglocke läuten

Doblar el mantel
Die Tischdecke zusammenlegen (od.-falten)

Doblar el espinazo, la rodilla
Das Rückgrat, das Knie beugen

Doblar el espinazo ante alguien
Kratzfüße machen

Doblar el paso
Schneller gehen

Doblar la cabeza
Den Kopf neigen

Doblar la página
Das Blatt wenden (od. umdrehen)

Doblar por alguien
Jemanden zu Grabe läuten

(Bien pueden doblar por él)
Er wird es auch nicht mehr lange machen

Doblar una película
Einen Film synchronisieren

Doble

Estar a tres dobles y un repique
Auf dem letzten Loch pfeifen

Dogal/*Strick* *(des Henkers)*

Echar (o poner) a alguien el dogal al cuello
Jemanden unterkriegen
Jemanden an die Kandare nehmen

Estar con el dogal a la garganta (o al cuello)
Nicht mehr zu retten sein
Das Wasser steht jemandem bis zum Hals

Doler/*Wehtun*

Ahí (le) duele
Da drückt der Schuh

Dolerse de
Sich über etwas beklagen

Dolor/*Schmerzen*

Dolor de cabeza, de muelas
Kopfschmerzen, Zahnschmerzen

Dolor de viuda
Wehwehchen

Da dolor de tripas ver esto
Es ist ja widerlich (od. ekelhaft, od. ein Ekel), das anzusehen

Domingo/*Sonntag*

Hacer domingo
Blauen Montag machen

Ir (o vestir) de domingo
Seinen Sonntagsstaat anhaben
Sonntäglich gekleidet sein

Don/*Don, Herr*

Don sin din
Snob; Gernegroß

Hacer el don de algo a alguien
Jemandem etwas schenken

Ser un don Juan
Ein Frauenheld (od. Herzensbrecher) sein

Ser un don Nadie
Ein Habenichts sein

Tener don de gentes
Gewandt im Umgang mit Menschen sein

Tener don de la palabra
Wortgewandt sein

Dorar

Dorar la píldora
Die Pille versüßen

Dormir/*Schlafen*

Dormir como un tronco (lirón, leño)
Wie ein Murmeltier schlafen

Dormir a pierna suelta
Dormir de un tirón
Durchschlafen

Dormirla
Seinen Rausch ausschlafen

Dos

A dos por tres
Ohne viel Federlesens

Cada dos por tres
Alle Augenblicke

Dos no riñen si uno no quiere
Zum Streiten gehören zwei

En un dos por tres
Im Nu

Duende

Hay duendes
Es spukt

Tener duende
Das gewisse Etwas haben

Dueño/*Herr*

Ser muy dueño de hacer algo
Sein eigener Herr sein
Tun und lassen können, was man will

No ser dueño de sí mismo
Sich nicht beherrschen können

Cual el dueño, tal el perro
Wie der Herr, so's Gescherr

Dulce

A nadie le amarga un dulce
Etwas Angenehmes hat (hört) man immer gern

Duro

Duro de entendederas
Schwer von Begriff sein

Duro de pelar
Eine harte Nuß sein

Estar a las duras y a las maduras
Durch Dick und Dünn gehen (mit jemandem)

¡Lo que faltaba para el duro!
Das hat uns, mir gerade noch gefehlt!

E

Echado

Echado para atrás
Hochmütig sein
Einen Nagel im Kopf haben

Echado para adelante
Unternehmungslustig
Mutig

Echar

Echar por mayor
Reichlich übertreiben

Echarse atrás
Den Rückzieher machen

Echar todo a perder
Alles verderben

Echarlo todo a rodar
Ein Geschäft verderben
Sich unkontrolliert benehmen

Echárselas de...
Als... aufspielen

Echar de menos
Etwas, jemanden vermissen

Echar en falta
Etwas vermissen
Merken, daß etwas fehlt

Echarse a perder
Auf die schiefe Bahn geraten

Eje

Partir a alguien por el eje
Jemanden kaputtmachen

Ejemplo

El ejemplo cunde
Das Beispiel macht Schule

Elemento

Ser un elemento de abrigo
¡Menudo elemento!
Bei dem (Kerl, Weib, Mensch) ist Vorsicht am Platz!

Embozo

Quitarse el embozo
Die Maske fallen lassen

Embustero/*Schwindler*

Antes se coge al embustero que al cojo
Lügen haben kurze Beine

Empacho

Sin empacho
Frei von der Leber weg

Empapar

Empaparse en algo
Sich ganz in etwas versenken

¡Para que te empapes!
Ätsch!

Empollar/*Büffeln, pauken*

Encaje

Tener capacidad de encaje
Hart im Nehmen sein

Encalabrinarse

Sich etwas in den Kopf setzen

Encanarse

Nicht mehr können vor Weinen (oder Lachen)

Engallarse

Sich in die Brust werfen

Engañar/*Betrügen*

Engañar el hambre
Nur einen Happen essen

Las apariencias engañan
Der Schein trügt

Engaño/*Betrug*

Es engaño
Das ist erlogen

Llamarse a engaño
Sich betrogen fühlen

Engatusar

Engatusar a alguien
Jemandem um den Bart gehen

Engolosinar

Jemandem den Mund wässerig machen

Enjabonar

Jemandem Honig ums Maul schmieren

Enrollarse

Se enrolla (como las persianas)
Er tötet einem den Nerv mit seinem Geschwätz

Entendederas/*Grips*

Ser corto de entendederas
Eine lange Leitung haben
Keinen Grips haben

Al buen entendedor, con pocas palabras basta
Etwa: Sie verstehen schon was ich meine

Entender

A mi entender
Meiner Meinung nach

¡El que las entienda!
Das ist seine Sache!

No darse por entendido
Sich dumm stellen

Yo me entiendo
Ich weiß was ich meine
Ich habe meine Gründe

Yo me entiendo y bailo solo
Ich weiß schon, was ich will (od. was ich tue)

Entonarse

In Stimmung kommen

Entrado

Entrado en años, en carnes
Bejahrt, beleibt

Entramparse

In Schulden geraten
Sich in Schulden stürzen

Entrar

Ese tipo no me entra (v. «tragar»)
Ich kann diesen Kerl nicht ausstehen

No le entra en la cabeza
Er will das nicht begreifen

Entronizar

Entronizar a alguien
Jemanden in den Himmel heben

Enviar

Enviar a alguien a paseo
Jemanden zum Teufel schicken

Erizar

Erizar la pelambrera
Die Haare zu Berge stehen lassen

Se le eriza el pelo de horror
Sein Haar sträubt sich vor Entsetzen

Escabechina

Prüfung mit einer Menge von Durchgefallenen

En la batalla hubo una gran escabechina
Es gab eine große Verheerung (Verwüstung) (auf dem Schlachtfeld)

¡Qué escabechina hubo en los examenes!
Das war ein Schlachtfest!

Escamarse

Mißtrauisch werden

Escoba

Es para la escoba
Der Rest ist für die Armen

Escotillón

Aparecer (desaparecer) por el escotillón
Überraschend auftauchen (verschwinden)

Escribir/*Schreiben*

El mejor escribano echa un borrón
Jeder kann mal einen Fehler machen

Estaba escrito
Es war Schicksal

Escrito en el agua
In den Wind geredet

No saber escribir su nombre
Sehr unwissend sein

Sobre esto no hay nada escrito
Darüber kann man streiten

Escupir

Escupir al cielo
Sich ins eigene Fleisch schneiden

Es escupido el padre
Er ist dem Vater wie aus dem Gesicht geschnitten

Esfumarse

Verduften
Verschwinden

Espalda/*Rücken*

Dar la espalda a alguien
Jemandem die kalte Schulter zeigen

Donde la espalda pierde su honesto nombre
Der Allerwerteste

Echarse algo a las espaldas
Sich um etwas nicht mehr kümmern

Echarse algo sobre las espaldas
Für etwas die Verantwortung übernehmen

Medirle a alguien las espaldas
Jemanden verprügeln

Tener anchas espaldas
Ein dickes Fell haben

Volver la espalda a la realidad
Sich der Wirklichkeit verschließen

Espárrago

Mandar a freír esparragos
Zum Teufel schicken

Espejo/*Spiegel*

Mirarse en alguien como en un espejo
Sich jemanden als Vorbild nehmen

Esperar/*Warten*

Esperar sentado
Vergeblich warten

Quien espera, desespera
Hoffen und Harren, macht manchen zum Narren

Esperpento

¡Vaya esperpento!
So ein Quatsch (od. Unsinn)! (Rede)
So eine Vogelscheuche! (Häßl. Person)

Espeso

Las cosas claras y el chocolate espeso
Es muß alles seine Richtigkeit haben

Espetaperro

A espetaperro
Hals über Kopf

Espetar

Espetarle a uno un sermón
Jemandem eine Predigt halten

Espetarle a uno una arenga
Jemandem eine Standpauke halten

Espetarle a uno un puntapié
Jemandem einen Fußtritt verpassen

Espetarle a uno un exabrupto
Jemanden anschnauzen

Espetarse

Sich in die Brust werfen

Espetera/*Vollbusen*

¡Vaya espetera!
Da ist Leben unter der Bluse!

Espichar

Está si espicha si no espicha
Er schwebt zwischen Leben und Tod

Espigarse

Espigarse (hort.)
Ins Kraut schießen

Espigarse una persona
In die Höhe schießen

Espigón

Ir uno con espigón
Llevar uno espigón
Beleidigt weggehen

Espina

Dejar a uno con la espina en el dedo
Jemandem nicht (od. kaum) helfen
Jemanden sitzen lassen

Estar de espinas
Sich Sorgen machen
Wie auf glühenden Kohlen sitzen

Estar uno en las espinas
Nur noch Haut und Knochen sein

Me da buena espina
Die Sache sieht gut aus

Me da mala espina
Ich traue der Sache (dem Menschen) nicht
Das kommt mir nicht geheuer (od. sehr verdächtig) vor

(Me tiene en espinas)
(Er macht mir Sorgen)

No hay rosa sin espinas
Keine Rose ohne Dornen

Quedarse uno en la espina (de Santa Lucía)

Sacarse la espina
Sich revanchieren
Seinen Verlust wieder wettmachen

Tener a uno en espinas
Jemand macht jemandem Sorgen

Tener clavada una espina
Großen Kummer haben

Espinazo/*Rückgrat*

Doblar el espinazo
Zu Kreuze kriechen
Bücklinge vor jemandem machen

No ha doblado el espinazo en su vida
Er hat in seinem Leben nie gearbeitet

Espino

Pasar por los espinos de Santa Lucía
Die Hölle (od. die reinsten Höllenqualen) ausstehen (od. durchmachen) müssen

Espíritu/*Geist*

¡Anima este espíritu!
Kopf hoch!

Beber uno el espíritu a otro
Sich innig vertraut machen mit jemandes Lehre

Dar (o exhalar, despedir) el espíritu
Seinen Geist aufgeben (od. aushauchen)

Levantar el espíritu
Mut fassen
Den Kopf heben

Ser pobre de espíritu
Schwachherzig sein
Ein Schwächling (od. ein Schwachmatikus) sein

Tener espíritu de contradicción
Widerspruchsgeist haben

Espita

Cerrar la espita
Die Schleusen schließen (Geldquelle)
Den Mund halten

¡Cierra la espita!
Halt den Mund!
Halt die Schnauze!

Ser una espita
Ein Säufer sein

Soltar la espita
Drauflosreden
Seinem Zorn freien Lauf lassen

Espolón

Tiene más espolones que un gallo
Der hat auch schon seine Jährchen drauf

Esponja/*Schwamm*

Beber como una esponja
Ein starker Trinker sein
Saufen

Pasar la esponja
Etwas vergeben und vergessen (od. vergessen und begraben)

¡Pasemos la esponja!
Schwamm drüber!

Ser uno una esponja
Ein starker Trinker (bzw. ein Säufer) sein
Ein Schmarotzer sein

Tirar (o arrojar) la esponja
Das Handtuch werfen

Esponjarse (persona)

Sich aufplustern

Espuela

Echar la espuela
Den letzten Schluck nehmen
Austrinken

Estar con las espuelas calzadas
Reisefertig sein

Poner espuelas a uno
Jemanden anspornen

Sentir la espuela
Den Stachel spüren
Unter dem Stachel leiden

Espuerta

A espuertas
Haufenweise

Boca de espuertas
Ein Mund wie ein Scheunentor

Estar para que le saquen en un espuerta al sol
Elend aussehen
Sterbenskrank sein oder aussehen

Espuma

Crecer como (la) espuma
Schnell wachsen (od./ u. gedeihen) (Person)
Blühen (od. gedeihen) (Geschäft)

El dinero se va como espuma
Das Geld zerrinnt einem förmlich

Echar espumarajos (por la boca)
Vor Wut schäumen

Esqueleto

Estar hecho un esqueleto
Spindeldürr sein

Menear (o mover) el esqueleto
Das Tanzbein schwingen
Eine kesse Sohle aufs Parkett legen

Esquilar

¡Adiós, que esquilan!
Jetzt lieber (od. nichts wie) weg!

Le esquilaron en el juego
Jemanden rupfen (beim Spiel)

Ponerse como el chico del esquilador
Wie ein Scheunendrescher essen (od. reinhauen, od. fressen)

Esquina/*Ecke*

A la vuelta de la esquina
(Gleich) um die Ecke

Doblar (o torcer) la esquina
Um die Ecke biegen

Esquinarse con alguien
Sich mit jdm. überwerfen (od. entzweien)

Estar en esquina unas personas
Meinungsverschiedenheiten haben

Esquinazo

Dar esquinazo a alguien
Jemanden aufsitzen lassen

Establecer

Establecer un negocio
Ein Geschäft aufmachen

Establecer relaciones
Verbindungen anknüpfen

Establecerse
Sich niederlassen

Establecerse por su cuenta
Sich selbstständig machen

Estaca

Estar uno en la estaca
In der Patsche sitzen

No dejar estaca en la pared
Alles kurz und klein schlagen
Alles ausplündern

Estacada

Dejar a alguien en la estacada
Jemanden im Stich lassen

Quedarse en la estacada
Den kürzeren ziehen
In der Patsche sitzen

Estacazo

A estacazos
A estacazo limpio
Mit roher Gewalt

Andar siempre a estacazos
Ein Kampfhahn sein

Estación

Andar (las) estaciones
In der Karwoche von Altar zu Altar gehen (od. den Kreuzweg machen)
Die Kneipen abklappern

Hacer estación
Halt machen

Vestir con la estación
Sich je nach der Jahreszeit kleiden

Estado/*Zustand*

Estar en estado (interesante)
In anderen Umständen sein

Estar en el estado de la inocencia una cosa (un asunto)
Noch in den Kinderschuhen stecken

Hallarse en estado de merecer
Noch unverheiratet sein

Estallar/*Platzen*

Estallar de envidia
Vor Neid platzen

Estallar de risa
Sich totlachen

Estallar un incendio, (guerra)
Feuer (Krieg): ausbrechen

Estallar una bomba
Bombe: explodieren

El niño estalla de gordo
Der Junge ist zum Platzen dick

Está que estalla
Er geht gleich in die Luft
Er wird gleich vor Wut platzen

No me pinches que estallo
Laß mich in Ruhe, sonst explodiere ich noch!

¡Va a estallar la gorda!
Jetzt gibt es einen Riesenkrach!

Va estallar la tormenta
Gleich wird das Gewitter losgehen

Estampa

De buena estampa
Stattlich (Mann)
Rassig (Pferd)

Es la viva estampa de su padre
Er ist seinem Vater wie aus dem Gesicht geschnitten

¡Maldita sea su estampa!
Der Teufel soll ihn holen!

Parecer la estampa de la herejía
Häßlich wie die Nacht (od. der Teufel) sein

Estampar

Estampó una botella contra la pared
Er knallte eine Flasche an die Wand

Estamparle una bofetada a alguien
Jemandem eine Ohrfeige verpassen
Jemandem eine knallen (od. versetzen)

Estamparle un beso a alguien
Jemandem einen Kuß aufdrücken

Estampía

Salir (o partir) de estampía
Lossausen
Abbrausen (Auto)

Estampido

Dar un estampido
Knallen, krachen
Wie eine Bombe einschlagen (Nachricht)

Estar/*Sein*

Bien está (o está bien)
Das ist (od. geht) schon in Ordnung
Na ja, lassen wir es (dabei)

¡Cómo estamos!
Da sieh uns einer an!

Está que bota (o que trina)
Er ist völlig außer sich

Estar a la que salta
Ein Opportunist sein

Estar a la cuarta pregunta
Keinen Pfenning mehr haben

Estar a todo
Für alles einstehen

Estar al tanto
Auf dem laufenden sein

Estar al caer
Unmittelbar bevorstehen

Están al caer las seis
Gleich schlägt es sechs

Estar a matar
Wie Hund und Katze sein
Todfeinde sein

Estar a obscuras
Nicht die leiseste
Ahnung haben von etwas

Estar bien (mal) una persona
Es geht jemandem gut (schlecht)

Estar bien una cosa a uno
Etwas paßt jemandem

Estar bien (mal) de cierta cosa
(Un) genügend von etwas haben

(Estoy mal de dinero)
Ich bin schlecht bei Kasse

(Estamos muy mal de sitio)
Bei uns geht es sehr eng zu

Estar bien (mal) con uno
Sich mit jemandem gut (schlecht) vertragen
Mit jdm. auf gutem Fuß stehen

Estar con alguien
Mit jemandem einverstanden sein

Estar como nunca
In bester Verfassung sein

(Estoy como nunca)
Ich fühle mich bestens

(Está como nunca)
Er sieht blendend aus

(El coche va como nunca)
Das Auto fährt wie auf Schienen

Estar de más
Überflüssig sein

Estar de mala leche
(Tener mala leche)
Sauer sein
Eine Stinkwut (od. Sauwut) haben

Estar de un humor de perros
Eine Stinklaune haben

Estar endiablado (con el sentido de «enfurecerse»)
Fuchsteufelswild sein

(Aquí estoy de más)
Hier bin ich überflüssig
Hier kann man auf mich verzichten

Estar de charla (o de palique)
Ein Schwätzchen halten

Estar de copeo
Auf «Sauftour» sein
Die Kneipen abklappern

Estar de cuerpo presente
Aufgebahrt sein

Estar de broma
Scherzen
Spaß machen

Estar de mudanza
Im Umzug begriffen sein
Umziehen

Estar de exámenes
Prüfungen haben

Estar de (o con) permiso
Urlaub haben

Estar de (o con) prisa
Es eilig haben

Estar de parto
In Geburtswehen liegen

Estar de vacaciones
Ferien haben

Estar de caza
Auf der Jagd sein

Estar de suerte
Glück haben

Estar de enhorabuena
Sich gratulieren können

Estar de turno
An der Reihe sein

Estar de servicio
Dienst haben

Estar de compras
Beim Einkaufen sein

Estar de guardia
Wache haben

Estar de luto
Trauer haben (bzw. tragen)

Estar de cuatro meses
Im vierten Monat sein (Schwangere)

Estar en algo
Etwas verstehen, begreifen, einsehen
Von etwas überzeugt sein
An etwas arbeiten

(¡Ya estoy en ello!)
(Ich bin ja schon dabei!)

Estar en todo
Sich um alles kümmern
Für alles sorgen

Estar uno en grande
Gut leben
Es sich gut gehen lassen

Estar uno en la últimas
Auf dem letzten Loch pfeifen

(No) estar uno para algo
Zu etwas (nicht) aufgelegt sein

Estar una cosa por ver
Der Ausgang einer Sache ist noch unsicher

Estar una cosa por hacer
Noch getan werden müssen

Estar por algo o alguien
Für etwas od. jemanden sein

Estoy por decir
Ich möchte beinahe sagen

Estuve por escribir
Ich hätte beinahe geschrieben

Estoy que me ahogo
Ich kriege keine Luft mehr

Estoy que reviento de ...
Ich könnte vor... platzen

Estar sobre alguien
Hinter jemandem her sein

Estar tras de una cosa
Hinter etwas her sein

¡Estate quieto!
¡Hände weg!
Stillhalten!
Ruhe!

¿Estás?
¿Estamos?
Verstanden?
Einverstanden?

Juan está al caer
Juan kann (wird, muß) jeden Augenblick kommen (hier sein)

Lo que ayer dijiste estuvo de más
Was du gestern gesagt hast, hättest du dir (auch) sparen können

Te, le , etc. está bien empleado
Das geschieht dir, ihm, usw. recht

Estatua/*Statue*

Este hombre merece una estatua
Der Mann hat sich hochverdient gemacht

Quedarse hecho una estatua
Zur Bildsäule (od. Salzsäule) erstarren

Estera

Es más feliz que una estera
Der läßt sich alles gefallen

Está cargado de esteras
Er hat es endlich satt

Estima/*Achtung*

Tener una cosa en mucha (o gran) estima
Große Stücke auf etwas halten

Tener a alguien en gran (poca) estima
Jemanden sehr hoch schätzen (geringschätzen) Keine Achtung vor jemandem haben

Estirar

Estirar las piernas, los brazos
Die Beine vertreten, die Arme recken

Estirar la pata
Sterben - Abkratzen

Estirar el dinero (el sueldo)
Knausern

Estirón

Dar un estirón
Aufschießen
Einen ordentlichen Schuß in die Höhe tun

Estomagar

Auf die Nerven (auf den Geist) gehen

Estómago/*Magen*

Me ladra el estómago
Mein Magen knurrt

Ser hombre de estómago
Sehr geduldig (od. ausdauernd) sein

Tener buen estómago
Ein dickes Fell haben

Tener un estómago a prueba de bomba
Einen sehr gesunden Magen haben
Einen Magen wie ein Pferd haben

Tener a alguien sentado en el estómago
Jemanden nicht riechen können

Estorbar

Estorbarle a uno lo negro
Nicht lesen können (od. mögen)

¿Estorbo?
Störe ich?
Darf ich eintreten?
Darf ich mich setzen?

Ser un estorbo
Ein lästiger Mensch sein

Estornudar

Cada uno estornuda como Dios le ayuda
Jeder macht's so gut er eben kann

Estrecho/*Eng*

Estrechar a alguien
Jemanden in die Enge (od. Ecke) treiben

Hacérselas pasar estrechas a alguien
Jemanden in Schwierigkeiten bringen

Ser estrecho de miras
Engstirnig sein

Estrellarse/*Pech haben, scheitern*

Estrellarse contra un árbol
Gegen einen Baum fahren

Estrellarse en los comienzos
(Schon) am Anfang scheitern

Estrella/*Stern*

Levantarse con las estrellas
Mit den Hühnern aufstehen

Nacer con mala estrella
Unter einem Unglücksstern geboren sein

Querer contar las estrellas
Unmögliches wollen

Tener buena (mala) estrella
Glück (Pech) haben

Unos nacen con estrella y otros estrellados
Die einen haben Glück, die andern immer Pech

Ver las estrellas
Die Sterne sehen (vor Schmerz)

Estribo

Estar con un pie en el estribo
Reisefertig (Schon beim Weggehen) sein

Estar (andar) sobre los estribos
Sich in acht nehmen

Hacer perder a alguien los estribos
Jemanden auf die Nerven gehen
Jemanden auf die Palme bringen

Perder los estribos
Die (Selbst-) Beherrschung verlieren

¡Y dale con el estribo!
Immer die alte Leier!

Estropajo

Lengua de estropajo
(Kindliches) Gestotter, Geplapper, Gestammel

Ponerle a alguien como un estropajo
Jemanden abkanzeln (herunterputzen)

Estrujar/*Zerdrücken*

Estrujarse el cerebro
Sich den Kopf zerbrechen
Sich das Hirn zermartern

Eterno/*Ewig*

La eterna canción
Die alte Leier
Das alte Lied

Tardar una eternidad
Ewig (od. eine Ewigkeit) brauchen

Etiqueta

Estar de etiqueta
(Nur noch) förmlich miteinander verkehren

Evangelio/*Evangelium*

Lo que dice es el evangelio
Er sagt die reine Wahrheit

Tan verdad como el evangelio
Es ist die reinste Wahrheit

Evidencia/*Evidenz*

Poner en evidencia a alguien
Jemanden blamieren od. bloßstellen

Poner en evidencia algo
Etwas klar beweisen

Quedar en evidencia alguien
Sich lächerlich machen
Unangenehm auffallen

Rendirse ante la evidencia
Sich den Tatsachen beugen

Exabrupto/*Grobe Antwort*

Soltarle a alguien un exabrupto
Contestar a alguien con un exabrupto
Jemandem eine scharfe (od. barsche) Antwort geben

Jemandem plötzlich eine Unverschämtheit (od. eine Grobheit) ins Gesicht schleudern

Exceder/*Überschreiten*

Esto excede a sus fuerzas
Das geht über seine Kraft hinaus

Esto excede a todas mis esperanzas
Das übertrifft alle meine Hoffnungen

Exceder a toda ponderación
Über jede Kritik (bzw. jedes Lob) erhaben sein

Excederse una persona
Sich zuviel herausnehmen
Zu weit gehen

Excederse uno a sí mismo
Sich selbst übertreffen

Excederse con alguien
Jemanden mit Gefälligkeiten überhäufen

Excepción/*Ausnahme*

Hacer excepción
Eine Ausnahme bilden

Hacer una excepción
Eine Ausnahme machen

No hay regla sin excepción
Keine Regel ohne Ausnahme
Ausnahmen bestätigen die Regel

No se hacen excepciones
Es werden keine Ausnahmen gemacht

Exceso/*Ubermaß*

Cometer toda clase de excesos
Sich allen möglichen Ausschweifungen hingeben

Evitar excesos
Maßhalten

Más vale pecar por exceso que por defecto
Lieber zuviel als zu wenig

Pecar por exceso
Des Guten zuviel tun

Exclusiva

Nadie tiene la exclusiva de la felicidad ni del dolor
Niemand ist immer nur glücklich oder nur unglücklich

Tener la exclusiva
Das Allein (vertretungs) recht, bzw. das Alleinverkaufsrecht haben

Excusa/*Ausrede*

¡Bah, vanas excusas!
Ach, komme mir nicht mit faulen Ausreden!

Esto no admite excusas
Das kann man nicht gelten lassen

Excuso decirte...
Ich brauche dir wohl kaum zu sagen...

Le llamas por teléfono y excusas escribirle
Rufe ihn an, dann mußt du nicht hingehen

¡No hay excusa que valga!
Das ist (einfach) unverzeihlich!
Da mußt du dir schon eine andere (od. bessere) Ausrede aussuchen!

Presentar (o dar) sus excusas a alguien
Sich bei jemandem entschuldigen

Exhalar

Desaparecer como una exhalación
Im Nu verschwinden

Exhalar el último suspiro
Den Geist aufgeben
Sterben

Exhaustivo

Un examen exhaustivo
Eine gründliche Untersuchung

Exigencia/*Anspruch*

No ser capaz de resistir las exigencias de un examen
Den Anforderungen einer Prüfung nicht gewachsen sein

Tener muchas exigencias
Sehr anspruchsvoll sein

Exigente

Ser exigente
(Große) Ansprüche stellen
Zu viel verlangen

Existencia/*Existenz*

Arrastrar una existencia miserable
Ein elendes Dasein führen

Amargar a uno la existencia
Jemandem das Leben versauern

Agotar las existencias
Das Lager räumen

En tanto queden existencias
Solange der Vorrat reicht

Existir/*Existieren*

Con este sueldo no se puede existir
Von diesem Lohn (Gehalt) kann man nicht leben

Existe un individuo que...
Es gibt jemand, der...

Expectativa/*Erwartung*

Estar a la expectativa
Abwarten

Estar en la expectativa de
Anwärter sein auf

Tener buenas expectativas
Gute Aussichten haben

Expediente

Cubrir el expediente
Sich kein Bein ausreißen
Nur das Nötigste tun (um den Schein zu wahren)

Formar expediente a alguien
Gegen jemanden eine amtliche Untersuchung einleiten

Expensas/*Kosten*

A expensas de alguien
Auf jemandes Kosten

Reirse a expensas de otro
Jemanden auslachen

Vivir a expensas de otros
Ein Schmarotzerdasein führen

Experiencia/*Erfahrung*

Escarmentar por (o a fuerza de) experiencias amargas (o dolorosas)
Durch viele Erfahrungen
(Od. durch bittere Erfahrung) gewitzt werden

Explicar/*Erklären*

¡Ahora me lo explico!
Jetzt begreife (od. verstehe) ich (es)!

¿Cómo te lo explicas?
Wie erklärst du dir das?

Explícate mejor
Drücke dich deutlicher aus
Das mußt du schon besser erklären

¿Hay quien se explique esto?
Kann man so etwas verstehen?

¿Me explico?
Verstehst du es jetzt?
Ist es klar?
Verstanden?

No me lo explico
Das ist mir unbegreiflich
Das kann ich mir nicht erklären

Explicaciones/*Erklärung*

Se fue sin dar explicaciones
Er ging ohne etwas zu sagen

Sin explicaciones
Ohne Begründung

Explicaderas

Tener buenas explicaderas
Ein gutes Mundwerk haben
Etwas gut erklären können

Explotar/*Ausbeuten, explodieren*

Explotar al prójimo
Seinen Mitmenschen ausbeuten (od. ausnützen)

Explotar una mina
Eine Miene ausnutzen, ausbeuten

Explotar una bomba
Eine Bombe explodiert

Explotar de rabia
Vor Wut explodieren (od. die Wand hoch gehen)

Explotar de alegría
Vor Freude außer sich sein (od. an die Decke springen)

Exponer/*Aussetzen, ausstellen*

Exponer al sol (al calor)
Der Sonne (der Hitze) aussetzen

Exponer (se) a la intemperie
(Sich) Wind und Wetter aussetzen

Exponer a la luz (fot.)
Belichten

Exponer cuadros
Bilder ausstellen

Exponer un asunto
Etwas erklären (bzw. erörtern)

Exponer un niño
Ein Kind aussetzen

Exponer mucho (poco)
Viel (wenig) aufs Spiel setzen

Exponer algo (alguien)
Etwas (jemanden) in Gefahr bringen (bzw. riskieren, od. gefährden)

Exponerse
Gefahr laufen
Sich riskieren

Exponerse a perder el puesto
Seinen Job riskieren

Expresión

Esto es la mínima expresión de un bikini
Das ist (ja) ein klitzekleiner Bikini

Extrañar

Extrañar a alguien de la patria
Jemanden aus dem Heimatland verbannen

Extrañar una cosa
Nicht an etwas gewöhnt sein

(Extraño esta cama)
Mir kommt dieses Bett unbekannt vor
Ich bin nicht an dieses Bett gewöhnt

Extrañar a una persona (o una cosa en su ausencia)
Jemanden (od. etwas) vermissen

Me extraña que no haya venido
Es wundert mich, daß er nicht gekommen ist

No me extraña (que)
Es wundert mich nicht, (daß)
Kein Wunder, (daß)

Extraviar/*Verlegen*

Andar extraviado
Sich verirren
Auf dem Hohlweg (od. auf dem Holzweg) sein

Extraviarse una persona
Sich verirren
Auf Abwege geraten

Extraviar cosas
Dinge verlegen (od. verkramen)

Ha vuelto a extraviar los papeles
Er hat schon wieder seine Papiere verkramt

Se me ha extraviado la pluma
Ich habe meinen Füller verlegt

F

Facha (v. «Carca»)

Estar hecho una facha
Lächerlich (bzw. wie eine Vogelscheuche) aussehen
Schlecht angezogen sein

Ser un facha
Ein Faschist sein

Tener buena (mala) facha
Gut (schlecht) aussehen

Faena

Estar metido en faena
Mitten in der Arbeit stecken
Arbeitslustig sein

Hacer una faena a alguien
Jemandem einen üblen Streich spielen
Jemandem übel mitspielen

Falda

Pegado a las faldas (un faldero)
Am Rockzipfel jemandes hängen

Ser muy aficionado a las faldas
Ein Schürzenjäger sein

Faldón

Agarrarse a los faldones de alguien
An jemandes Rockzipfel hängen
Sich unter jemandes Schutz stellen

Falta/*Fehler*

A falta de pan, buenas son tortas
In der Not frißt der Teufel Fliegen

Buena falta me hace
Das kann ich gut gebrauchen (auch iron.)

Caer en falta
In einen Fehler verfallen
Einen Fehltritt begehen

Coger en falta a alguien
Jemanden bei einem Fehler ertappen

Echar en falta (v. «echar»)
Vermissen

Es un faltón
Er ist unzuverlässig
Auf den kann man sich nicht verlassen
Er ist frech - Er hat ein loses Mundwerk

Hacer falta
Nötig sein

Hacer tanta falta como los perros en misa
Völlig überflüssig sein

¡Ni falta que me hace!
Das hab ich auch gar nicht nötig!
Brauchst du ja gar nicht!

Poner faltas a
Etwas auszusetzen haben an

Sin falta
Sicher; ganz bestimmt
Auf jeden Fall

Faltar

¡Eso faltaba (o faltaría)!
¡No faltaba! ¡Faltaría más!
Das wäre ja noch schöner!
Das hat gerade noch gefehlt!
Das hab ich gern!
Aber selbstverständlich

Faltar a alguien
Jemanden beleidigen

Fama

Cria fama y échate a dormir
Etwa: Hast du den Ruhm, brauchste nichts mehr tun (Der Ruhm wird oft mehr geschätzt als der eigentliche Wert)

Es fama que
Man sagt, daß

Tener buena (mala) fama
Einen guten (schlechten) Ruf haben

Unos tienen la fama y otros cardan la lana
Der eine tut die Arbeit, der andere hat den Ruhm

Farfullar

Stottern, stammeln
Pfuschen
Aufschneiden

Farol

Tirarse (o marcarse) un farol
Auf die Pauke hauen
Angeben, protzen
Bluffen (Kartenspiel)

Ser un **farolero**
Ein Angeber sein

Meterse uno a farolero
Ein Wichtigtuer sein
Seine Nase in Dinge stecken, die einen nichts angehen

Fastidio

¡Hay que fastidiarse, el calor que hace aquí!
Ist das eine Mordshitze hier!
Das ist ja kaum auszuhalten!

¡La hemos **fastidiado**!
Da haben wir den Salat!

¡No me fastidies!
Laß mich in Ruhe!
Ach nein, wirklich?

¡Para que te fastidies!
Ätsch!
Scher dich zum Teufel!

¡Qué fastidio de persona!
Was für ein lästiger Kerl!

¡Vaya fastidio!
So ein Ärger!
So ein Mist!

Favor

Hacer un favor a alguien
Jemandem einen Gefallen tun (od. eine Gefälligkeit erweisen)

Hazme el favor de abrir la ventana
Mache bitte das Fenster auf

Hazme el favor de cerrar la boca
Halte gefälligst deinen Mund

Tener uno a su favor a alguien o algo
Jemanden od. etwas auf seiner Seite (od. für sich) haben

Fecha/*Datum*

A estas fechas (debiera estar aquí)
Um diese Zeit (od. jetzt) müßte er schon hier sein

Hasta la fecha
Bis jetzt; bis heute; bis zum heutigen Tag

Feo/*Häßlich*

Dejar feo a alguien
Jemanden bloßstellen (od. blamieren, od. in eine peinliche Lage bringen)

Hacer un feo a alguien
Jemanden kränken

La cosa se pone fea
Die Sache sieht schlecht aus

Quedar feo
In ungünstigem Licht erscheinen

Ser más feo que Picio
Häßlich wie die Nacht sein

Ser feo como un susto

Tocarle bailar con la más fea
Immer den Nachteil (od. das Nachsehen) haben

Fiar/*(Ver) trauen*

¡No te fíes!
Ich würde da etwas vorsichtiger sein

No hay que fiarse de las apariencias
Der Schein trügt

Ser de fiar una persona o cosa
Man kann jemandem vertrauen
Jemand ist verläßlich
Man kann einer Sache trauen

Fichar

Tener fichado a alguien
Jemanden auf dem Kieker haben
Es auf jemanden abgesehen haben

¡Vaya fichaje que has hecho!
Da hast du aber ein Goldstück engagiert (iron.)!

Fiebre/*Fieber*

Le ha dado (entrado) la fiebre por...
Er hat das... fieber bekommen

Fiera

Estar hecho una fiera
Fuchsteufelswild sein

Ponerse como una fiera
Fuchsteufelswild werden

Ser una fiera en
Nicht klein zu kriegen sein bei

Fiesta

Aguar la fiesta
Den Spaß verderben

Dejar la fiesta en paz
Etwas Negatives vergessen

Hacer fiestas a alguien
Jemandem um den Bart gehen
Sich bei jemandem einschmeicheln

No estar para fiestas
Nicht zum Scherzen aufgelegt sein

¡Tengamos la fiesta en paz!
Bitte, keinen Streit!

Figurar

¡Figúrate!
Stell dir nur vor!

Genio y figura, hasta la sepultura
Niemand kann über seinen Schatten springen

Me figuro que...
Ich vermute, daß...

¿Qué te has figurado?
Wo denkst du denn hin?

¡Ya me lo figuraba!
Das habe ich mir gleich gedacht!

Fijarse/*Aufpassen*

¡Fíjate bien!
Paß gut auf!
Schreib's dir hinter die Ohren!

No me he fijado en sus palabras
Ich habe nicht richtig zugehört

Fila

Marchar en la fila india
Im Gänsemarsch gehen

Entrar en filas
Soldat werden

Llamar a filas
Einberufen

Tener fila a alguien
Jemanden nicht leiden könnene

Filo/*Schneide*

Arma de dos filos
Ein zweischneidiges Schwert

Darse un filo a la lengua
Jemandem Übles nachsagen

Estar en el filo de la navaja
Auf des Messers Schneide stehen

Fin/*Ende*

A fin de cuentas
Al fin y al cabo (o y al postre)
Schließlich und endlich
Letzten Endes

A fines de enero (del mes)
Ende Januar (des Monats)

Al fin de la jornada
Zu guter Letzt
Zu allerletzt

Dar fin a algo
Etwas abschließen, vollenden

En fin
Kurz und gut
Kurzum

Llevar a buen fin
Glücklich abschließen
Zu gutem Ende führen

Firme/*Fest*

De firme
Bestimmt, gehörig, tüchtig, stark

Estar en lo firme
Seiner Sache sicher sein

Llueve de firme
Es gießt
Es regnet tüchtig

Mantenerse firme
Bei seinem Entschluß bleiben

Ser firme en sus convicciones
Feste Überzeugungen haben

Pisar firme
Entschlossen auftreten

Trabajar de firme
Tüchtig arbeiten

Flaco/*Schwach*

Conocerle a uno el flaco
Jemandes schwache Seite kennen

Flaco servicio me has prestado
Du hast mir einen Bärendienst erwiesen

Mostrar su flaco
Eine Blöße geben

Ser flaco de memoria
Ein schwaches Gedächtnis haben

Flan

Estar hecho un flan (v. «Nervio»)
Wackelige Beine haben
Angst haben

Más blando que un flan
Ein Schwächling (od. ein Schlappschwanz) sein

Flauta

Hoy te da por pitos y mañana por flautas
Du weißt nicht, was du willst

Y sonó la flauta
Glück muß der Mensch haben

Flete

Andar de flete
Untätig sein
Kein festes Ziel haben

Flor

A flor de piel
Oberflächlich, äußerlich

Tener los nervios a flor de piel
Überempfindlich sein
Äußerst reizbar sein

Andarse a la flor de berro
Die Rosinen aus dem Kuchen picken

Buscar la flor del berro
Sich ein schönes Leben machen

Caer uno en flor
Zu früh sterben

Decir (o echar) flores
Komplimente machen

Dar uno en la flor de
Die Gewohnheit haben zu

Entenderle a uno la flor
Jemanden kommen sehen
Lunte riechen

En la flor de la vida
In seinen besten Jahren

La flor y nata de la sociedad
Die Creme der Gesellschaft

Pasársela (o pasárselo) en flores
Auf Rosen gebettet sein

Tener por flor
Die Unart haben zu

Floreo

Andar en floreos
Süßholz raspeln
Ausflüchte machen

Flota

Echar flotas
Prahlen

Fondo

En el fondo...
In Wirklichkeit
Letzten Endes

Estar en fondos
Bei Kasse sein

Estar mal de fondos
Schlecht bei Kasse sein

Emplearse a fondo
Alle Hebel in Bewegung setzen

Hombre de buen fondo
Im Grunde kein schlechter Mensch

Ir al fondo de algo
Einer Sache auf den Grund gehen

Forjar/*Schmieden*

Forjar en caliente
Pläne schmieden

Forjar en frío
Ränke ersinnen (od. ausbrüten)

Forjarse ilusiones
Sich Illusionen machen

Forjarse un porvenir
Sich eine Zukunft schmieden

Forma/*Form*

De todas formas
Auf jeden Fall

Estar en (baja) forma
Fit sein
(Nicht) in Form sein

Mantenerse en forma
Sich fit halten
Sich in Form erhalten

No hay forma de...
Es ist unmöglich, zu...

Foro

Desaparecer por el foro
Verduften
Ungesehen verschwinden

Ir al foro
Nach Madrid fahren (vom Dorf od. Provinz)

Forrado

Está forrado (de dinero)
Er hat Geld wie Heu

Forrarse
Tüchtig futtern

Forrarse de dinero
Geld wie Heu verdienen

Forro

Ni por el forro
Überhaupt nicht

Fragor

En el fragor del combate
Im Eifer des Gefechts

Francesa

Despedirse a la francesa
Sich auf französisch empfehlen

Freír (v. «Asar»)

Freír a alguien a preguntas
Jemanden ausquetschen (mit Fragen bombardieren)
Jemanden durch die Mangel drehen

Mandar a freír espárragos
Jemanden zum Teufel schicken

Frenillo

No tener frenillo en la boca
Kein Blatt vor den Mund nehmen

Freno/*Zaum, Zügel*

Correr sin freno
Ein zügelloes Leben führen

Echar freno a la lengua
Die Zunge im Zaum halten

Morder el freno
Seinen Ärger (Zorn) verbeißen

Perder el freno
Den Halt verlieren

Poner freno a algo
Einer Sache Einhalt gebieten

Soltar el freno a su imaginación
Die Zügel schießen lassen

Frente

Hacer frente a
Widerstand leisten
Einer Pflicht nachkommen

Ponerse al frente de
Die Leitung übernehmen

Fresca/o

Dejar fresco a alguien
Jemanden (gewaltig) hereinlegen
Jemanden an der Nase herumführen

Dormir al fresco
Im Freien schlafen

¡Estamos frescos!
Da haben wir die Bescherung

Quedarse tan fresco
Sich nicht aus der Ruhe bringen lassen

Salir con la fresca
Ganz früh aufbrechen

Ser un fresco
Eine Stirn haben
Frech, dreist sein

Soltarle a alguien cuatro frescas
Jemandem gewaltig aufs Dach steigen
Jemandem gehörig die Meinung sagen

Tomar el aire fresco
Frische Luft schnappen

Frío/*Kalt*

Estar fríos con respecto a
Einer Sache kühl gegenüber stehen

Más frío que el hielo
Eiskalt
Völlig gefühllos

Eso le deja frío
Das ist ihm völlig gleichgültig

No le da ni frío ni calor
Se quedó frío
Es verschlug ihm den Atem

Ser frío de carácter
Ein kalter Mensch sein

Frito

Estar frito
Die Nase voll haben

Me trae (tiene) frito
Ich kann den Kerl (das Weib) nicht ausstehen
Er (sie) geht mir auf den Wecker

Fruncir

Fruncir el ceño
Die Stirne in Falten legen
Finster blicken

Fu

Hacer fu
Reißaus nehmen
Fauchen, aber nicht kratzen

Ni fu ni fa
Mittelmäßig
So, so
La, la
Weder Fisch, noch Fleisch

Fuego/*Feuer*

A fuego y hierro
Mit Feuer und Schwert

Atizar el fuego
Das Feuer schüren

Donde fuego se hace, humo sale
Wo Rauch ist, ist auch Feuer

Echar fuego por las narices
Feuer schnauben

Echar fuego por los ojos
Zornig sein

Echar leña al fuego
Öl ins Feuer gießen

Apagar el fuego con aceite
Huir del fuego y caer en las brasas
Vom Regen in die Traufe kommen

Matar a alguien con fuego lento
Jemandem das Dasein zur Hölle machen

No jueges con fuego
Spiele nicht mit Feuer!

Por el humo se sabe donde está el fuego
Es wird brenzlig

Fuelle

Es un fuelle
Es ist ein Petzer (Spitzel)

Fuente/*Quelle*

Beber en buena fuente
Aus guter Quelle schöpfen

Saberlo de buena fuente
Etwas aus guter (od. sicherer) Quelle wissen

Fuero

En su fuero interno
Im Herzen
Im Innern

Volver por los fueros de...
Für... eintreten (einstehen)

Fuerza/*Gewalt*

Donde fuerza viene, el derecho se pierde
Macht geht vor Recht

Hacer algo por la fuerza
Etwas mit Gewalt tun

Sacar fuerzas de flaquezas
Aus der Not eine Tugend machen

Fuga/*Flucht*

Darse a la fuga
Flüchten
Sich aus dem Staub machen

Poner en fuga a alguien
Jemanden in die Flucht schlagen

Ser un fuga (un fugulla)
Ein Gauner, ein Schelm sein
Ein Quecksilber sein

Fumar

Fumarse la clase
Den Unterricht schwänzen

Fumarse (dinero)
(Geld) verjuxen

Fúnebre/*Düster*

Tener cara fúnebre
Eine Trauermiene machen

Furia

Estar hecho una furia
Fuchsteufelswild sein

G

Gafe

Estar gafado
Eine Pechvogel sein

¡No seas gafe!
Mach keinen Quatsch!
Sei kein Spielverderber!

Gaita

Estar alegre como una gaita
Lustig (munter) sein

Templar gaitas
Friedensstifter sein

¡Vaya gaita!
So ein Mist! (in Bezug auf Unannehmlichkeiten)
So ein Ärger!
So etwas Ärgerliches!

Gala/*Prunk*

Hacer gala de algo
Etwas zur Schau tragen
Mit etwas prahlen

Llevarse la gala
Den Vogel abschießen

Ser la gala de
Der Stolz sein von

Galgo

Echarle a alguien los galgos
Jemanden bedrängen

¡Echale un galgo!
Den (das, die...) siehst du nicht mehr!

Vete a espulgar un galgo!
Scher' dich zum Teufel!

Galleta/*Ohrfeige*

Dar una galleta
Jemandem eine Ohrfeige geben (od. eine runterhauen)

Gallina/*Huhn, Henne*

Acostarse con las gallinas
Mit den Hühnern zu Bett gehen

Cantar la gallina
Klein beigeben

Cuando mean las gallinas
Nie im Leben

Estar como gallina en corral ajeno
Sich fehl am Platze fühlen

Gallina vieja hace buen caldo
Alte Besen kehren gut

Matar la gallina de los huevos de oro
Das Huhn, das goldene Eier legt, schlachten

Ser un gallina
Ein Angsthase (od. ein Hasenfuß) sein

Gallito

Ponerse gallito
Widerspenstig werden

Gallo/*Hahn*

Andar de gallo
Die Nacht durchmachen
Ein Nachtschwärmer sein

Bajarle a alguien el gallo
Jemandem den Kamm stutzen

En menos que canta un gallo
Im Nu

Engreído como gallo de cortijo
Stolz wie ein Hahn

Otro gallo me cantar(í)a si
Es wäre ganz anders gekommen, wenn

Gallofa

Andar a la gallofa
Herumstreunen

Gana/*Lust*

Abrirse las ganas a uno
Lust auf etwas bekommen

De buena (mala) gana
Gern, (ungern)
Willig, (widerwillig)

Donde hay ganas, hay maña
Wo ein Wille ist, ist auch ein Weg

¡(No) me da la real gana!
Ich habe eben (keine) Lust dazu!

Quedarse con las ganas
Durch die Röhre (od. in den Mond, in die Luft) gucken

Tener ganas de
Lust (Appetit) zu, bzw. auf etwas haben

Tenerle las ganas a alguien
Jemanden auf dem Kieker haben

Ganar

Ganar a alguien en
Jemanden übertreffen in

Ganarle la boca a alguien
Jemanden überreden

Ganarle a alguien el lado flaco
Jemanden bei seiner schwachen Seite packen

Ganarse los garbanzos
Seine Brötchen verdienen

Ganarse una/Ganárselas
Eine fangen
Keile kriegen

Lo ganado por lo gastado
Wie gewonnen, so zerronnen

Llevar las de ganar
Alle Trümpfe in der Hand haben

Te gané por la mano
Ich war schneller (bzw. schlauer, usw.) als du

Gancho

Echar a alguien el gancho
Jemanden umgarnen

Tener gancho
Sehr attraktiv sein

Gandaya

Correr la gandaya
Dem lieben Herrgott den Tag stehlen

Ganga

Andar a la caza de gangas
Guten Geschäften nachjagen

Esto fue una ganga
Das war ein guter Kauf

Ganso

Hacer el ganso
Sich albern aufführen
Herumblödeln

Garbanzo

Contar los garbanzos
Knauserig sein
Am falschen Ende sparen

Ese garbanzo no se ha cocido en su olla
Das ist nicht auf seinem Mist gewachsen

Ganarse los garbanzos
Seine Brötchen verdienen

Ser el garbanzo negro
Das schwarze Schaf sein

Tropezar en un garbanzo
An jeder Kleinigkeit Anstoß nehmen

Un garbanzo más no revienta la olla
Auf etwas mehr od. weniger kommt es nicht mehr an

Gárgara

Mandar a hacer gárgaras a alguien
Jemanden zum Teufel schicken

Garlito/*Falle*

Caer en el garlito
In die Falle gehen

Coger a alguien en el garlito
Jemanden bei etwas ertappen

Garra/*Klaue*

Caer en las garras de alguien
In jemandes Fänge geraten

Echarle a uno la garra
Jemanden beim Schlafittchen packen

Tener garra
Pfiff (od. Pep) haben

Gas/*Gas*

A todo gas
Mit Vollgas
Mit aller Kraft

Pisar el gas
Auf die Tube drücken

¡Qué gas llevas!
Hast du es aber eilig!

Gastar

¡Así las gasto yo!
So bin ich eben!

Gastar mal humor
Schlechte Laune haben

Gastar mucha salud
Kerngesund sein

Gastar una broma
Einen Scherz machen

No gasta bromas
Er versteht keinen Spaß

Gasto/*Ausgabe*

Es lo que hace el gasto
Darauf kommt es an
Das ist der springende Punkt
Da liegt der Hase im Pfeffer

Hacer el gasto de la conversación
Die Kosten (od. die Last) der Unterhaltung tragen

Meterse en gastos
Sich in Unkosten stürzen

Pagar el gasto
Die Zeche zahlen

Gata

Hacer la gata muerta
Sich harmlos stellen

Ir a gatas
Auf allen Vieren gehen

Gato/*Katze,* *Kater*

Ata el gato
So ein Knauser!

Como gato mojado
Wie ein nasse Katze

Correr como gato por ascuas
Wie ein Verrückter (davon) laufen

Dar gato por liebre
Jemanden übers Ohr hauen

Defenderse como gato panza (o boca) arriba
Sich mit Händen und Füßen wehren

Esto es para el gato
Das ist für die Katz'

Había cuatro gatos
Es waren nur ein paar Mann da

Hay gato encerrado
Da stimmt doch etwas nicht
Da ist der Wurm drin

Hasta los gatos quieren zapatos
Erst kriechen, dann gehen, dann fahren

Lavarse a lo gato
Eine Katzenwäsche machen

Llevar el gato al agua
Den Stier bei den Hörnern packen
Den Vogel abschießen

No había ni un gato
Es war kein Schwein da

Gazapo

Cometer un gazapo
Einen Schnitzer machen

Echar un gazapo
Einen Schnitzer machen

Este periódico está lleno de gazapos
Diese Zeitung ist voller (Zeitungs-) Enten

Gaznate

Mojar (refrescarse) el gaznate
Sich die Kehle anfeuchten

Genio

Genio y figura hasta la sepultura
Niemand kann über seinen Schatten springen

Llevarle a alguien el genio
Jemandem nachgeben

No puede con el genio
Die Pferde gehen mit ihm durch

Ser corto de genio
Geistig minderbemittelt sein

Tener genio
Schwung haben

Tener mucho genio
Leicht aufbrausen
Jähzornig sein

Gente/*Leute*

Al decir de la gente
Wie man so hört

Ande yo caliente y ríase la gente
Etwa: Was die Leute von mir denken, ist mir vollkommen egal
Ich tu' was mir Spaß macht

Conocer a sus gentes
Seine Pappenheimer kennen

Gente de escalera abajo
Niederes Volk

Gente gorda
Die großen Tiere

Gente de pelo
Betuchte Leute

Gente de medio pelo
Der kleine Mittelstand

Gigante/*Riese*

Gigante en tierra de enanos
Ein abgebrochener Riese
Knirps

Un gigante con pies de barro
Ein Koloß auf tönernen Füßen

Gloria

Estar en sus glorias
Im siebenten Himmel sein

Gloria vana, florece y no grana
Wie gewonnen, so zerronnen

Saber a gloria
Köstlich (himmlisch) schmecken

Pedazo de gloria
Prachtstück (Person)

Gobernar/*Regieren*

Gobernar es poblar
Regieren heißt besiedeln

Gobierno

Miente más que el gobierno
Der lügt wie gedruckt

Mirar contra el gobierno
Schielen

Golondrina/*Schwalbe*

Una golondrina no hace el verano
Eine Schwalbe macht noch keinen Sommer

Golpe/*Schlag*

Andar a golpes
(Sich) dauernd schlagen

Al primer golpe de vista
Auf den ersten Blick

Dar un golpe
Ein Ding drehen

Dar un buen golpe a la comida
Ganz schön zulangen

Dar golpe en bola
Erfolg haben

De golpe y porrazo
Ganz plötzlich
Unüberlegt

Errar el golpe
Danebenschlagen

No dar golpe
Faulenzen
Auf der faulen Haut liegen

Gollete

Estar hasta el gollete
Die Nase voll haben

Gordo

Caerle gordo a alguien
Jemandem auf den Wecker fallen

¡Esta sí que es gorda!
Das ist aber ein starkes Stück!

Hacer la vista gorda
Ein Auge zudrücken

Los peces gordos
Die großen Tiere

Se va a armar la gorda
Das wird einen Mordskrach geben

Tenerlas buenas y gordas
In den fetten Jahren leben

Gorigori

Pronto le cantarán el gorigori
Der macht's auch nicht mehr lange

Gorra

Andar de gorra
Nassauern
Herumschmarotzern

Dar el gorrazo a alguien
Bei jemandem nassauern

Gorro

Apretarse el gorro
Die Beine in die Hand nehmen

Estar hasta el gorro
Die Nase voll haben

Llenársele a alguien el gorro
Die Geduld verlieren

Poner el gorro a alguien (v. «Cuerno»)
Jemanden hereinlegen
Jemandem die Hörner aufsetzen

Gota/*Tropfen*

Gota a gota se llena la bota
Steter Tropfen höhlt den Stein

Hasta la última gota
Bis zur Neige

La gota que desborda el vaso
Der Tropfen, der das Faß zum Überlaufen bringt

No le quedó gota de sangre
Er erstarrte vor Schreck (od. Entsetzen)

No ver ni gota
(Überhaupt) nichts sehen

Parecerse como dos gotas de agua
Sich ähneln wie ein Ei dem anderen

Sudar la gota gorda
Blut und Wasser schwitzen

Grabar

Grabarse algo en su mente
Sich etwas gut einprägen

Gracia

A la gracia de Dios
Auf gut Glück

Dar en la gracia de...
In die Gewohnheit verfallen zu...

Decirle a uno las gracias
Jemandem gehörig die Meinheit sagen

Es triste gracia
(Es ist) zum Heulen

Estar en gracia cerca de alguien
Bei jemandem in Gunst stehen

Gracia concedida, rara vez agradecida
Undank ist der Welten Lohn

Hacer gracia (caer en gracia)
Gefallen

Hacer una gracia
Ein Männchen machen (Hund)
Zeigen, was es kann (Kind)

No tiene gracia
(Es ist) gar nicht zum Lachen

¡Tiene gracia!
Das ist aber nett! (ironisch)

¡Vaya gracia!
Welche Zumuting!
So eine Bescherung!

Grajo

Ser más feo que un grajo
Häßlich wie die Nacht sein

Granado

Lo más granado (de la sociedad)
Die Creme (der Gesellschaft)

Grande/*Groß*

Algo cae grande a alguien
Jemand ist etwas nicht gewachsen

(Su nuevo trabajo le cae grande)
Er ist seinem neuen Job nicht gewachsen

No es gran cosa
Das ist nichts Besonderes

Pasarlo en grande
Sich großartig amüsieren

¡Qué grande eres!
Du bist (einfach) großartig! - Du bist ein Teufelskerl!

Vivir a lo grande
Auf großem Fuß leben

Granel

A granel
Im Überfluß
In Bausch und Bogen

Grano/*Korn*

Apartar (separar) el grano de la paja
Die Spreu vom Weizen sondern

Aportar su granito de arena
Sein Scherflein beisteuern

Ir al grano
Zur Sache kommen

No ser un grano de anís
Nicht so einfach sein

Grillo

Andar a grillos
Die Zeit vertrödeln

Olla de grillos
Heilloser Wirrwarr

Gris

Corre un gris que pela
Es geht ein schneidender Wind

Es un talento gris
Der ist nichts Besonderes
Er taugt (recht) wenig
Er ist keine Leuchte

Grito/*Schrei*

A grito pelado
Mit lautem Geschrei

Hablar a gritos
Zu laut sprechen
Schreien beim Sprechen

Poner el grito en el cielo
Herumlamentieren
Sich aufregen

Guante

Arrojar el guante a alguien
Jemandem den (Fehde-) Handschuh hinwerfen

De guante blanco
Sehr korrekt - Sehr etepetete

Poner a alguien como un guante
Jemanden kleinkriegen (od. herunterputzen)

Recoger el guante
Die Herausforderung annehmen

Echar el guante a alguien
Jemanden festnehmen (od. ertappen)

Quedarse más suave que un guante
Lammfromm werden

Tratar a alguien con guantes de seda
Jemanden wie ein rohes Ei behandeln
Jemanden in Watte packen (od. wickeln)

Guardar

Guardar entre algodones
In Watte packen

Guardar el céntimo
Ein Pfennigfuchser sein

Guardarlo para saborearlo
Das Beste kommt am letzten

Guardársela a alguien
Mit jemanden noch ein Hühnchen zu rupfen haben

Guerra/*Krieg*

Armar guerra
Krach machen

Dar guerra a alguien
Jemandem Ärger (od. Mühe) machen

El pequeño me da mucha guerra
Der Kleine macht mir viel zu schaffen

Estar en pie de guerra con...
Mit jemandem auf Kriegsfuß stehen

Nombre de guerra
Deckname

Gusano

Matar el gusanillo
Ein Häppchen vor dem Essen zu sich nehmen

Gustar/*Gefallen, mögen*

¡Así me gusta!
Das hab' ich gern!

Gusta más la preparación que la función
Vorfreude ist die größte Freude

Le gustan todas
Er ist ein großer Schürzenjäger

Gusto/*Geschmack, Gefallen*

A gusto
Nach Belieben

Estar a gusto
Sich wohlfühlen

Dar gusto
Gefallen
Spaß machen

En la variedad está el gusto
In der Abwechslung liegt der Reiz

Hablar al gusto de uno
Jemandem nach dem Munde reden
In jemandes Kerbe hauen

Hacer su gusto
Sich's einfach (od. bequem) machen

Hay gustos que merecen palos
Geschmäcker gibt's!

Para cada gusto se pintó un color
Sobre gustos no hay nada escrito
Über Geschmack (od. Geschmäcker) läßt sich nicht streiten

Tomar el gusto a una cosa
Geschmack finden an etwas
Sich an etwas gewöhnen

H

Haba

Estos son habas contadas
Darauf kannst du Gift nehmen

En todas partes cuecen habas
Es wird überall mit Wasser gekocht

Haber

¡Algo habrá!
Irgendetwas wird schon dran sein!

Esto es de lo que no hay
Sowas gibt's so schnell nicht wieder
Sachen gibt's, die gibt's gar nicht

¡Habrá sinvergü*enza!*
So eine Unverschämtheit!

Hay tela para rato
Da steckt eine Menge Arbeit drin
Das wird noch ewig dauern

Habérselas con alguien
Mit jemandem anlegen
Jemanden zur Rechenschaft ziehen

No hay como
Es gibt nichts Besseres als

Hábito/*Kutte*

Colgar los hábitos (v. «Ahorcar»)
Dic Kleider an den Nagel hängen

El hábito hace al monje
Kleider machen Leute

El hábito no hace al monje
Die Kutte macht noch keinen Mönch

Habla/*Sprache*

Perder el habla
Die Sprache verlieren

Ponerse al habla con alguien
Sich mit jemanden in Verbindung setzen

Quitar el habla a uno
Jemandem die Sprache verschlagen
(Es verschlug ihm die Sprache)

Hablar/*Sprechen*

¡Eso es hablar en plata!
Das sind goldene Worte!

Hablar a gritos
Zu laut sprechen
Schreien beim Sprechen

Hablar como un libro
Wie ein Buch reden

Hablar en cristiano
Verständlich reden
Deutsch reden

Hablar en chino
Unverständlich reden

Hablar entre dientes
Etwas in seinen Bart brummen

Hablar por hablar
Ins Blaue hineinreden

Hablar poco y bien
Kurz und bündig sprechen

Hablar sin parar
Wie ein Wasserfall reden

Hablando se entiende la gente
Man muß nur mit den Leuten reden

No me hagas hablar
Laß dir nicht alles zweimal sagen

Quien mucho habla, mucho yerra
Besser ein Wort zuwenig, als ein Wort zuviel

Hacer/*Tun*

A medio hacer
Halbverrichtet, halbgetan

Haberla hecho buena
Etwas Schönes angerichtet (od. angestellt) haben

Hacer alguna
Etwas anstellen

Hacer burla
Jemanden verspotten

Hacer una cosa a mal hacer
Etwas (Schlimmes) absichtlich tun

Hacer una cosa arrastrando
Etwas sehr ungern (od. widerwillig) tun

Hacer caso a uno
Sich um jemanden kümmern
Jemanden beachten

Hacer de las suyas
Allerlei Unfug anstellen (od. treiben)

Hacer de menos
Verachten

Hacer por hacer
Etwas nur als Zeitvertreib tun

Hacer que hacemos (o que se hace)
So tun, als ob man arbeite

Hacer añicos (o pedazos) algo
Etwas kurz und klein schlagen

Hacer lo que otro no puede por uno
Sich die Hände waschen (fig.)

Hacer sudar a uno
Jemanden ins Schwitzen bringen
Jemanden schröpfen

Hacer una que sea sonada
Die Bude auf den kopf stellen
Etwas Schönes anstellen (iron.)
Unheil anrichten (od. stiften)

Hacer tiempo
Sich beim Warten die Zeit vertreiben

Hacerlo mal y excusarse peor
Seinen Fehler noch schlimmer machen

Hacerse a un lado
Zur Seite treten

Hacerse con una cosa
Sich etwas aneignen

Hacerse con una persona
Jemanden unterdrücken od. beherrschen

Hacerse (el) chiquito
Sich dumm stellen

Hacerse uno de rogar
Sich zieren

Hacerse dura una cosa
Unglaublich sein
Unerträglich sein

Hacerse uno el olvidadizo
So tun, als ob man etwas vergessen hätte

Hacerse tarde
Spät werden

Haz bien y no mires a quién
Tue recht und scheue niemand

¿Qué le vamos a hacer?
¿Qué se le va a hacer?
Da ist nichts (mehr) zu machen

Hacha

Ser uno un hacha
Ein As (od. ein Genie) sein

Hache

Llámale hache
Das ist gehupft wie gesprungen
Das kommt auf dasselbe heraus

No decir haches ni erres
Kein Wort sagen
Den Mund nicht aufmachen (od. öffnen)
Nicht Mu sagen

Por ache o por be
Aus dem einen od. andern Grund

Hallar

Hallarse bien con una cosa
Sich wohl fühlen mit (od. in) etwas

Hallarse con una cosa
Etwas haben

Hallarse uno en todo
Seine Nase in alles stecken
Überall sein
Da sein, wo man nichts zu suchen hat

Hallárselo uno todo hecho
Alles vorgekaut kriegen

No hallarse uno
Sich unbehaglich fühlen

Hambre/*Hunger*

A buen hambre no hay pan duro
Hunger ist der beste Koch.

Andar uno muerto de hambre
Morirse de hambre
Vor Hunger umkommen

Apagar el hambre
Matar el hambre
Den Hunger stillen

Hambre canina (o calagurritana)
Mordshunger

Hambre y valentía
Arrogant und dünkelhaft, trotzdem er am Hungertuch nagt

Juntarse el hambre con las ganas de comer
Gleich und gleich gesellt sich gern

Más cornadas da el hambre
Hungern wäre schlimmer
Es gibt schlimmeres

Más listo que el hambre
Sehr gewitzt (od. schlau)

Matar de hambre
Verhungern lassen

Ser un muerto de hambre
Ein Hungerleider sein

Sitiar a uno de hambre
Jemandem den Kragen zuschnüren
Ein Halsabschneider sein

Tengo un hambre que no veo
Ich habe einen Mordshunger
Ich komme bald um vor Hunger

Harina

Estar metido en harina
Dick sein
Bis über die Ohren in der Arbeit stecken

Eso es harina de otro costal
Das ist etwas ganz anderes

Hacerse harina
Zerbrechen, zersplittern

Hartar/*Sättigen*

Hartarse
Sich sattessen

Harto de ajos
Gestopft voll
Ein (richtiger) Bauer (od. ein Klotz) sein

Le hartó de palos
Er hat ihm das Fell gegerbt
Er hat ihm den Buckel vollgehauen

Me harta con sus estupideces
Ich habe seine Blödheiten satt

No me harto de mirar
Ich kann mich nicht sattsehen an

Hartazgo

Darse uno un hartazgo
Sich vollstopfen

Darse uno un hartazgo de leer
Sich de Augen wund lesen

Tiene hartazgo de leer
Er hat das Lesen satt

Hato/*Bündel*

Andar con el hato a cuestas
Ständig unterwegs sein
Oft die Wohnung wechseln

Liar el hato
Sein Bündel schnüren

Menearle el hato a uno
Jemandem den Buckel vollhauen
Jemandem das Fell gerben

Perder el hato
Reißaus nehmen
Sich überstürzen
Etwas überstürzt ausführen

Revolver el hato
Unruhe stiften
Im Wespennest herumstochern
Stänkern

Haz

Ser uno de dos haces
Zwiegesichtig sein
Doppelzüngig sein

Hebilla

No faltar hebilla a una cosa
Tipptopp sein

Hebra/*Faden*

Cortar la hebra de la vida
Den Lebensfaden trennen

De una hebra
In einem Atemzug

Estar uno de buena hebra
Gesund und kräftig sein

Pegar la hebra
Ein Gespräch anknüpfen bzw. lang ausdehnen

Hecho

A cosa hecha
Absichtlich
Mit sicherem Erfolg

A lo hecho, pecho/Lo hecho, hecho está
Geschehen ist geschehen

¡Cosa hecha!
Abgemacht!

De hecho y derecho
Von Rechts wegen

Dicho y hecho
Gesagt, getan

Helado

Me quedé helado
Es verschlug mir die Sprache

Helarse la sangre
Das Blut bleibt jemandem in den Adern stehen
Jemandes Blut gerinnt

Herir/*Verwunden*

Como herido por un rayo
Wie vom Blitz getroffen

Herido de muerte
Tödlich verwundet (od. getroffen)

Herir al miedo
Furchtlos sein

Herir el suelo con el pie
Auf den Boden stampfen

Herir los sentimientos de uno
Jemanden beleidigen

Herir los oídos
Ins Ohr schrillen

Herir la vista
Das Auge beleidigen

Herida/*Wunde*

Renovar la herida
Alte Wunden (wieder) aufreißen

Resollar (o respirar) por la herida
Seine Gefühle (od. seine geheimen Gedanken) preisgeben

Tocar a uno en la herida
Jemandes wunden Punkt berühren

Herniarse

No herniarse
Sich kein Bein ausreißen

Hervir/*Kochen*

Hervir en deseos
Sich in glühenden Wünschen verzehren

Hervir de bichos
Von Ungeziefer wimmeln

Hervirle la sangre a uno
Sein Blut gerät in Wallung
Vor Wut kochen

Hiel/*Galle*

Echar (o sudar) la hiel
Sich abschuften (od. abrackern)

Estar hecho uno de hiel
Gallenbitter sein

No tener uno hiel
Ser una paloma sin hiel
Ein gutes (od. friedliches) Gemüt haben
Ein Gemütsmensch sein

Hielo/*Eis*

Estar uno hecho un hielo
Ein Eiszapfen sein

Quedarse de hielo
Es verschlägt jemandem die Sprache
Vor Schreck erstarren

Romper (o quebrar) el hielo
Das Eis brechen

Hierba/*Gras*

Crecer como la mala hierba
Wie Unkraut aufschießen

Haber pisado uno buena (mala) hierba
Glück (Pech) mit etwas haben
(Un) zufrieden, bzw. guter (schlechter) Laune sein

(y) otras hierbas
Und so weiter

Mala hierba nunca muere
Unkraut verdirbt nicht

Sentir uno crecer (o nacer) la hierba
Das Gras wachsen hören

Ver crecer la hierba
Gewitzt, bzw. aufgeweckt sein

Hierro/*Eisen*

Al hierro caliente, batir de repente
Man muß das Eisen schmieden, solange es heiß ist

Agarrarse uno a (o de) un hierro (o clavo) ardiendo
Nach einem Strohhalm greifen

A hierro y fuego
Mit Feuer und Schwert

Llevar hierro a Vizacaya
Eulen nach Athen tragen

Machacar (o majar, o martillar) en hierro frío
An die leere Wand predigen
Alte Bäume lassen sich nicht biegen

¡Quítale hierro!
Nun mach's mal halblang!

Quitar hierro
Einer Sache den Stachel nehmen

Quien (o el que) a hierro mata, a hierro muere
Wie du mir, so ich dir

Ser de hierro
Eisern, standfest (od. -haft) sein
Einen eisernen Willen haben
Sehr gesund und kräftig sein

Hígado

Echar los hígados
Sich abschuften (od. abrackern)

Echar uno los hígados por una cosa
Sich für etwas die Füße ablaufen

Moler los hígados a uno
Jemandem auf den Wecker fallen
Jemandem die Nerven zerreiben

Querer uno comer los hígados a otro
Jemanden gefressen haben
Jemanden zu Hackfleisch machen wollen

Tener malos hígados
Böswillig sein

Tener (o ser de) muchos hígados
Mumm (od. Schneid) haben

Higo

De higos a brevas
Sehr selten
Alle Jubeljahre (einmal)

Estar hecho un higo
Total kaputt (zerquetscht) sein

Me importa un higo
Das ist mir schnuppe [*od. wurs(ch)t*]

Hilo/*Faden*

Hilo a hilo
Langsam, aber stetig

Pender de un hilo
An einem seidenen Faden hängen

Perder el hilo
Den Faden verlieren

Pegar el hilo
Ein Gespräch anknüpfen

Seguir el hilo
(Mit einer angefangenen Sache) weitermachen

Vivir al hilo del mundo
Mit dem Strom schwimmen

Hincar

Hincar el diente
Zugreifen
Einhauen (beim Essen)

Hincar el pico
Ins Gras beißen

Hincarse de rodillas
Niederknien

Hipo

Eso le quitó el hipo
Das verschlug ihm die Sprache

Historia/*Geschichte*

¡Déjate de historias!
Mach doch keine Geschichten!

La historia de siempre
Immer das gleiche Lied

Venir con historias
Mit Geschichten kommen

Hito

Marcar un hito
Einen Markstein setzen

Mirar de hito en hito
Jemanden scharf ansehen

Hocico/*Schnauze*

Caer de hocicos
Auf die Nase fallen

Estar de hocicos
Schmollen
Maulen

Quitar a alguien los hocicos
Jemandem den Schädel einschlagen

Tocer el hocico
Den Mund verziehen

Hoja

Desdoblar la hoja
Ein unterbrochenes Gespräch wiederaufnehmen

La cosa no tiene vuelta de hoja
Das läßt sich nicht ändern
Das steht eindeutig fest

Poner a alguien como hoja de perejil
Jemanden fertigmachen

Volver (pasar) la hoja
Seine Meinung ändern
Einen Rückzieher machen
Das Thema wechseln

Hombre/*Mann*

Como un hombre
Standfest

Como un solo hombre
Geschlossen, einstimmig
Wie ein Mann

¡Hombre!
Mensch! Menschenskind!
Na sowas! Nanu!

Hombre...
Na ja
Na, ich weiß nicht recht

¡Hombre al agua!
Mann über Bord!

Hombre de acción
Tatmensch

Hombre de ambas (o todas) sillas
Ein Allroundmensch
Ein Allerweltskerl

Hombre de armas tomar
Ein gestandener Mann

Hondura

Meterse en honduras
Den Neunmalklugen spielen

Hongo/*Pilz*

Darse como hongos
Wie Pilze aus dem Boden schießen

Más solo que un hongo
Mutterseelenallein

Honra/*Ehre*

¡A mucha honra!
Da bin ich sogar stolz darauf!
Eine große Ehre für mich!

Honra y dinero, rara vez por el mismo sendero
Ehre und Geld, selten zusammenhält

Por la negra honra
Aus falschem Ehrgefühl

Hora/*Stunde*

A altas horas de la noche
Spät in der Nacht
Zu später Stunde

A buenas horas, mangas verdes
Zu spät

A todas horas
Zu jeder Zeit
Andauernd

A última hora
Im letzten Augenblick

Esto da la hora
Das ist prima

Pasarse las horas muertas (haciendo algo)
Jemandem vergeht die Zeit wie im Flug
Die Zeit vertrödeln (vergessen)

¡Que la hora sea corta (o cortita)!
Alles Gute, (und) hoffentlich geht es schnell!
(Zu einer Frau vor der Entbindung)

Tener las horas contadas
Seine Stunden sind gezählt

¡Ya era hora!
¡Vaya horas de venir!
Es war höchste Zeit!

Horma

Encontrar la horma de su zapato
Sein Gegenstück finden
Genau das finden, was man sucht

Hormiga/*Ameise*

Ser una hormiga
Sehr emsig sein
Emsig wie ein Bienchen sein

Horno

¡No está el horno para bollos!
Jetzt ist nicht der richtige Augenblick!

Horror

Divertirse horrores
Sich köstlich amüsieren

Gustar horrores
Außergewöhnlich gut gefallen (schmecken)

Hoy/*Heute*

De hoy en adelante
Von heute an

Hoy por hoy
Einstweilen
Vorläufig

Hoy por mí, mañana por ti
Eine Hand wäscht die andere

Hoz

De hoz y de coz
Rücksichtslos

Hueco

Hacer un hueco
Platz machen

Llenar el hueco
Lücke schließen

Huella/*Fußstapfen*

Seguir las huellas (pasos) de alguien
Jemanden in die Fußstapfen treten

Hueso/*Knochen*

Calado hasta los huesos
Naß bis auf die Knochen (od. auf die Haut)

Dar con sus huesos en el santo suelo
Lang hinschlagen

Darle a alguien un hueso que roer
Jemandem eine harte Nuß zu knacken geben

Estar en los huesos
Nur noch Haut und Knochen sein

Ser un hueso
Eine harte Nuß sein

Este profesor es un hueso
Dieser Lehrer, bzw. Professor prüft sehr scharf (od. läßt immer viele durchfallen, od. durchsausen)

No dejar a alguien un hueso sano
Kein gutes Haar an jemandem lassen

Pinchar en hueso
Sich die Zähne (an etwas) ausbeißen

Tener los huesos molidos
Wie gerädert sein

Huésped/*Wirt*

Antojársele a uno los dedos huéspedes
Überall Gespenster sehen

Echar la cuenta sin la huéspeda
No contar con la huéspeda
Die Rechnung ohne den Wirt machen

Huevo/*Ei*

Ir como pisando huevos
Wie auf Eiern gehen

No valer un huevo
Keinen Pfifferling wert sein

Parecerse como un huevo a otro
Sich ähneln wie ein Ei dem andern

Parecerse como un huevo a una castaña
Verschieden sein wie Tag und Nacht

Huida

Andar huido
Menschenscheu sein

Hule

Habrá hule
Es ist dicke Luft

Humano/*Menschlich*

Es humano lo que pide
Was er will ist vollkommen verständlich (od. logisch)

Hacer lo humano (humanamente) posible
Das Menschenmögliche tun

Humildad/*Demut*

De cuna humilde
Aus einfacher Familie (stammend)

Humildad de garabato
Falsche Demut

Humildad de nacimiento
Niedrige Herkunft

Humo/*Leichtfertig*

A humo de pajas
Jemanden demütigen

Bajarle los humos a alguien
Convertirse (o hacerse) humo
Sich in nichts auflösen
Verduften

Dar humo a narices a uno
Jemanden ärgern (od. verdrießen)

Darse humos uno
Sich aufspielen
Hochhäsig sein

Echar uno humo
Wütend sein
Arrogant, hochnäsig sein

Hacer humo a uno
Jemandem ein unfreundliches Gesicht machen, damit er weggeht

Irse todo en humo
Sich in nichts auflösen

Pesar el humo
Sehr etepetete sein

Subírsele el humo a las narices
Wütend (od. verärgert) werden

Subírsele el humo a la cabeza
Hochnäsig werden
Sich etwas einbilden

Tener muchos humos
Sich viel (od. groß was) einbilden
Hochnäsig sein

Tomar la del humo
Reißaus nehmen

Humor/*Laune*

Estar de buen (mal) humor
Guter (schlechter) Laune sein

Humor de mil demonios
Humor de perros
Miese laune
Stinklaune

Seguirle a alguien el humor
Auf jemandes Laune eingehen

Tener buen humor
Ein fröhlicher Mensch sein
Immer guter Laune (od. bei guter Stimmung od. gut aufgelegt) sein

Husmo

Estar al husmo
Auf der Lauer liegen

Huso

Ser más derecho que un huso
Kerzengerade sein

I

Ida

Tener idas
(Wut-) Ausbrüche haben

Idea/*Idee, Ahnung*

Abrigar (o acariciar) la idea
Sich mit dem Gedanken tragen
Den Gedanken gehen

Cambiar de idea(s)
Seine Meinung ändern

Formarse una idea de algo
Sich von etwas einen Begriff machen

No tener (ni la más remota) idea
Keine (blasse) Ahnung haben

¡Que idea!-¡Vaya idea!
So eine Schnapsidee!

Tener ideas de casquero
Schnapsideen haben

Tener sus ideas
Sich seine Gedanken machen

Ido

Estar ido
Geistesabwesend sein

Estar ido de la cabeza
Verrückt (beknackt) sein

Iglesia

Con la iglesia hemos topado
Das ist eine harte Nuß
Am Ende seiner

No comulgar en la misma iglesia
Nicht zusammenpassen

Ignorancia/*Unwissenheit*

Ignorancia no quita pecado
Unkenntnis schützt vor Strafe nicht

No pecar de ignorancia
Wohl wissen, was man tut

Igual/*Gleich*

Da igual-Es igual
Das ist gleich
Es ist egal

Me da igual
Das ist mir gleich

Me quedo igual
Ich verstehe Bahnhof

No tener igual
Nicht seinesgleichen haben

Tratarle a alguien de igual a igual
Jemanden als gleichstehend behandeln

Ijada

La cosa tiene su ijada
Die Sache hat (auch) eine schwache Seite

Ilusión

De ilusiones vive el hombre
Weisheit sein
Sein Waterloo erleben
Traüme sind Schäume

Hacerse ilusiones
Ilusionarse con algo
Sich sehr auf etwas freuen

¡Pobre iluso!
Armer Irrer!

Importancia/*Wichtigkeit*

Dar mucha importancia a algo
Auf etwas großen Wert legen
Viel Aufhebens machen von etwas

Darse importancia
Wichtig tun
Sich wichtig machen

Imposible/*Unmöglich*

Hacer lo imposible
Alles Menschenmögliche tun
Alle Hebel in Bewegung setzen

Hacer la vida imposible a alguien
Jemandem das Leben sauer machen

Impulso/*Impuls*

Ceder al impulso de su corazón
Der Regung seines Herzens folgen

Dar impulso a algo
Etwas beleben (in Schwung bringen)

Tomar impulso
Anlauf nehmen

Inadvertido/*Unbemerkt*

Coger inadvertido a alguien
Jemanden überraschen

Pasar inadvertido
Nicht bemerkt werden

In albis

Dejar en albis a alguien
Jemandem nichts sagen
Jemanden leer ausgehen lassen

Estar in albis
Nichts begreifen (erfahren)
In die Röhre gucken
Leer ausgehen

Indio

Hacer el indio
Sich dumm benehmen
Herumalbern

Indirecta/*Anspielung*

Echar (decir) indirectas
Anspielungen machen

Hablar con indirectas
Durch die Blume sprechen

La indirecta del Padre Cobos
Ein Wink mit dem Zaunpfahl

Individuo

Cuidar bien de su individuo
Gut für sich selbst sorgen

¡Vaya individuo!
Bei dem ist Vorsicht am Platz!

Índole

De esta (tal) índole
Derartig

Ínfula

Tener muchas ínfulas
Sich sehr viel einbilden

Tener ínfulas de artista
Sich einbilden, ein guter Künstler zu sein

Inri

Para más inri...
Und obendrein...

Ponerle a alguien el inri
Jemanden verhöhnen

Inteligencia

Llegar a una inteligencia
Zu einer Verständigung gelangen

Llegar a la inteligencia de...
Den Sinn einer Sache erfassen

Tener inteligencias con alguien
Mit jemandem in Verbindung stehen

Ir

Estar ido
Geistesabwesend sein
Nicht alle Tassen im Schrank (od. nicht alle bei sich) haben

Ir a una
Sich einig sein

Ir a lo mío, tuyo, nuestro, etc.
Sich um seine eigenen Sachen kümmern
(Nur) auf seinen eigenen Vorteil bedacht sein

Ir a más
Gedeihen-Guten Erfolg haben
Blühen (Geschäft)

Ir a menos
Zurückgehen
Weniger werden

Ir con uno
Jemandes Meinung sein
Es mit jemandem halten

Ir con tiento
Auf der Hut sein

Ir uno descaminado
Auf der falschen Fährte sein
Auf dem Irrweg sein
Sich irren

Ir de veinticinco alfileres
Aufgedonnert (od. aufgetakelt) sein

Ir de acá para allá
Herumlaufen
Hin und her gehen

Ir de compras
Einkaufen gehen
Einkäufe machen

Ir de viaje
Verreisen

Ir de paseo
Spazierengehen

Ir de copeo
Bierreisen machen
Die Kneipen abklappern

Ir de jarana, juerga, parranda
Irse por ahí
Einen draufmachen
Auf den Bummel (od. bummeln) gehen
Einen Bummel machen

Ir (para) largo (o rato)
Lange dauern
(Noch) eine Weile dauern

Ir a su avío
In die eigene Tasche arbeiten

Irle una cosa a una persona
Jemandem gut stehen, passen, bekommen

Írsele (por alto) a uno algo
Etwas übersehen bzw. nicht verstehen

Irse muriendo
Zu langsam gehen

Ir (a) por algo, alguien
Etwas, jemanden (ab)holen (gehen)

Ir tirando
Sich (so) durchschlagen

Ir tras alguien
Jemandem nachlaufen, - gehen
Jemanden nicht aus den Augen verlieren

Ir y venir (idas y venidas)-El ir y venir
Hin- und hergehen
Das Kommen und Gehen

Ir y venir en un asunto
Etwas im Kopf haben
Sich etwas nicht aus dem Kopf schlagen (können)

Ir zumbando
Dahinsausen; abdampfen, -brausen

Ni va ni viene
Er weiß auch nicht, was er will

Ni me va ni me viene
Das ist mir vollkommen egal
Das hat (überhaupt) nichts mit mir zu tun

Así no vamos a ninguna parte
So kommen wir überhaupt nicht weiter

¿Qué le vamos a hacer?
Das kann man eben nicht ändern
Das ist nun mal so

Va a su avío
Er arbeitet in seine eigene Tasche
Er ist nur auf sich selbst bedacht

¡Qué va!
Ach wo! - Ach geh! - Nicht doch

¿Quién va?
Wer da?

Saber de qué va la cosa
Wissen, worum es geht (es sich dreht, od. sich handelt)

Sin ir más lejos
Kurz und gut
Um es kurz zu machen

¡Vamos!
Komm(t) schon!
Mach(t) schon

Vamos a ver
(Laß mich) mal sehen

Vamos claros
Klar und deutlich (bitte)

¡Vamos despacio!
Immer mit der Ruhe

¡Vaya!
Na so (et) was!
Ach geh!
Sag bloß!

¡Vaya lata!
Wie ärgerlich!
So ein Mist!
So was Blödes (od. Dummes)!

¡Vaya frío!
So eine (was für eine) Hundekälte!

¡Vaya calorcito!
Ganz schön heiß!
Eine Mordshitze

¡Vaya por Dios!
Na so (et) was!
Das tut mir aber leid!

¡Vaya (un) sinvergüenza!
So ein unverschämter Kerl!

¡Vete a paseo (o a freír espárragos)!
Verdufte!
Scher dich zum Kuckuck (od. zum Teufel)!
Hau ab!
Verzieh dich!

Vete tú a saber
Wie soll ich das denn wissen
Weiß Gott (wie, wann, wer, wo, usw.)

J

Jabón

Dar un jabón a alguien
Darle a alguien una jabonadura
Jemanden scharf zurechtweisen

Dar jabón a alguien
Jemandem um den Bart gehen

Jaleo/*Krach, Radau*

Armar jaleo
Krach machen

Armarse alguien un jaleo
Sich gewaltig irren
Durcheinander kommen (od. -geraten)

Hay mucho jaleo
Es geht hoch her

Jalonado

Su vida está jalonada de éxitos
Sein Weg ist von Erfolg gesäumt

Jamás/*Nie(mals)*

En jamás de los jamases
Unter gar keinen Umständen

Nunca jamás
Nie und nimmermehr

Por siempre jamás
Auf immer und ewig

Jamón

¡Y un jamón! (y... ¡un jamón con chorreras!)
Denkste!
Das kommt nicht in Frage

Jaque/*Schach*

Tener (traer) en jaque a alguien
Jemanden in Schach halten

Jarabe

Dar jarabe a alguien
Jemandem Honig ums Maul schmieren

Jarra

Ponerse en jarras
Die Arme in die Seiten stemmen

A jarros
Im Überfluß

Echarle a alguien un jarro de agua fría
Jemandem einen Dämpfer geben
Jemandem eine kalte Dusche geben

Jesús

En un Jesús (en un santiamén)
Im Nu

Hasta verte, Jesús mío
Bis zum letzten Tropfen

Jeta/*Visage*

Poner jeta (v)
Ein schiefes Maul ziehen

Ser un jeta
Eine Stirn haben
Ein unverschämter Kerl sein
Unverfroren sein

Tener (mucha) jeta
Unverschämt sein

Job

Ser un Job (un santo Job)
Tener más paciencia que Job
Alles mit Hiobsgeduld tragen

Jorobar

Jorobar a alguien
Jemanden sehr ärgern (belästigen)

Jorobarse
Sich sehr ärgern
In den Mond gucken

¡La jorobaste!
Jetzt hast du's geschafft! (iron.)

Jota

No saber ni jota
Keine blasse Ahnung haben

Sin faltar ni una jota
Bis aufs i-Tüpfelchen
Es fehlt nicht das Geringste an etwas

Juego/*Spiel*

Conocerle el juego a alguien
Jemanden durchschauen

Entrar en juego
Mit im Spiel sein

Estar en juego
Auf dem Spiel stehen

No dejar entrar en juego a alguien
Jemanden nicht zum Zuge kommen lassen

No es cosa de juego
Das ist nicht zum Lachen

Seguirle a alguien el juego
Jemandes Spiel spielen

Ser un juego de niños
Ein Kinderspiel sein

Juerga/*Spaß*

Correrse una juerga
Einen draufmachen
Auf den Putz hauen

Tomar a juerga
Nicht ernst nehmen

Jueves

No es cosa del otro jueves
Das ist nichts Besonderes

Jugada/*Streich*

Hacerle una mala jugada (jugarreta) a alguien
Jemandem übel mitspielen
Jemandem einen Streich spielen

Jugar

Jugársela a alguien
Jemanden hereinlegen (schikanieren)

Jugárselo todo a una carta
Alles auf eine Karte setzen

Jugarse el pellejo
Seine Haut zu Markte tragen

Jugo

Sacarle el jugo a algo
Etwas ausnützen
Das Wesentliche entnehmen

Juguete

Ser juguete de los caprichos de alguien
Wachs in jemandes Händen sein

Juicio

Estar en su sano juicio
Bei gesunden Sinnen sein

Estar fuera de juicio
Verblendet sein

Perder el juicio
Den Verstand verlieren

Trastornar (quitar) el juicio a alguien
Jemandem den Kopf verdrehen

Julepe

Le dio mucho julepe
Er hat ihn geschunden (od. ihn schuften lassen)

¡Menudo julepe!
So eine Plackerei!

Tener mucho julepe
Gerissen sein

Jupa

Darse una jupa
Sich totarbeiten

Jurar/*Fluchen, schwören*

Jurar como un carretero
Fluchen wie ein Fuhrmann

Jurárselas a alguien
Jemandem Rache schwören

Me la tiene jurada
Er hat es auf mich abgesehen

Justos

Condenar por igual a justos y pecadores
Das Kind mit dem Bade ausschütten

Pagar justos por pecadores
Unschuldige für Schuldige leiden
Es ausbaden müssen
Die Zeche zahlen müssen

L

Labia/*Zugenfertigkeit*

Tener mucha labia
Ein gutes Mundwerk haben

Labio/*Lippe*

De labios para afuera
Leichtsinnig und oberflächlich reden

De labios de alguien
Aus jemandes Munde

Morderse los labios
Sich auf die Lippen beißen

Labrar

Labrar la felicidad de alguien
Jemanden glücklich machen

Labrarse un porvenir
Sich eine Stellung im Leben schaffen

Labrarse su propia ruina
Sein eigenes Grab schaufeln

Lacha

Tener poca lacha
Unverschämt sein

Lado/*Seite*

Dar de lado a alguien
Jemandem den Rücken kehren

Echar por otro lado
Einen anderen Weg einschlagen

Hacer lado
Platz machen

Hacerse a un lado
Zur Seite treten, rücken

Mirar de medio lado
Scheel ansehen

Ponerse del lado de alguien
Für jemanden eintreten

Lágrima/*Träne*

Arrancar lágrimas a alguien
Jemandem die Tränen in die Augen pressen
Jemanden zu Tränen rühren

Estar hecho un mar de lágrimas
In Tränen zerfließen

Lágrimas de cocodrilo
Krokodilstränen

Llorar a lágrima viva
Heiße Tränen vergießen

Saltársele a alguien las lágrimas
In Tränen ausbrechen

Una lágrima de...
Ein Schlückchen...

Lamer

Dejar a alguien qué lamer
Jemanden schlimm zurichten

Lamer el culo
Ein Speichel- (od. ein Arschlecker) sein
Jemandem in den Arsch kriechen (V)

Lámpara

Atizar la lámpara
Noch einen auf den Docht gießen

Lana

Cardar a alguien la lana
Jemandem gehörig den Kopf waschen

Lanza/*Lanze*

Romper una lanza por alguien
Für jemanden eine Lanze brechen

Lapa

Pegarse como una lapa
Wie eine Klette an jemandem hängen

Lapso

Tener un lapso
Sich versprechen

Larga

Dar largas a algo
Eine Sache auf die lange Bank schieben

Largarse
Sich auf und davon machen

Largarse con viento fresco
Mit vollen Segeln Reißaus nehmen

¡Lárgate!
Hau ab!

Largar a alguien
Jemandem den Laufpaß geben

Largo/*Lang, weit*

A la larga
Auf die Dauer

A la corta y a la larga
Über kurz oder lang

A lo largo y a lo lejos
Weit und breit

Esto va para largo
Das wird ewig dauern

Pasar de largo
Vorbeigehen
Unbeachtet lassen

Ponerse de largo
(Junge Mädchen) in die Gesellschaft eingeführt werden

Ser muy largo
Sehr großzügig sein

Ser más largo que un día sin pan
Ein langer Lulatsch sein

Ser largo como pelo de huevo
Sehr knauserig sein

Ser largo en trabajar
Arbeitssam sein

Ser largo de uñas
Ein Langfinger sein

Ser largo de manos
Einem rutscht die Hand leicht aus

Lástima/*Mitleid*

Dar lástima
Leid tun

Estar hecho una lástima
Zum Gotterbarmen aussehen

Lata

Dar la lata (latazo) a alguien
Jemandem auf den Wecker fallen

Ser una lata
Langweilig (od. öde) sein

Latigazo

Atarse un latigazo
Sich einen hinter die Binde gießen

Latín

Saber mucho latín
Gerissen sein

Laurel/*Lorbeer*

Dormirse sobre los laureles
Sich auf seinen Lorbeeren ausruhen

Lavar

Lavar la cara a alguien
Jemandem um den Bart gehen
Jemandem Weihrauch streuen

Lavarse las manos
Seine Hände in Unschuld waschen

Ser un lavacaras
Ein Schmeichler sein

Lázaro
Estar hecho un lázaro
Mit Wunden bedeckt sein

Lección/*Lektion*

Dar una lección a alguien
Jemandem die Leviten lesen

¡Que te sirva de lección!
Laß dir das eine Lehre sein!

Leche

Estar aún con la leche en los labios
Noch nicht trocken hinter den Ohren sein

No se puede pedir leche a las cabrillas
Man kann nichts Unmögliches verlangen

Tener mala leche (v. «Estar») (V)
Ein Schweinehund sein

Pegarle a alguien una leche (V)
Jemandem eine schmieren

Ser la leche (V)
Das Allerletzte sein

Lechera/*Milchmädchen*

Las cuentas de la lechera
Milchmädchenrechnung

Lechuga

Esa lechuga no es de su huerta
Das ist nicht auf seinem Mist gewachsen

Estar como una lechuga
Frisch und munter sein

Ser más fresco que una lechuga
Frech wie Oskar sein

Leer/*Lesen*

Leer entre líneas
Zwischen den Zeilen lesen

Leer la cartilla a alguien
Jemandem die Leviten lesen

Lejos/*Weit*

Tener buen lejos
Von weitem gut aussehen

Lengua/*Zunge*

Andar en lenguas
Ins Gerede kommen

Atar la lengua a uno
Jemandem den Mund verbieten

Buscar la lengua a uno
Jemanden aufreizen
Stänkern, sticheln

Con la lengua (a)fuera
Mit hängender Zunge

Dar (a) la lengua
Schwatzen
Unaufhörlich reden

Desatar (o destrabar) la lengua
Die Zunge lösen

De lengua en lengua
Von Mund zu Mund

Echar la lengua (de un palmo) por
Nach etwas lechzen

Escapársele (o írsele) a uno la lengua
Sich verplappern

Hacerse lenguas de alguien o algo
Jemanden od. etwas sehr loben

Largo de lengua
Unverschämt, frech

Lo tengo en la punta de la lengua
Es liegt mir auf der Zunge

Malas lenguas
Gerede der Leute

Media lengua
(Kindliches) Gestammel od. Stottern

(Me he ido de la lengua-Se me fue de la lengua)
Das ist mir herausgerutscht
Da habe ich mir die Zunge verbrannt

Morderse la lengua
Sich auf die Zunge beißen

No morderse la lengua
Sich kein Blatt vor den Mund nehmen

Parece que ha comido lengua
Er hat Quasselwasser getrunken

Tener la lengua gorda
Eine schwere Zunge haben

Tener mala lengua (o lengua de hacha, de escorpión, viperina)
Eine böse Zunge (od. ein Lästermaul) sein (od. haben)

Tirar de la lengua a uno
Bei jemandem auf den Busch klopfen
Jemandem die Würmer aus der Nase ziehen

Trabarse la lengua
Sich verheddern
Sich die Zunge abbrechen

Leña

Cargar de leña a alguien
Jemandem den Buckel vollhauen

Dar leña a alguien (v. «dar»)
Jemandem einheizen

Dormir como un leño
Wie ein Klotz schlafen

Echar leña al fuego
Öl ins Feuer gießen

Recibir leña
Prügel kriegen

Llevar leña al monte
Eulen nach Athen tragen

Lepe

Saber más que lepe
Gewitzt sein
Ein wandelndes Lexikon sein

Letra/*Buchstabe*

La letra con sangre entra
Etwa: Das Wissen muß eingebleut werden

Las primeras letras
Grundkenntnisse

Letra por letra
Wort für Wort

Poner cuatro letras
Ein paar Zeilen schreiben

Saberse la letra al dedillo
Sich gut (od. genau) auskennen

Tener buena letra
Eine schöne Handschrift haben

Tener mucha letra menuda
Es faustdick hinter den Ohren haben

Levita

Cortar levitas a alguien
Jemanden durch den Kakao ziehen

Ley

A la ley
Nach allen Regeln der Kunst

A la ley de caballero
Auf Ehrenwort

Con todas las de la ley
Wie es sich gehört

De buena ley
Ehrlich, ehrbar, treu, gediegen

Liar

Liarse a palos con alguien
Sich mit jemandem prügeln

Liarse la manta a la cabeza
Den Stier bei den Hörnern packen
Keck, hemmungslos, dreist handeln

Librar

¡De buena nos hemos librado!
Da sind wir noch mit einem blauen Auge davongekommen

No te libra ni la paz ni la caridad
Da sitzt du schön in der Patsche
Da kann dir niemand helfen
Da gibt's keine Ausreden

Libro/*Buch*

Ahorcar los libros
Das Studium an den Nagel hängen

Hablar como un libro
Sehr gut sprechen
Wie ein Buch reden

Hacer libro nuevo
Ein neues Leben beginnen

Un libro se la cae a uno de las manos
Ein Buch ist entsetzlich langweilig

Liendre

Cascarle a alguien las liendres
Jemandem eine gewaltige Abreibung verpassen

Ligero/*Leicht*

A la ligera
Oberflächlich, leichtsinnig

Ligero de cascos
Leichtsinnig od. -fertig sein
Nur Flausen im Kopf haben

Ligero de pies
Leichtfüßig

Ligero de ropa
Leicht geschürzt

Lima

Comer como una lima
Unermüdlich (od. wie ein Scheunendrescher) essen (od. fressen)

Ser una lima
Aufreiben
Eine Nervensäge sein

Limbo

Estar en el limbo
Geistesabwesend sein

Limpio

Limpio como la patena
Blitzsauber
Wie ein Schmuckkästchen

Quedarse en limpio
Blank sein

Sacar en limpio
Klären

Lío/*Durcheinander*

Armar lío
Ein Durcheinander machen

Hacerse un lío
Durcheinander kommen

Meterse en un lío
Sich in eine schwierige Sache einlassen

Tener un lío con alguien
Ein Techtelmechtel mit jemandem haben

Liso

Es liso y llano
Es liegt klar auf der Hand

Quedarse liso
(Total) blank sein
Pleite sein

Lisonjear

Lisonjear al oído
Dem Ohr schmeicheln

Listo

Estar listo
Fertig sein

Pasarse de listo (un listorro)
Zu schlau sein wollen

Lobo/*Wolf*

Desollar (dormir) el lobo
Seinen Rausch ausschlafen

Hace una noche de lobos
Es ist stockdunkel od. -finster
Es ist eine düstere Nacht

Lobos de la misma camada
Leute vom gleichen Schlag

Meterse en boca del lobo
Sich in die Höhle des Löwen begeben

Un lobo con piel de cordero
Ein Wolf im Schafspelz

Loco/*Verrückt*

Andar loco por alguien
In jemanden vernarrt sein

A lo loco
Hals über Kopf
Überstürzt

Cada loco con su tema
Jedem Tierchen sein Pläsierchen

Casa (cosa) de locos
Tollhaus

Estar loco con, de, por
Begeistert sein von, über, für

Estar loco de alegría
Vor Freude außer sich sein

Estar (ser) medio loco
Einen kleinen Sparren haben

Es para volverse loco
Es ist zum Verrücktwerden

Loco de remate (de atar)
Total verrückt

Volver loco a alguien
Jemanden verrückt machen

Lomo

Sobar el lomo a alguien
Jemandem un den Bart gehen

Longuis

Hacerse el longuis
Sich drücken - Sich dumm stellen

Loseta

Cogerle a alguien en la loseta
Jemanden hereinlegen
Jemandem eine Falle stellen

Lucir

¡Te has lucido!
Da hast du dich schön blamiert!

Te va a lucir el pelo
Das kann ins Auge gehen

Un trabajo poco lucido
Eine Arbeit die sich kaum lohnt (bzw. kaum gelohnt hat)
Eine arme (od. mittelmäßige) Arbeit

Lugar/*Platz, Stelle*

Dar lugar a
Anlaß geben zu

Dejar a alguien en mal lugar
Ein schlechtes Licht auf jemanden werfen

En tu lugar...
An deiner Stelle

Estar en su lugar
Angebracht sein

Estar fuera de lugar
Fehl am Platz sein
Unangebracht sein

No hay lugar
Das ist vollkommen unangebracht
Das hat damit (gar) nichts zu tun

Poner a alguien en su lugar
Jemanden in seine Schranken weisen

Poner las cosas en su lugar
Etwas richtig stellen

Sin lugar a dudas
Ohne jeden Zweifel
Ganz zweifellos

Lujo/*Luxus*

Es un lujo asiático
Ein Luxus sein
Etwas ist sündhaft teuer
In Luxus schwelgen

Permitirse el lujo de
Sich es leisten zu

(No puede permitirse el lujo de cometer otro error)
(Er kann es sich nicht leisten, noch einen Fehler zu machen)

Lumbre/*Feuer*

A lumbre mansa
Nach und nach
Bei kleiner Flamme (kochen)

A lumbre de pajas
Kurz und flüchtig
Wie ein Strohfeuer

Al amor de la lumbre
Am Kamin, am Herdfeuer
Im trauten Heim
Bei traulichem Zusammensein

Apagar (encender) la lumbre
(Das) Feuer aus- (an-) machen

Dar lumbre
Feuer geben

Echar lumbre(s)
Funken sprühen

Es la lumbre de sus ojos
Sie ist das Licht seiner Augen

Esto le va a tocar en la lumbre de sus ojos
Das wird sie sehr schmerzlich treffen (od. es wird ihr sehr wehtun)

Ni por lumbre
Keineswegs
Auf keinen Fall

Pedir lumbre
Um Feuer bitten

Luna/*Mond*

Dejar (quedarse) a la luna de Valencia
Leer ausgehen lassen (leer ausgehen)
(In den Mond gucken)

Estar de buena (mala) luna
Gut (schlecht) gelaunt sein

Estar en la luna
In den Wolken schweben
Nicht bei der Sache sein

Ladrar a la luna
Den Mond anbellen

Mirar la luna
Gaffen

Tener lunas
Mondsüchtig sein

Tener sus lunas
Schnapsideen haben

Lunes/*Montag*

Hacer lunes
Blauen Montag machen

Luto/*Trauer*

Aliviar el luto
Halbtrauer anlegen

Estar de luto por
Um jemanden trauern

Luz/*Licht*

A la luz de la razón
Im Lichte des Verstandes

A plena luz del día
Am hellichten Tag

A todas luces
Allem Anschein nach

Dar a luz (a) un niño
Einen Jungen gebären

Dar la luz
Das Licht anmachen

Entre dos luces
Im Halbdunkel
Benebelt (od. besäuselt)

Hacer luz en
Licht in eine Sache bringen

Hombre de pocas luces
Geistig beschränkter Mensch

¡Por la luz que me alumbra!
Bei meinem Leben!

Sacar a luz
An den Tag bringen

Ver la luz
Ans Tageslicht treten

Ver la luz del día
Das Licht der Welt erblicken

LL

Llaga/*Offene Wunde*

Renovar la llaga
Alte Wunden wieder aufreißen

Llamar/*Nennen*

¡Esto se llama hablar!
Das nenne ich Reden!
Das ist ein Wort!

Lo que se llama pega
Das nennt man Pech

Llano
A la llana
Schlicht und einfach

Llave

Debajo de siete llaves
Unter sieben Siegeln

Echar la llave
Die letzte Hand anlegen

Llegar

Llegarle a alguien la hora
Jemandes Stunde schlägt

Llegar lejos
Es weit bringen

Llegar al alma
Zu Herzen gehen

Llegar a viejo
Alt werden

Llegar a lo más vivo
Den wundesten Punkt berühren

Llevar/*Tragen*

Dejarse llevar
Sich mitreißen lassen
Sich gehen lassen

Es un peso llevadero
Es ist eine erträgliche Last
Man kann es aushalten

Llevar bien los años
Gut für sein Alter aussehen

Llevar con paciencia
Geduldig tragen

Llevar la casa
Den Haushalt führen

Llevar por las narices
An der Nase herumführen

Llevar las de perder
Den kürzeren ziehen

Llevar a cabo
Abschließen
Durchführen

Llevar a la práctica
In die Tat umsetzen

Llevarla hecha
Etwas heimlich geplant (ausgeführt) haben

Llevarse bien con alguien
Sich mit jemandem gut verstehen

Llevarse todo por delante
Alles mitreißen

Llevarse una desilusión
Eine Enttäuschung erleben

Lo que el viento se llevó
Vom Winde verweht

Llorar/*Weinen*

El que no llora, no mama
Man muß sich schon rühren, wenn man etwas bekommen will

Llorar a moco tendido
Rotz und Wasser heulen

Llorar como un descosido
Wie ein Schloßhund heulen

Llorar con un ojo
Krokodilstränen vergießen

Llover/*Regnen*

A secas y sin llover
Ohne (die mindeste) Vorbereitungg

Como llovido (del cielo)
Unerwartet - Wie aus blauem Himmel

Escuchar como quien oye llover
Gar nicht hinhören

Llover a cuestas
Gegen den Wind gespuckt haben

Llover sobre mojado
Schlag auf Schlag kommen (Übel, Unglück)

Llueve a cántaros (a cubos, a chorros, a mares, a torrentes)
Es regnet in Strömen - Es gießt (wie mit Kübeln)

Nunca llueve a gusto de todos
Man kann es nicht allen recht machen

M

Machamartillo

Clavado a machamartillo
Fest angenagelt

Repetir a machamartillo
Unablässig wiederholen

Madeja

La madeja se enreda
Die Angelegenheit wird immer verwickelter

Madeja sin cuenda
Verworrene Angelegenheit
Wirrkopf

Madera/*Holz*

Ser de buena (mala) madera
Einen guten (schlechten) Charakter (Veranlagung) haben

Ser de la misma madera
Aus dem gleichen Holz geschnitzt sein

Tener madera de
Das Zeug haben zu

Tocar madera
Auf Holz klopfen

Madre/*Mutter*

¡Ahí está la madre del cordero!
Da liegt der Hase im Pfeffer!

Como su madre le echó al mundo
Im Adamskostüm

Ciento y la madre
Ein Haufen Leute

De puta madre (V)
Toll, super, Klasse, pfundig, dufte, usw.

¡La madre que le parió! (V)
So ein Schweinehund!
So ein Scheißkerll (V)

¡La madre que te parió! (V)
Du Depp, (Idiot, Schafskopf, Rindvieh, od. ähnl. Schimpfwörter, zu jemandem)
So ein Mist!
So ein Scheißdreck, (V) (od. ähnl., über etwas)

Madre no hay más que una
Mutter gibt es nur eine, die meine

¡Madre mía!
Oh Gottogott!
Meine Güte!
Ach Du lieber Gott!

Salirse de madre
Über die Stränge schlagen

Sacar de madre a alguien
Jemanden die Wand hoch treiben

Madrugar/*Früh aufstehen*

A quien madruga, Dios le ayuda
Jemandem zuvorkommen
Morgenstund hat Gold im Mund

No por mucho madrugar amanece más temprano
Eile mit Weile

Magdalena

Estar hecha una Magdalena
Jämmerlich weinen

Llorar como una magdalena
Jämmerlich weinen

Majá

Hacerse el majá muerto
Sich taub stellen

Mal/*Schlecht*

A mal dar
Wenigstens

Bien vengas mal, si vienes solo
Ein Unglück kommt selten allein

De mal en peor
Immer schlimmer

Dejar mal
Schlechtmachen

El mal menor
Das kleinere Übel

Estar a mal con alguien
Mit jemandem verfeindet sein

Estar mal de dinero
Schlecht bei Kasse sein

Mal de muchos, consuelo de tontos
Tröste dich, den andern geht's genauso schlecht

No hay mal que por bien no venga
Auch Unglück kann sein Gutes haben

Quedar mal
Schlecht ausfallen
Sich blamieren

Quedar mal con alguien
Es mit jemandem verderben

Tomar uno a mal una cosa
Etwas übelnehmen

Mala

De mala manera (de malas artes)
Schlimm; übel; schlecht
Hinterlistig; tückisch

Estar (andar) a malas con alguien
Mit jemandem auf gespanntem Fuß stehen

Estar de malas
Pech haben

Echar a mala parte
Übel auslegen

Por la(s) mala(s)
Mit Gewalt

Venir de malas
Böse Absichten haben

Málaga

Salir de Málaga y meterse en Malagón
Vom Regen in die Traufe kommen

Maldita

¡Maldita la gracia!
Eine schöne Bescherung!

¡Maldita la falta que hace!
Das hat mir gerade noch gefehlt!

Soltar la maldita
Ein loses Mundwerk haben

Maleta/*Koffer*

Hacer la maleta
Sein Bündel schnüren
Seine Koffer packen

Soltar la maleta
Abkratzen

Malicia

Decir algo con (sin) malicia
Etwas mit (ohne) Hintergedanken sagen

Tener mucha malicia
Es faustdick hinter den Ohren haben

Malva

Criar malvas
Tot sein

Estar uno como una malva
Herzensgut sein
Eine friedliche Person sein

Estar hecho una malva
Sich beruhigt haben (nach einem Streit, bzw. einer Aufregung)

Haber nacido entre las malvas
Eine niedrige Herkunft haben

Ser (como) una malva
Herzensgut sein

Mamar/*Saugen* *(an der Mutterbrust)*

Mamar y gruñir
Mit nichts zufrieden sein

Mamarla
Sich einseifen lassen

Mamarse
Sich vollaufen lassen

Mamarse a alguien
Jemanden unterkriegen

Mamarse (chuparse) el dedo
Leicht betrogen werden

Mamarse (ganarse) un puesto
Einen Posten einheimsen

Manaza

Ser una manazas
Zwei linke Hände haben

Ser un manitas
Sehr geschickte Hände haben
Ein Händchen haben für etwas

Mancha

Cundir como mancha de aceite
Sich wie ein Lauffeuer verbreiten

Una mancha en la familia
Ein Schandfleck (in) der Familie sein

Mandamiento

Los cinco mandamientos
Die Finger

Mandar

Mandar a paseo a alguien
Jemandem die Abfuhr erteilen

¿Mande?
Wie bitte?

Manera (v. «Forma»)

A manera de telonio
Wild durcheinander

A mi manera
Auf meine Weise - So, wie ich will

De ninguna manera
Auf keinen Fall
Keineswegs

De otra manera
Andernfalls

De todas maneras
Jedenfalls
Auf jeden Fall

De una manera o de otra
So oder so

En gran manera
In hohem Maß

No hay manera de
Es ist unmöglich, zu

Sobre manera (o sobremanera)
Über die Maßen

Manga/*Ärmel*

Andar mangas por hombro
Drunter und drüber

Echar a alguien de manga
Jemanden als Strohmann benutzen

Estar de manga
Ein Herz und eine Seele sein

Hacer mangas y capirotes
Die Dinge übers Knie brechen

Pegar manga
Sich einmischen

Tener (ser de) manga ancha
Allzu weitsichtig (nachsichtig) sein

Traer algo en la manga
Etwas aus dem Ärmel schütteln

Manía/*Manie*

Dar en la manía de
Auf den verrückten Gedanken kommen zu

Tener manía por
In etwas (jemanden) vernarrt sein

Tener manía a (tomarle manía) alguien
Jemanden nicht leiden können

Tener manía persecutoria
An Verfolgungswahn leiden

Manita/*Händchen*

Manitas de plata (de oro)
Sehr geschickte Hände

Hacer manitas
Händchen halten

Mano/*Hand*

A mano airada
Gewaltsam

A mano armada
Mit Waffengewalt

A manos llenas
Mit vollen Händen

Andar en manos de todos
Gewöhnlich
Allgemein bekannt sein

Apretar la mano
Jemanden unter Druck setzen

Atar las manos de alguien
Jemandem die Hände binden

Bajar la mano
Im Preis nachgeben

Caerse de las manos (ein Buch)
Langweilig
Unmöglich

Con larga mano
Freigiebig

Con las manos en la masa
Auf frischer Tat (ertappen)

Con una mano atrás y otra adelante
Kein Hemd auf dem Leibe haben

Dar la mano
Jemandem helfen

Darse las manos
Sich versöhnen

Dar de mano
Arbeit liegenlassen (od. aufgeben)
Jemanden fallenlassen (od. aufgeben)

Dar la última mano
Die letzte Hand anlegen

De manos a boca
Plötzlich
Unvermutet

De segunda mano
Gebraucht

Dejar de la mano
Verlassen
Aufgeben

Echar mano a
Nach etwas greifen

Echar una mano (a alguien)
Helfen
Zupacken

Estar en la mano
Auf der Hand liegen

Lavarse las manos
Seine Hände in Unschuld waschen

Mano sobre mano
Mit den Händen im Schoß

Manos a la obra
Hand ans Werk

Manos frías, celos para un día; manos calientes, celos para siempre
Kalte Hände, heiße Liebe

Meter (Poner) mano a (en)
In Angriff nehmen

Meter la mano en
Ein gutes Geschäft machen

Mudar de manos
Den Besitzer wechseln

Poner manos a la obra
Die Hand ans Werk legen

Retorcerse las manos
Die Hände ringen

Salir con una mano atrás y otra delante
Nichts erreichen

Sentar la mano a alguien
Jemanden schlagen (od. scharf maßregeln)

Se le fue la mano
Die Hand rutschte ihm aus

Ser largo de manos
Schnell bei der Hand sein mit Ohrfeigen

Ser mano de santo (una cosa)
Ein Wundermittel, ein wunderbares Heilmittel sein
Wunder wirken

Tener mano de santo (una persona)
Ein Wundertier sein
Wunder wirken können
Ein Wunder an... sein

Tener mucha mano izquierda
Sehr geschickt sein im Umgang mit Menschen

Tener las manos largas
Ein lockeres Handgelenk haben

Tener las manos sucias
Dreck am Stecken haben

Tener a alguien en su mano
Auf jemanden fest rechnen können

Tener muchas manos
Sehr geschickt und tapfer sein

Tener mano con alguien
Einfluß auf jemanden haben

Tener mano en
Mit dabei sein
Seine Hand im Spiel haben

Traer entre manos
(Eine Angelegenheit) im Gange haben

Venir a uno a la(s) mano(s)
Jemandem (unverdient) in den Schoß fallen

Venir algunos a las manos
Sich streiten

Venir(se) uno con sus manos
(Den Gewinn einer Sache ernten zu wollen, ohne dazu beigetragen zu haben)
Die Hände aufhalten

Vivir de sus manos
Von seiner Hände Arbeit leben

Una mano lava la otra
Eine Hand wäscht die andere

Untar las manos a alguien
Jemanden bestechen (od. schmieren)

Manta

A manta
In Hülle und Fülle

Dar una manta de palos
Jemandem eine Tracht Prügel versetzen

Liarse la manta a la cabeza
Furchtlos, (keck, hemmungslos) handeln

Ser un manta
Eine Null sein

Tirar de la manta
Etwas Anstößiges aufdecken

Mantilla

Estar en mantillas (en pañales)
Noch in den Kinderschuhen stecken

Haber salido de mantillas
Emanzipiert sein

Manzana

Sano como una manzana
Kerngesund

Maña/*Geschicklichkeit*

Se da mucha maña
Es geht ihm leicht von der Hand
Er ist geschickt (od. stellt sich geschickt an)

Mapa

Borrar del mapa a alguien
Jemanden umlegen

Llevarse el mapa
An der Spitze stehen

No estar en el mapa
Unbekannt (außergewöhnlich) sein

Poner en el mapa (Ort)
Ort bekannt machen

Mar

A mares
In Strömen
Reichlich

Echar agua en el mar
Eulen nach Athen tragen

Estar hecho un mar de lágrimas
In Tränen aufgelöst sein

La mar de
Sehr
Riesig

Pelillos a la mar
Sich wieder versöhnen (mit jemandem)
Schwamm drüber!
Vergessen wir es

Marcha/*Marsch*

A marchas forzadas
Im Eiltempo

A toda marcha
Mit Vollgas

Dar marcha atrás
Den Rückzieher machen

Poner en marcha
In Betrieb (Gang) setzen

Tener mucha marcha
Viel Schwung (Pep) haben

Marear/*Krank machen*

Marear a alguien
Jemandem auf die Nerven gehen
Jemanden (ganz) krank machen

Marear la perdiz
Auf etwas (einem Thema) herrumreiten

Margarita

Echar margaritas a puercos
Perlen vor die Säue werfen

Mármol

Ser de mármol
Eiskalt sein
Gefühllos sein

Más/*Mehr*

A más
Außerdem
Zusätzlich

A lo más
Höchstens

A más y mejor
Gehörig

Anständig
Reichlich

Cuanto más..., tanto
Je mehr..., desto mehr

Cada vez más
Immer mehr

Como el que más
Wie jeder andere auch

De más
Zuviel
Überflüssig

Más bien
Eher
Vielmehr

Más o menos
Mehr oder weniger
Ungefähr

Ni más ni menos
Genauso

Sin más ni más
Mir nichts, dir nichts
Ganz einfach so

Masa

Coger con las manos en la masa
Auf frischer Tat ertappen

Matar/*Töten*

A mata caballo
In aller Hast

Dejarse matar por alguien
Durch Feuer und Flamme gehen für jemanden

Estar a matar con alguien
Jemandem spinnefein sein

Entre todos la matamos y ella sola se murió
Schuld hatten wir alle (daran) od. daran waren wir alle Schuld
Niemand will der Sündenbock sein

Matar a palos (a puñaladas, a tiros)
Totprügeln (erstechen, erschießen)

Matarse por
Sich umbringen für (um zu...)

Matarse trabajando
Sich abschuften

Mátalas callando
Ein Heimtücker
Ein Leisetreter, ein Duckmäuser

¡Que me maten!
Ich wette meinen Kopf!

Ser un matasanos
Ein Kurpfuscher od. ein Quacksalber sein

Matracas

Dar matracas
Sticheln
Ärgern
Belästigen

Mayor

Al por mayor
Im großen
Im Großhandel

Alzarse (subirse) a mayores
Ausfällig (überheblich) werden

Pasar a mayores
Schlimmer werden

Palabras mayores
Taten statt Worte

Mazo/*Klotz*

A Dios rogando, y con el mazo dando
Hilf dir selbst, so hilft dir Gott

¡Vaya mazo! (mazazo)
So ein Klotz!

Mecha

Aguantar la mecha
Einen breiten Rücken haben

A toda mecha
Eiligst
Mit Vollgas

Alargar la mecha
Gehalt erhöhen
Eine Angelegenheit ausdehnen

Medio/*Halb*

A medias (a medio hacer)
Zur Hälfte
Oberflächlich

De medio a medio
Von A bis Z
Voll und ganz

Día por medio
Einen Tag um den anderen

Estar de por medio
Die Mittelsperson sein (in geschäftlicher Angelegenheit)

Ponerse de por medio (en medio)
Die Mittelsperson sein (bei Streit)

Quitar(se) de un medio
Jemanden (Sich) beiseite schaffen

Tomar el medio (los medios)
(Alle) Mittel zur Hand nehmen

Mejor/*Besser*

A lo mejor
Vielleicht
Unter den besten Umständen

A cual mejor
Um die Wette

Cada vez mejor-De mejor en mejor
Immer besser

Estar ya mejor
Sich besser fühlen
Es geht jemandem besser

Lo mejor posible
Am besten

Lo mejor es lo enemigo de lo bueno
Das Bessere ist des guten Feind

Mejor que mejor-Tanto mejor
Umso besser

Ser mejor
Besser sein (als...)

Melindre

Andar con melindres
Sich zieren

Ser un melindres
Pingelig, etepetete sein

Melón/*Melone*

Catar el melón
Auf den Busch klopfen

Mella

Hacer mella a (en)
Auf jemanden Eindruck machen
Etwas schwer beeinflussen

Memoria/*Gehirn*

Caerse una cosa de la memoria
Etwas total vergessen

De memoria
Auswendig

Flaco de memoria
Vergeßlich sein
Ein schlechtes Gedächtnis haben

Hacer memoria
Nachdenken
Sich besinnen

Memoria de elefante
Ein sehr gutes (ein ausgezeichnetes) Gedächtnis haben

Memoria de grillo (de gallo)
Spatzenhirn
Person mit einem schlechten Gedächtnis

Perder la memoria
Das Gedächtnis verlieren

Renovar la memoria
Jemandes Gedächtnis auffrischen

Traer a la memoria
In Erinnerung bringen

Venir a la memoria
Sich plötzlich an etwas erinnern

Menear

Dar un meneo a alguien
Jemandem den Kopf waschen
Jemanden verprügeln

Menear el esqueleto
Das Tanzbein schwingen
Herumhopsen
Eine kesse Sohle aufs Parkett legen

Menear el bigote
Essen (gehen)
Futtern (gehen)

Peor es meneallo
Besser nicht daran rühren

Menos/*Weniger*

A menos que
Es sei denn, daß

Echar de menos (v. «Falta»)
Vermissen

En menos que se dice
Im Nu

Eso es lo de menos
Darauf kommt es nicht an

Hacer de menos
Jemanden verachten
Auf jemanden hinabsehen

Ir a menos
Weniger werden

Menos mal
Zum Glück

Tener en menos
Weniger schätzen

Tener a menos
Geringschätzen

Ya será menos
So schlimm wird es wohl nicht sein

Mente

No caber en la mente a alguien
Etwas nicht fassen können

Tener en la mente («in mente»)
Etwas vorhaben
Im Kopf haben

Mentir/*Lügen*

Decir una mentira piadosa
Eine Notlüge sagen

Decir mentira para sacar verdad (sacar de mentira verdad)
Jemanden aufs Glatteis führen

Es un saco de mentiras
Er ist ein Lügenbeutel

Miente más que habla
Er lügt wie gedruckt

¡Miento!
Irrtum!
Ich muß mich berichtigen

No me dejes mentir
Strafe mich nicht Lügen

Parece mentira, (pero...)
Unglaublich
Es ist kaum zu glauben, aber...

Merecer/*Verdienen*

¡Bien merecido lo tiene!
Es geschieht ihm recht!

Estar en edad de merecer
In heiratsfähigem Alter sein

Merece mucho
Große Verdienste haben

Merece bien de
Jemanden zu Dank verpflichten

No las merece
Keine Ursache (Antwort auf Dank)

No merece la pena
Es lohnt sich nicht

Se llevó su merecido
Es geschah ihm recht

Merienda

Merienda de negros
Wildes Durscheinander

Se merendó la clase
Er hat die Stunde geschwänzt

Se merendó el examen
Er ist nicht zum Examen erschienen

Mérito/*Verdienst*

Hacer méritos
Sich die Sporen verdienen

Mesa/*Tisch*

A mesa puesta
Mühelos
Gerade zur richtigen Zeit

Alzar la mesa
Die Tafel aufheben

Ir a la mesa
Essen gehen
Zu Tisch gehen

Quitar (poner) la mesa
Den Tisch (ab) decken

Tener a uno a mesa y mantel
Jemanden täglich zu Gast haben

¡Venga, vamos a la mesa!
Essen kommen!
Zu Tisch, bitte!

Mesar

Mesar(se) el pelo (los cabellos) de rabia (desesperación)
Sich vor Wut die Haare raufen

Metal

El vil metal
Der schnöde Mammon

Meter/*Stecken*

A todo meter (v. «Gas»)
Mit aller Kraft
Mit vollen Segeln

Meter en la cabeza
Eintrichtern

Meter la pata
Ins Fettnäpfchen treten

Meterse a hacer algo
Sich anschicken etwas zu tun

Meterse a fraile (monja)
Mönch (Nonne) werden

Meterse a finolis
Den feinen Mann spielen

Meterse con alguien
Mit jemandem Streit beginnen

Meterse en todo
Seine Nase überall reinstecken

Meterse en lo que no le toca
Sich in Dinge einmischen, die einen nichts angehen

Meterse en líos
Sich in Ungelegenheiten bringen

Mete dos y saca cinco
Stehlen
Klauen

Metido/*Stecken*

Estar muy metido con alguien
Mit jemandem sehr intim sein

Estar muy metido en algo
Sehr drinstecken in einer Sache

Metido en años
Hoch in Jahren
Bejahrt

Metido en harina
Bis über die Ohren in (der) Arbeit stecken

Metido en carnes
Beleibt

Metido en un buen lío
In einer schönen Patsche (Klemme) sitzen

Metido para sí
In sich gekehrt

Metido para dentro
Verschlossen
Introvertiert

Mico

Dar mico a alguien
Jemanden sitzenlassen

Huele a mico
Hier mieft es

Se quedó hecho un mico
Er stand da wie ein begossener Pudel

Miedo/*Angst*

Ciscarse (morirse) de miedo
Vor Angst sterben

Dar miedo
Furcht erregen

Mucho miedo y poca vergüenza
Erst keine Scham, dann große Angst

Tener miedo a alguien
Sich vor jemandem fürchten

Miel

Dejar a uno con la miel en los labios
Jemandem den Mund wässerig machen
Jemandem die Wurst vor die Nase halten

Hacerse de miel
Zu freundlich sein
Scheinheilig sein

Miel sobre hojuelas
Großartig
Des Guten beinahe zuviel

No hay miel sin hiel
Keine Rose ohne Dornen

Quedarse a media miel
Nur einen Teil von einer Angelegenheit (Unterhaltung, Vorstellung) mitbekommen
Bei einem Vergnügen unterbrochen werden

Miga

Estar hecho migas (polvo)
Hundemüde (Totmüde) sein

Hacer buenas (malas) migas con alguien
Mit jemandem gut (schlecht) auskommen

Hacerse migas
Kaputtgehen

No estar para dar migas al gato
Zu wenig (nichts) taugen

Tener migas
Schwierig (Wichtig, Bedeutend) sein

Mío

Esta es la mía
Das ist die Gelegenheit für mich

Yo, a lo mío!
Da halte ich mich lieber heraus

Mira

Con miras a
In Hinblick auf

Estar a la mira
Aufpassen

Estrecho de miras
Engstirnig

Poner la mira en
Sein Augenmerk richten auf

Tener miras elevadas
Von hoher Warte sehen

Miranda

Estar de miranda
Auf der faulen Haut liegen - Zuschauen, wie andere arbeiten

Mirar

Haz bien y no mires a quien
Tue recht und scheue niemand

Mirar bien (mal) a alguien
Jemanden gern haben (Nicht leiden können)

Mírame y no me toques
Ein Kräutlein Rührmichnichtan

¡Mira lo que haces!
Bedenke, was du tust!

¡Mira cómo hablas!
Achte auf deine Worte!

¡Mira quién habla!
Und das sagt ausgerechnet er!

Mirarse unos a otros
Sich verwundert ansehen

Mirarse en alguien
Jemanden sehr lieben

Miren si es parda
Ausdruck für unwahre (od. langwierige) Geschichte

Mirlo/*Amsel*

Mirlo blanco
Etwas ganz Besonderes
Ein weißer Rabe

Misa

De misa y olla
Einfältig, armselig, unbedarft (Landpfarrer)

Eso es misa y sermón
Das dauert aber ewig (lange)!

Hace tanta falta como perro en misa
Er ist völlig überflüssig

Lo que yo digo va a misa
Das ist die reinste Wahrheit
Darauf kannst du dich verlassen

No saber de la misa la media (la mitad)
Gar nichts wissen
Keine blasse Ahnung haben

¡Que digan misa!
Laß sie (doch) reden!

¡Ya te dirán misas!
Du kannst dich auf etwas gefaßt machen!

Ya veremos en qué paran estas misas
Wir werden ja sehen, wie das noch ausgeht

Miseria/*Erbärmlichkeit*

Cobrar una miseria
Einen Schundlohn erhalten

Comerse uno de miseria
Große Not erleiden

Vender por una miseria
Um ein Butterbrot verkaufen

Moco/*Rotz*

Llorar a moco tendido
Rotz und Wasser heulen

No es moco de pavo
Das ist nicht von Pappe

Quitarle los mocos a alguien
Jemandem die Fresse polieren

Se le cae el moco
Er ist noch ein richtiger Grünschnabel

Ser un mocoso
Eine Rotznase sein

Mochuelo

¡Cada mochuelo a su olivo!
Jeder an seinen Platz!
Alle in die Heia!

Cargar con el mochuelo
Es ausbaden müssen

Echarle a uno el mochuelo
Jemandem eine unangenehme Arbeit (Angelegenheit) auftragen

Moler

Moler a palos
Ordentlich verprügeln

Estar molido
Total fertig (od. kaputt) sein
Wie gerädert sein

Molino/*Mühle*

Comulgar con ruedas de molino
Leichtgläubig sein

Empatársele a uno el molino
Balken in den Weg gelegt bekommen

Está picado el molino
Das Eisen ist heiß

No me hagas comulgar con ruedas de molino
Den Bären kannst du einem anderen aufbinden
Mach das jemand anderem weis

Llevar el agua a su molino
Das Wasser auf seine Mühle leiten

Luchar contra molinos
Gegen Windmühlen kämpfen

Mollera/*Grips*

Cerrado de mollera
Schwer von Begriff sein
Keinen Grips haben

Duro de mollera
Stur sein

Mona/*Äffin*

Aunque la mona se vista de seda mona se queda
Ein Aff bleibt ein Aff, er mag König werden oder Pfaff

Coger una mona
Sich einen Affen (od. Rausch) antrinken

Dormir la mona
Seinen Rausch ausschlafen

Hecho (o corrido como) una mona
Wie ein Affe dastehen

Monada

¡Qué monada!
Wie niedlich!
Ist das (der, die) aber süß!
So ein hübsches Mädchen!

Este bikini es una monada
Dieser Bikini ist einfach himmlisch!
Ist das ein süßer Bikini!

Monda

¡Esto es la monda! (o la monda lironda)
Das ist aber das Letzte (od. Höchste)!

Mondarse de risa
Sich schütteln vor lachen
Sich halb totlachen (od. kaputtlachen)

Mondo

La verdad monda y lironda
Die reine, nackte Wahrheit

Mondo y lirondo
Deutlich, klipp und klar, (Sprache)

Moneda/*Münze*

Eso es moneda corriente
Das ist nichts Neues
Das ist gängige Münze

Pagar con (o en) la misma moneda
Gleiches mit Gleichem vergelten
Mit der gleichen Münze heimzahlen

Mono/*Affe*

Estar de monos
Schmollen
Verzankt sein

Estar con el mono (droga)
An Entzugserscheinungen leiden

Quedarse hecho un mono
Wie ein Affe dastehen

Ser más feo que un mono
Häßlich wie die Nacht sein

Ser el último mono
Am wenigsten zu sagen haben
Die kleinste Rolle spielen

Tener monos en la cara
Auffällig (bzw. lächerlich) aussehen

Monta

(Gente) de poca monta
Unbedeutend (e Leute)

Montar

Tanto monta (monta tanto)
Das ist egal
Das läuft auf dasselbe hinaus
Es ist einerlei

Montón/*Haufen*

Salirse del montón
Etwas Besonderes sein
Sich absondern

Ser del montón
Ein Dutzendmensch sein

Tener a montones
Etwas haufenweise haben

Un montón de dinero
Ein Unmenge von (od. ein Haufen) Geld

Moño/*Haarknoten*

Estar hasta el moño (v. «Gorro»)
Etwas satt haben
Die Nase (od. die Schnauze) voll haben

Ponerse moños
Sich aufspielen

Quitar moños
Jemanden von seinem hohen Roß herunter holen

Tirarse de los moños
Sich in die Haare kriegen

Moradas

Las he pasado moradas
Mir ist heiß und kalt geworden
Ich hatte meine liebe Not
Es ist mir übel ergangen

Morcilla

¡Que te den morcilla!
Verschwinde!
Verdufte!
Das kannst du einem andern weismachen

Morder/*Beißen*

¡Está que muerde!
Er ist fuchsteufelswild!

Morder el polvo
Ins Gras beißen

Morderse las uñas
An den Nägeln kauen

Morderse la lengua
Sich auf die Zunge beißen

No morderse la lengua
Kein Blatt vor den Mund nehmen

Morir/*Sterben*

Estar muerto de risa
Sich totlachen

Morir con las botas puestas
(o al pie del cañon)
In den Sielen sterben

Morir vestido
Keines natürlichen Todes sterben

Morirse por algo o alguien
Ganz versessen (od. scharf) auf etwas od. jemanden sein

Morirse por hacer algo
Etwas für sein Leben gern tun

(Me muero por conocerle)
Ich würde ihn für mein Leben gern kennenlernen

Morirse de risa (de amor)
Sich totlachen

Muerto el perro se acabó la rabia
Ein toter Hund beißt nicht mehr

No morirse por
Nicht gerade erpicht auf etwas, jemanden sein

No tener donde caerse muerto
Arn wie eine Kirchenmaus sein

Moro/*Maure*

Como moros sin señor
Ein Heidenlärm
Wildes Durcheinander

¡Hay moros en la costa!
Vorsicht!
Es liegt was in der Luft!

No hay moros en la costa
Es ist reine Luft

Morro/*Schnauze, Maul*

Andar el morro
Sich herumprügeln

Beber a morro
Direkt aus der Flasche (od. von der Quelle) trinken

Estar de morros
Schmollen
Eine Schnute machen

Hincharle a alguien los morros (V)
Jemandem die Fresse polieren (V)

Jugar al morro con uno
Jemanden betrügen (od. bemogeln)

Por el morro
Nur so
Aus Spaß
Uneingeladen

Tener mucho morro
Unverschämt sein

Torcer el morro
Ein saures Gesicht machen

Mosca/*Fliege*

Aflojar (o soltar) la mosca
Mit dem Zaster herausrücken

Cazar moscas
Sich mit unnützen Dingen beschäftigen

Estar mosca
Eingeschnappt sein
Auf dem Quivive (od. mißtrauisch) sein

Estar papando moscas
Maulaffenfeil halten

Estar con la mosca detrás de la oreja
Auf der Hut (od. mißtrauisch) sein

Matar moscas a cañonazos
Mit Kanonen auf Spatzen schießen

¡Mosca!
Verzieh dich!
Hau ab!
Verdufte!

Mosca (o mosquita) muerta
Duckmäuser, Schleicher
Unschuldsengel (iron.)

No matar (ni) una mosca
Keiner Fliege etwas zu leide tun

Por si las moscas
Im Falle eines Falles

¿Qué mosca te ha picado?
Was ist denn los mit dir?
Warum bist du so gereizt (bzw. beleidigt)?

Sacudirse las moscas
Sich die Fliegen vom Halse wedeln

Se hubiera podido oír volar una mosca
Man hätte eine Stecknadel fallen hören können

Mota/*Fäserchen*

Ni (una) mota
Kein bißchen

Ver la mota en el ojo ajeno y no ver la viga en el propio
Der Balken im eigenen Auge

Mosquetón

Descolgar el mosquetón
Gegen jemanden in den Krieg ziehen

Mosquito

Beber más que un mosquito
Wie ein leeres Faß trinken

Tener menos sesos que un mosquito
Strohdumm sein
Keinen Grips haben

Mu

No decir ni mu
Keinen Muckser tun
Nicht piep sagen

Vamos a la mu
Gehen wir in die Heia

Mucho

Mucho será que no lo haga
Er tut es bestimmt

Ni con mucho
Bei weitem nicht

Ni mucho menos
Durchaus nicht, keineswegs

No es mucho que
Kein Wunder, daß

Tener en mucho
Hochschätzen

Mueble

Sacar muebles
In der Nase bohren

Ser un mueble de la casa
Zum Inventar gehören

Mueca/*Grimasse*

Hacer muecas
Gesichter, Grimassen, Fratzen schneiden

Muerte/*Tod*

A vida o muerte
Auf Leben und Tod

Aborrecer de muerte
Auf den Tod verabscheuen

De mala muerte
Elend - Erbärmlich

Dar muerte a alguien
Jemanden töten

Estar a dos dedos de la muerte
Mit einem Bein im Grab stehen

Hallarse entre la vida y la muerte
Zwischen Leben und Tod schweben

Muerto el perro, se acabó la rabia
Ein toter Hund beißt nicht mehr

Ser una muerte
Sterbenslangweilig
Nicht zum Aushalten sein

Tomarse la muerte por su mano
Hand an sich legen

Muerto/*Tot(er)*

Caerse muerto
Tot umfallen - Mit dem Zaster herausrücken

Callar como un muerto
Schweigen wie ein Grab

Cargarle a alguien el muerto
Jemandem den Schwarzen Peter zuspielen

Contarle a alguien con los muertos
Jemanden ganz und gar abschreiben

Desenterrar los muertos
Schlecht von den Toten sprechen

Estar muerto de risa
Sich totlachen

Hacerse el muerto
Den toten Mann spielen

Más muerto que vivo
Halbtot (vor Schreck, Angst, Hunger)

Muerto de hambre
Halbverhungert

Muerto el perro, se acabó la rabia
Ein toter Hund beißt nicht mehr

No tener donde caerse muerto
Arm wie eine Kirchenmaus sein

Un muerto de hambre
Hungerleider

Mujer/*Frau*

Mujer de su casa
Eine gute Hausfrau

Mujer de la vida (airada), del partido, de mala vida, de mal vivir
Dirne — Lebedame

Mundo/*Welt*

Desde que el mundo es mundo
Seit die Welt besteht

Echar al mundo
In die Welt setzen

El mundo es un pañuelo
Die Welt ist (doch) ein Dorf

Este mundo y el otro
Gott und die Welt

Este pícaro mundo
Diese schlechte Welt

Echarse al mundo
Ein schlechtes Leben führen

Entrar en el mundo
In die Gesellschaft eintreten

Ha visto mucho mundo
Er ist ein weitgereister Mann

Lo sabe medio mundo
Fast alle wissen es

Mandar al otro mundo
Ins Jenseits befördern

No ser cosa de otro mundo
Nichts Besonderes sein

No ser de este mundo
Nicht von dieser Welt sein

Ponerse el mundo por montera
Sehr selbstherrlich sein - Was kostet die Welt?

¿Qué mundo corre?
Was gibt's Neues?

Salir del mundo
Sterben

Seguirle a alguien hasta el cabo del mundo
Jemandem bis ans Ende der Welt folgen

Tener mucho mundo
Lebenserfahrung besitzen

Ver mundo
Sich die Welt ansehen

Vivir en otro mundo
Geistesabwesend sein

Musa/*Muse*

Soplarle a uno la musa
Inspiriert werden

Musaraña

Mirar a las musarañas
Mit offenen Augen träumen

Pensar en las musarañas
Geistesabwesend sein

Música/*Musik*

Bailar al compás de la música de alguien
Nach jemandes Pfeife tanzen

Con buena música se viene
Der hat keine guten Absichten!

Dar música a un sordo
Tauben Ohren predigen

Ir la música por dentro (v. «Procesión»)
Seine wahren Gefühle nicht zeigen

¡Niños! ¡Iros con la música a otra parte!
Kinder, geht woanders hin spielen!

No entender uno la música
Sich taubstellen

Vamos, con la música a otra parte
Gehen wir woanders hin

¡Vete con la música a otra parte!
Versuche dein Glück damit anderswo!
Bring das anderswo an

N

Nacer/*Geboren werden*

Haber nacido tarde
Zu spät dran sein
Kein Kirchenlicht sein

Haber nacido para la música
Der geborene Musiker sein

No ha nacido ayer
Der ist doch nicht von gestern

Nacer tal día-Volver a nacer
(Noch einmal) mit dem Leben davonkommen

Yo nací primero
Ich war zuerst da (od. habe hier die älteren Rechte)

Nada/*Nichts*

¡Ahí es nada!
Donnerwetter!
Da schau an!

Como si nada
Als ob (es) gar nichts wäre

Como quien no hace nada
Ganz harmlos

En nada estuvo que riñesen
Um ein Haar hätten sie sich gestritten

En un nada
Im Nu

Más que nada
Vor allem

Nada más llegar...
Kaum war er gekommen...

No te digo nada
Du kannst es dir nicht vorstellen

Por nada del mundo
Um nichts in der Welt

Se queja por nada
Er jammert wegen jeder Kleinigkeit

Nadar/*Schwimmen*

Nadar en la abundancia
Im Überfluß schwimmen

Nadar en sangre
Im Blut waten

Nadar entre dos aguas
Es mit niemandem verderben wollen

Nadar y nadar, y a la orilla ahogar
Dicht am Ziel scheitern

Nadar y guardar la ropa
Schlau u. gerissen sein

Nadar como pez de plomo
Wie eine bleierne Ente schwimmen

Saber nadar en todas aguas
Mit allen Wassern gewaschen sein

Nadie/*Niemand*

A nadie le amarga un dulce
Etwas Angenehmes hat man immer gern
(Ach, ja) das kann ich schon brauchen

No ser nadie
Eine völlig unbedeutende Person sein

Nadie es profeta en su tierra
Niemand ist Prophet im eigenen Land

Un don nadie
Eine Niete, eine Null

Naranja

Media naranja
Bessere Hälfte

¡Naranjas de la China!
Von wegen!

Nariz/*Nase*

Asomar las narices
Aufkreuzen
Seine Nase in... stecken

Algo me da en las narices
Ich hab's in der Nase

Estar hasta las narices
Die Schnauze voll haben

Hacerlo por narices
Etwas trotzdem tun (müssen)

Hacerle a uno las narices
Jemanden drangsalieren

Hinchársele a uno las narices
Leicht in die Luft gehen

Meter las narices en...
Seine Nase in... stecken

No saber uno donde tiene sus narices
Grün sein
Kurz von Begriff sein

Tener a uno montado en las narices
Jemanden in Nacken sitzen haben
Von jemandem die Nase voll haben

Tener a alguien agarrado por las narices
Jemanden fest an der Kandare haben

¡(y) narices!
Von wegen!
Kommt nicht in die Tüte!

Necesidad/*Not*

En caso de necesidad
Im Bedurfs - (Not-) fall
Im Falle eines Falles

Hacer de la necesidad virtud
Aus der Not eine Tugend machen

La necesidad carece de ley
Not kennt kein Gebot

Negro/*Schwarz*

Pasarlas negras
Pech haben
Schwierigkeiten haben

Poner negro a alguien
Jemanden in Wut bringen

Trabajar como un negro
Mächtig schuften
Sich gewaltig ins Zeug legen

Verse negro para hacer algo
Seine liebe Not haben, etwas zu tun

Nervio/*Nerv*

Alterar a alguien los nervios
Jemandem auf die Nerven gehen

Más nervioso que un flan (v. «Flan»)
Ein Quecksilber sein

Poner a alguien los nervios de punta
Jemandem auf den Nerven herumtrampeln

Ser un hato de nervios
Ein Nervenbündel sein

Tener nervios
Nervös sein
Lampenfieber haben (vor Auftritt)

Nido

Caerse de un nido (de un guindo)
Noch sehr grün sein
Noch naß hinter den Ohren sein

Niño

Alegrarse como un niño con zapatos nuevos
Sich wie ein Schneekönig freuen

Los niños y los locos dicen las verdades
Kinder und Narren sagen die Wahrheit

Niño de la bola
Glückskind

No seas niño
Sei nicht so leichtgläubig
Laß dir nichts weismachen
Laß dir doch keinen Bären aufbinden

No

¿A que no?-¡A que no!
Wetten, daß nicht
Stimmts (daß) nicht?

Por sí o por no
Auf alle Fälle

Un no sé qué
Ein gewisses Etwas

Nobleza/*Adel*

Nobleza obliga
Adel verpflichtet

Noche/*Nacht*

A la noche, chichirimoche, y a la mañana, chichirinada
Ständig anderer Meinung sein
Ein Wetterhahn sein

De la noche a la mañana
Über Nacht
Von heut auf morgen

Hacer noche de algo
Etwas verschwinden lassen
Stehlen

Noche buena
Heiliger Abend

Noche vieja (o Nochevieja)
Sylvesterabend

Noches enteras
Nächtelang

Pasar la noche de juerga
Die Nacht durchschwärmen

Pasar la noche en blanco
Kein Auge zumachen

Pasar de claro en claro la noche
Eine schlaflose Nacht verbringen

Non

Andar de nones
Unbeschäftigt sein

Estar de non
Allein sein
Überzählig sein

Quedar de non
Allein bleiben
Übrigbleiben

Nota

Caer en nota
Skandal erregen

Dar la nota
Sich öffentlich blamieren
Den Ton angeben

Forzar la nota
Übertreiben

Quedarse nota
Verdutzt sein

Nube

Andar (estar) por las nubes
Unerschwinglich (gesalzen) sein (Preise)

Como caído de las nubes
Unerwartet
Plötzlich

Levantar hasta (poner en) las nubes una persona o cosa
Jemanden oder etwas in den Himmel loben
Jemanden über den grünen Klee loben

Levantarse uno a las nubes
Die Nase in die Luft stecken
Vor Ärger in die Luft gehen

Nudo/*Knoten*

Dar (echar) otro nudo en la bolsa
Nicht mit Geld herausrücken (wollen)

Hacerse a alguien un nudo en la garganta
Einen Knoten (Kloß) im Halse haben

Nueva/*Neu (igkeit)*

Coger a alguien de nuevas
Jemanden überraschen

¿Conoces la buena nueva?
Hast du schon (das Neueste) gehört?

Hacerse uno de nuevas
Sich überrascht stellen
So tun, als ob man die Neuigkeit nicht gewußt hätte

Ponerle a uno la cara nueva
Jemandem eine gehörige Tracht Prügel verabreichen

Quedar como nuevo
Wie neu werden

Sentirse como nuevo
Sich wie neugeboren fühlen

Nuez

Apretar a uno la nuez
Jemandem den Schlips zuschnüren

Cascarle a uno las nueces
Jemandem eine gehörige Tracht Prügel verabreichen

Volver las nueces al cántaro
Alles seinen alten Lauf nehmen lassen

O

Obedecer/*Gehorchen*

¡A callar y a obedecer!
Sei still und tu' was ich dir sage!
Keine Widerrede!

Hacerse obedecer
Sich Gehorsam verschaffen

Obedecer a algo
Zurückzuführen sein auf etwas

Obediencia/*Gehorsam*

Dar la obediencia a alguien
Jemandem gehorsam sein

Reducir a la obediencia
Zum Gehorsam bringen

Obispo

Cuentáselo al obispo de Sión
Das kannst du einem anderen weismachen

Trabajar para el obispo
Umsonst arbeiten
Für die Katze arbeiten

Obra/*Werk*

Hacer obras
Umbauen

¡Manos a la obra!
Ran an die Arbeit!
Nur kräftig zulangen!

Ni obra buena, ni palabra mala
Viel versprochen und nichts getan!

Obras son amores y no buenas razones
Liebe besteht aus Werken und nicht aus schönen Reden

Por obra y gracia de...
Dank (dat.)

Tal obra, tal pago
Wie die Arbeit, so der Lohn

Ocasión/*Gelegenheit*

Asir (coger) la ocasión por los pelos (por el copete)
Die Gelegenheit beim Schopf packen

A la ocasión la pintan calva
Man muß die Gelegenheit beim Schopf packen

La ocasión hace al ladrón
Gelegenheit macht Diebe

Si se presenta la ocasión
Bei passender Gelegenheit

Ocho

Dar (echar) a uno con los ochos y los nueves
Jemandem gehörig die Meinung sagen

Más serio que un ocho
Todernst

Más chulo que un ocho
Ein Strizzi (od. ein Geck) sein

Oficial

Ser uno buen oficial
Zu allem taugen

Oficio/*Gewerbe*

Estar sin oficio ni beneficio
Ohne Beruf, ohne Tätigkeit sein

Haber aprendido un buen oficio
Einem einträglichen (aber nicht ehrbaren) Gewerbe nachgehen

Ser del oficio
Der Schwefelbande angehören

Tomar por oficio una cosa
Etwas häufig (gewohnheitsmäßig) betreiben

Ofrecer

Ofrecer dones a los santos
Etwas an die große Glocke hängen

Vamos a ofrecer
Jetzt gehen wir einen kippen (in der Kneipe)

Oído/*Gehör, Ohr*

Abrir no tanto oído
Die Ohren gut auftun
Gut zuhören

A palabras necias, oídos sordos
So einem Quatsch hört man besser gar nicht zu

Aguzar los oídos/Aplicar el oído
Aufmerksam zuhören

Cerrar los oídos
Sein Ohr verschließen

Cerrarle a uno los oídos
Jemandem die Ohren verschließen
Jemanden verwirren (ungarnen)

Dar oído
Glauben, was man hört

Duro de oído
Schwerhörig (besonders für Harmonie)

Entrarle a uno por un oído y salirle por el otro
Jemandem zu einem Ohr hinein und zum anderen hinausgehen

Hacer oídos de mercader
Hacer oídos sordos
Sich taub stellen

Llegar a oídos
Zu Ohren kommen

Me suenan los oídos
Es klingt mir in den Ohren

Negar uno los oídos
Nicht zuhören wollen

¡Oído al parche!
Vorsicht! Achtung!

¡Oídos que tal oyen!
Das habe ich (lieber) nicht gehört!

Pegarse al oído
Ins Ohr gehen (Musik)

Regalar el Oído
Dem Ohr schmeicheln

Ser un regalo para los oídos
Ein Ohrenschmaus sein

Ser todo oídos
Ganz Ohr sein

Oír/*Hören*

¡Ahora lo oigo!
Das ist mir neu!

Como quien oye llover
Uninteressiert zuhören

Hacerse oír
Sich Gehör verschaffen

¡Me va a oír!
Dem werde ich Bescheid sagen!

Nos oirán los sordos
Dem werde ich mächtig den Marsch blasen

No se oye más voz que la suya
Der führt das große Wort

Oír, ver y callar, para en paz estar
Nicht hören, nicht sehen, nicht reden

Ojo/*Auge*

A ojo (de buen cubero)
Nach Augenmaß
Aufs Geratewohl

A ojos cegarritas
Verdrehte Augen machen

A ojos cerrados/A cierra vista
Blindlings

A ojos vistas
Augenscheinlich

Al ojo
Ganz in der Nähe
Vor der Nase

Abrir los ojos a alguien
Jemandem ein Licht aufsetzen

Abre el ojo, que asan carne
Man muß die Gelegenheit beim Schopf packen

Alegrársele a uno los ojos
Sich freuen wenn man etwas Angenehmes sieht - Etwas ist eine Augenweide

A quien tanto ve, con un ojo le basta
Sei nicht so neugierig!

Avivar los ojos
Auf der Hut sein
Die Augen gut aufmachen

Bailarle a uno los ojos
Fröhlich sein

Bajar los ojos
Sich schämen
Die Augen senken

Comerse con los ojos a alguien
Jemanden mit den Augen verschlingen

Costar un ojo de la cara
Ein Heidengeld kosten

Dormir con los ojos abiertos
Selbst im Schlaf die Augen offen halten

Dar uno de ojos
Der Länge nach hinfallen
Jemanden treffen

Despabilar(se) los ojos
Auf der Hut sein

Dichosos los ojos (que te ven)
(Ei) Wer kommt denn da!
Sieht man dich auch mal wieder!

Dar un ojo a la ropa
Die Wäsche einseifen

Echar el ojo a algo (uno)
Ein Auge auf etwas (jemanden) werfen

El ojo del amo engorda el caballo
Das Auge des Herrn macht die Kühe fett

Entrar por el ojo derecho
Bei jemandem gut angeschrieben sein

En un abrir y cerrar de ojos
In einem Augenblick

Estar con cien ojos
Argusaugen haben - Wachsam, mißtrauisch sein!

Estar algo (uno) tan en los ojos
Oft gesehen werden

Hacer ojo
Nach einer Seite ausschlagen (Waage)

Hacer del ojo (ojos)
Zublinzeln
Einer Meinung sein

Hacer los ojos telarañas
Die Augen vernebeln sich

Hasta los ojos
Bis über die Ohren
Bis an den Kragen

Henchirle (Llenarle) a uno el ojo una cosa
Írsele los ojos tras
Etwas heftig verlangen
Mit den Blicken verschlingen

Llevar(se) algo los ojos
Die Aufmerksamkeit auf sich ziehen

Llorar con ambos ojos
Einen großen Verlust lamentieren

Llorar con un ojo
Krokodilstränen vergießen

Más ven cuatro ojos que dos
Vier Augen sehen mehr als zwei

Mentir a uno el ojo
Sich blenden lassen (bei Kauf)

Meter algo por los ojos
Etwas aufdrängen

Meterse por el ojo de una aguja
Sehr aufdringlich sein

Mirar con otros ojos
Anders beurteilen
Mit anderen Augen

Mirar con buenos (malos) ojos a
Etwas (Jemanden) gern haben - (Nicht mögen)

Mirar con ojos de sobrino
Eine Unschuldsmiene aufsetzen

¡Mucho ojo con ese individuo!
Sei(d) auf der Hut vor diesem Subjekt!

No decir a uno «buenos ojos tienes»
Sich um jemanden nicht scheren

No pegar ojo
Die ganze Nacht kein Auge zumachen

No quitar el ojo de algo (alguien)
Wie ein Habicht aufpassen
Jemanden aufdringlich beobachten

No saber dónde tiene los ojos
Unwissend (Ungeschickt) sein

Ojo al cristo, que es de plata
Paß auf, daß es dir nicht abhanden kommt!

Ojos que no ven, corazón que no siente
Aus den Augen, aus dem Sinn

Ojos que te vieron ir
Die Gelegenheit kommt nicht wieder
Dich (Geld, usw.) sehe ich nicht wieder

Pasar los ojos por un escrito
Etwas mit den Augen überfliegen

Poner los ojos en
Etwas (Jemanden) im Auge haben

Poner los ojos en blanco
Die Augen verdrehen

Poner un ojo a una cosa y otro a otra
Sehr viel (Zuviel) auf einmal im Auge haben

Por sus ojos bellidos
Umsonst
Um seiner schönen Augen willen

Quebrar el ojo al diablo
Das Beste (Richtigste) tun

Quebrar los ojos
Jemanden sehr ärgern (verletzen)
Jemandem in die Augen stechen (Sonne)

Quebrarse los ojos
Die Augen ruinieren (anstrengen)

Sacar los ojos a alguien
Jemandem sehr zusetzen (mit Bitten)

Sacarse los ojos
Sich die Augen auskratzen

Salirle a uno a los ojos algo
Jemandem etwas ansehen können

Saltársele a los ojos algo,
Etwas klar sein
Etwas feststehen

Saltársele a uno los ojos
Etwas sehr mögen (unbedingt haben wollen)

Ser el ojo derecho de alguien
Höchstes Vertrauen bei jemandem genießen

Tener entre (sobre) ojos (ojo) a alguien
Traer entre ojos
Argwöhnisch sein
Jemandem nicht über den Weg trauen

Tener ojo clínico
Ein scharfer Beobachter (guter Diagnostiker) sein

Volver los ojos
Die Augen verdrehen

Volver los ojos a uno
Sich um jemanden kümmern

Óleo

Andar al óleo
Etwas sieht sehr gut (gepflegt) aus

¡Bueno va el óleo!
Das ist ein schöner Laden! (iron.)

Oler/*Riechen*

No oler bien una cosa
Da stinkt was!
(Da stimmt was nicht)

Oler donde guisan
Immer aus etwas Nutzen ziehen wollen

Me huele a rancio
Das ist ein altes Märchen (od. eine alte Geschichte)

Olla

¡Acá, que hay olla!
Komm, da gibt's was (da ist was los)!

Estar en la olla
In der Patsche sitzen

Estar en la olla de otro
Auf Kosten jemandes leben
Bei ihm essen

Las ollas de Egipto
Die besseren Zeiten von früher

¡No hay olla sin tocino!
Da fehlt noch das Tüpfelchen auf dem i

Olla de grillos
Tohuwabohu
Großes Wirrwarr

Ombligo

Cortarle el ombligo a alguien
Jemanden geneigt machen

Omiso

Hacer caso omiso de
Nicht beachten
Unterlassen

Once

Estar a las once
Schief sitzen (Kleidungsstück)

Tener la cabeza a las once
Ganz durcheinander sein
Einen mächtigen Brummschädel haben

Tomar las once
Einen Morgenimbiß nehmen

Onda

Captar onda
Mitbekommen
Kapieren

Estar en la onda
«In» sein

Opinión/*Meinung*

Andar uno en opiniones
Jemandes Ruf in Zweifel stehen

Casarse uno con su opinión
Auf seiner Meinung bestehen

Dar su opinión
Seine Meinung sagen (äußern)

Hacer mudar de opinión a uno
Jemanden umstimmen

Ser de la opinión de uno
Jemandes Meinung sein

Oración/*Gebet*

Eso no es parte de la oración
Das ist fehl am Platz

La oración breve va al cielo
Je kürzer, desto besser (wenn man um etwas bittet)

Oración de ciego
Eine heruntergeleierte Rede

Oración de perro no va al cielo
Mit unhöflichem Benehmen kommt man nicht weit (wenn man um etwas bittet)

Orden

Sin orden ni concierto
Wild durcheinander
Unordentlich

Orégano

No todo el monte es orégano
Es ist nicht alles Honiglecken

¡Orégano sea!
Hoffentlich geht es gut aus!

Oreja/ *Ohr*

Aguzar (Alargar) las orejas
Die Ohren spitzen

Bajar las orejas
Klein beigeben

Calentar a uno las orejas
Jemandem gehörig die Meinung sagen

Con las orejas gachas (o caídas)
Mit gesenktem Kopf
Wie ein begossener Pudel

Descubrir (o enseñar) la oreja
Sich von seiner wahren Seite zeigen

Haber visto las orejas del lobo
Noch einmal mit einem blauen Auge davon gekommen sein

Hacer orejas de mercader
Sich taub stellen
Sich dumm stellen

Mojar la oreja
Händel mit jemandem suchen

No valer uno sus orejas llenas de agua
Sehr verachtet sein

Ponerle a uno las orejas coloradas
Jemandem das Blut ins Gesicht treiben

Tener a alguien de la oreja
Jemanden fest an der Kandare haben

Ver las orejas del lobo
In Teufels Küche sein
In großer Gefahr schweben

Oro/ *Gold*

Como un oro-Como mil oros
Blitzsauber

Es como un oro, patitas y todo
Der ist sein Gold wert (iron.)

Guardar como oro en paño
Wie seinen Augapfel hüten

Hacerse de oro
Reich werden
In Geld schwimmen

No es oro todo lo que reluce
Es ist nicht alles Gold, was glänzt

Oro es lo que oro vale
Der Wert von etwas liegt nicht nur im Geld

Oros son triunfos
Hast du was, bist du was

Prometer a uno el oro y el moro
Jemandem das Blaue vom Himmel versprechen

Poner a uno de oro y azul
Jemanden fürchterlich herunterputzen

Pesar a uno en oro
Jemanden in Gold aufwiegen

Ser bueno como el oro-Ser oro molido
Unbedingt verläßlich sein

Ser otro tanto oro-Valer tanto oro como pesa
Gold wert sein

Oso

Hacer el oso
Sich dumm (täppisch) anstellen
Öffentlichen Blödsinn treiben

Oste

Sin decir oste, ni moste
Ohne einen Muckser

P

Paciencia/*Geduld*

Armarse de paciencia
Sich mit Geduld wappnen

Acabarse la paciencia
Jemandem reißt die Geduld

Con paciencia se gana el cielo
Mit Geduld und Spucke, (fängt Kaspar eine Mucke)

Paciencia angelical
Engelsgeduld

¡Paciencia y barajar!
Abwarten und Tee trinken!

Pacotilla

Hacer uno su pacotilla
Geld anhäufen

Ser de pacotilla
Minderwertig (Ramsch, Mist) sein

Padre/*Vater*

De padre y muy señor mío
Nicht von schlechten Eltern

Escándalo padre
Riesenskandal

No ahorrarse (no casarse) uno con nadie, ni con su padre
Eigensüchtig sein
Kein Blatt vor den Mund nehmen

Sin padre, ni madre, ni perro que me ladre
Total verlassen sein
Vollständig unabhängig sein

Susto padre
Mordsschrecken

Pagar/*Zahlen*

¡Me las pagarás!
Das wirst du mir büßen!

Quien la hace la paga
Wer Schaden anrichtet, muß dafür aufkommen

Paja/*Stroh*

Buscar uno la paja en el oído
Streit suchen

Buscar una aguja en un pajar
Eine Nadel im Heuschober suchen

Echar pajas-Echarlo a pajas
Mit 2 Strohhalmen auslosen

En alza allá esas pajas-En daca las pajas
Im Nu

No importar una paja
Keinen Pfennig wert sein

No dormirse en las pajas
Keine Gelegenheit versäumen

Por un quítame esas pajas
Um nichts

Quitar pajas de una albarda
Ein Kinderspiel

Ver la paja en el ojo ajeno y no la viga en el propio
Den Splitter im Auge des Nächsten, aber den Balken im eigenen Auge nicht sehen

Pajarilla

Abrasarse (asarse) las pajarillas
Sehr heiß sein
Eine Mordshitze sein

Alegrarse a uno la pajarilla
Sich riesig freuen

Hacer temblar la pajarilla a uno
Jemandem Furcht einjagen

Pájaro/*Vogel*

Ha volado el pájaro
Der Vogel ist ausgeflogen

Matar dos pájaros de un tiro
Zwei Fliegen mit einer Klappe schlagen

Ser un pájaro de cuenta
Ein schräger Vogel (od. ein Gauner) sein
Getrieben, gerissen, ein durchtriebener Bursche sein

Palabra/*Wort*

A palabras necias, oídos sordos
So einem Quatsch hört man besser gar nicht zu

Beberle a alguien las palabras
An jemandes Lippen Hängen

Coger a uno la palabra
Jemanden beim Wort nehmen

Dar palabra y mano
Heiraten

Dejar a uno con la palabra en la boca
Auf jemanden nicht eingehen
Jemanden stehen lassen während er noch spricht

En dos (pocas) palabras
In einem Wort

Estar colgado (pendiente) de las palabras de uno
An jemandes Lippen hängen

Llevar la palabra
Für eine Gruppe sprechen

La última palabra
Der letzte Schrei (Mode)

Medir sus palabras
Seine Worte genau abwägen

Ni palabra
(Ich hatte) nicht die geringste Ahnung

¡Ni una palabra más!
(O.k.,) abgemacht!
Dabei bleibt es (dann)!
Kein Wort mehr!
Keine Widerrede!

No decir palabra
Nicht piep sagen
Keinen Muckser machen

No tener palabra
Sein Wort nicht halten

No tener más que una palabra
Ehrlich und aufrichtig sein

No tener más que palabras
Ein Aufschneider sein

Palabras mayores
Taten statt Worte
Wesentliches

¡Palabras!-¡Palabras huecas!
Leere Worte!
Faule Ausreden!

¡Son palabras al aire!
Alles hohles Geschwätz!

Ser hombre de pocas palabras
Wenig worte machen
Wortkarg sein

Tener palabra
Eine Meinungsverschiedenheit haben

Torcer las palabras
Jemandem das Wort im Mund umdrehen

Traer en palabras a uno
Vender palabras
Jemandem mit leeren Worten kommen

Venir uno contra su palabra
Sein Wort nicht halten

Volverle a uno las palabras al cuerpo
Jemanden zwingen, seine Worte zurück - zunehmen

Paladar/*Gaumen*

Hablar al paladar
Jemandem nach dem Munde reden

Tener buen paladar
Ein Kenner sein
Ein gutes Bukett haben (Wein)

Paleta

En dos paleta(da)s
Im Nu
In einem Augenblick

Venir de paleta
Wie gerufen kommen

Paletilla/*Schulterblatt*

Caérsele a uno la paletilla
Die Schultern hängen lassen
Niedergeschlagen sein

Ponerle a uno la paletilla en su lugar
Jemandem gehörig die Meinung sagen
Jemanden zurechtweisen (od. zur Minna machen, od. zusammenstauchen)

Palillo

Estar hecho un palillo
Dünn/dürr wie eine Bohnenstange sein

Tocar todos los palillos
Alle Türen versuchen
Alles Mögliche tun

Palinodia

Cantar la palinodia
Einen Rückzieher machen
Widerruf leisten

Palio

Recibir con (o bajo) palio
Mit viel Pomp (od. Getue) empfangen

Palique

Estar de palique
Plaudern
Ein Schwätzchen halten

Tener mucho palique
Wie ein Wasserfall reden

Paliza/*Prügel*

Dar la paliza
Eine Nervensäge (od. aufdringlich) sein

Dar una paliza a alguien
Jemanden verprügeln, verdreschen
Jemandem haushoch überlegen sein

Darse una paliza andando
Sich die Füße durch (od. wund) laufen

Les dimos una buena paliza
Wir haben sie schön fertiggemacht (bei Sport)

Palma/*Palme*

Andar uno en palmas
Jemand wird in den Himmel gehoben

Batir palmas
In die Hände klatschen
Beifall spenden

Conocer a alguien (o algo) como la palma de su mano
Jemanden wie seine Westentasche kennen

Ganar (o llevarse) uno la palma
Die Palme (od. den Sieg) erringen

Liso (o llano, raso) como la palma de la mano
Spiegelglatt sein

Llevar (o traer) en palmas a alguien
Sehr zuvorkommend zu jemandem sein
Viele Umstände um jemanden machen
Viel Drum und Dran um jemanden machen

Llevarse uno la palma
Die Palme erringen
Den Vogel abschießen

Recibir en palmas a uno
Jemanden mit viel Pomp empfangen

Palmadas

Dar palmadas
In die Hände klatschen (um sich Aufmerksamkeit zu verschaffen)

Dar palmadas en el hombro
Jemandem auf die Schulter klopfen

Palmar

Más viejo que un palmar
Uralt

Palmita(o)/*Händchen*

Como un palmito
Adrett

Exhibir el palmito
Seine Schönheit zur Schau stellen

Llevar (o traer) en palmitas
Jemanden auf den Händen tragen

Palmo

Con un palmo de orejas
Mit langen Ohren

Con un palmo de lengua (fuera)
Mit der Zunge heraus

Dejar a uno con un palmo de narices
Jemandem eine lange Nase machen

Palmo a palmo
Schritt für Schritt
Stück um Stück

Tener medido a palmos
Jede Handbreit eines Geländes o.ä. kennen

Palo

A palo seco (v. «Beber»)
Sehr schlicht
Ohne Zugabe

Beber a palo seco
Auf nüchternen Magen trinken

Caérsele a uno los palos del sombrajo
Die Flügel hägen lassen

Dar palos de ciego
Blindlings um sich schlagen
Etwas aufs Geratewohl tun

De tal palo, tal astilla
Der Apfel fällt nicht weit vom Stamm

Ello dirá se es palo o pedrada
Man wird schon sehen, was dabei herauskommt

Estar del mismo palo
Das gleiche Ziel haben
Unter einer Decke stecken

Meter el palo en candela
In ein Wespennest stechen

Moler a palos
Jemanden durchbleuen (od. versohlen)
Jemandem das Fell gerben (od. eine Tracht Prügel versetzen)

No se dan palos en balde
Nichts ist umsonst
Ohne Fleiß, kein Preis

Poner a uno en un palo
Jemanden an den Galgen (od. Schandpfahl) bringen

Un palo de hombre
Ein Mordskerl

Paloma

Paloma sin hiel
Ein harmloser Mensch

Ser una cándida paloma
Ein harmloser Mensch (od. eine Taube) sein

Palomino

Ser un palomino atontado
Ein Einfaltspinsel (od. Schafskopf) sein

Tener palominos en...
Kotflecke in der Unterwäsche haben

Palotada/*Schlag*

No dar palotada
Stets danebenhauen
Keinen Schlag tun

Pamema

¡Déjate de pamemas!
Hab dich nicht so
Laß doch den Quatsch

¡No me vengas con pamemas! (v. «Pamplinas»)
Komme mir nicht mit faulen Ausreden
Tu nicht so
Zier dich nicht so

Pampa

Tener todo a la pampa
Seine Blößen zeigen

Pampano/*Ranke*

Echar pámpanos
Sich ranken

Tocar (zurrar) la pámpana a uno
Jemanden verdreschen
Jemanden den Buckel grün und blau schlagen

Pamplinas/*Flausen*

¡No me vengas con pamplinas!
Das ist doch alles Unsinn!
Komm mir (ja) nicht mit dummen Ausreden!

Pan/*Brot*

A falta de pan, buenas son tortas
In der Not frißt der Teufel Fliegen

Coger a uno el pan bajo el sobaco
Jemanden unterdrücken (bzw. beherrschen)

Comer pan con corteza
Schon erwachsen (selbstständig) sein

Con su pan se lo coma
Das soll er selber ausbaden

Contigo, pan y cebolla
Durch dick und dünn gehen
Zusammenhalten (bes. Verliebte)

Del pan y del palo
Zuckerbrot und die Peitsche

Hacer un pan como unas hostias
Die Sache vermurksen

Llamar al pan, pan, y al vino, vino
Das Kind beim rechten Namen nennen

No tener para pan
Sehr arm sein
Darben müssen

No cocérsele a uno el pan
Vor Ungeduld vergehen
Es nicht erwarten können

No hay pan partido entre
Wie ein Herz und eine Seele sein

Repartir como pan bendito
Äußerst knauserig sein mit

Ser más bueno que el pan
Herzensgut sein

Ser el pan de cada día
Das tägliche Brot sein
Immer wieder vorkommen
Immer die gleiche Leier

Ser pan comido
Kinderleicht sein

Ser pan y miel
Hervorragend sein

Venderse como pan caliente
Weggehn wie warme Semmeln

Pandán

Hacer pandán
Eine Gegenstück (Pendant) bilden

Panoplia

¡Vaya panoplia!
So eine dumme Geschichte!
Das sind (ja) schöne Aussichten!

Pantalla

Llevar a la pantalla
Verfilmen

Servir de pantalla
Als Schanze dienen

Panza/*Bauch*

Darse una panza (o panzada)
Sich den Bauch vollschlagen

Echar panza
Bauch ansetzen

De la panza sale la danza
Liebe geht durch den Magen

Panza arriba
Auf dem Rücken (liegend)

Panza de burra
Grauer Himmel
Pergament

Pañal/*Windel*

Estar aún en los pañales
Noch in den Kinderschuhen stecken

Sacar de pañales a uno
Jemandem aus der Patsche helfen

Paño

Acudir al paño
Auf den Leim gehen

Conocer el paño
Den Rummel kennen

Cortar ancho del paño ajeno
Aus fremder Leute Leder Riemen schneiden

De buen paño
Ein grundehrlicher Mensch (Person)
Qualitätsware (Sachen)

En paños menores
In Unterwäsche

Haber paño de que cortar
Zur Genüge vorhanden sein

Poner (Tender) el paño al púlpito
Viel und affektiert reden

Pañuelo

El mundo es un pañuelo
Die Welt ist doch nur ein Dorf

Papa

No entender ni papa
(Immer) nur Bahnhof verstehen

Papar

No papar nada
Über alles leichtfertig hinweggehen

Papar moscas
Maulaffen feilhalten

Papel

Embadurnar (Manchar) papel
Nur Blödsinn schreiben

¡Esto no es más que papel mojado!
Das ist vollkommener Mist!
Damit ist gar nichts anzufangen

Hacer papel
Eine Rolle spielen (wollen)

Hacer buen (mal) papel
Sich gut aufführen
Sich bewähren

Traer uno los papeles mojados
Mit Lügen (od. Quatsch) kommen

Venir a uno con papeles
Jemandem um den Bart gehen

Papelón

Hacer un papelón
Sich blamieren

Papilla

Dar papilla a uno
Jemanden mit viel Hinterlist betrügen

Hacer papilla a uno
Jemanden zur Schnecke machen

Papo

Estar una cosa en papo de buitre
Etwas in des Teufels Krallen sein

Hablar de papo
Aufgebläht reden

Hablar (ponerse) papo a papo
Von Angesicht zu Angesicht

Parado

Mal parado
Übel zugerichtet

Quedarse parado
Stehenbleiben

Se quedó parado
Ihm blieb die Spucke weg

Parche/*Flicken*

Pegar un parche a uno
Jemanden hinters Ohr hauen

Poner parches a algo
Etwas notdürftig arrangieren

Parecer/*Scheinen*

Arrimarse al parecer de uno
Sich an jemandes Meinung anpassen

Dar su parecer
Seine Ansicht äußern

Parecerse a alguien
Jemandem ähnlich sehen (od. ähneln)
Wie jemand sein

¡Pareces bobo!
Stell dich nicht so dumm!

Por el bien parecer
Anstandshalber

Parece que se cae y se agarra
Der sieht auch dümmer aus, als er ist

¿Qué te parece?
Was hältst du davon?

Ser cuestión de pareceres
Ansichtssache sein

Ser del mismo parecer
Gleicher Meinung sein

Tomar parecer de uno
Um jemandes Meinung bitten

¡Ya pareció aquéllo!
Ich hab's ja gewußt!
Da haben wir die Bescherung!

Pared/*Wand*

Andar a tienta paredes
Im Dunkeln tappen

Coserse uno con la pared
Sich an die Wand drücken

Darse contra la pared
Subirse por las paredes
Die Wände hochgehen

Entre cuatro paredes
In seinen vier Wänden

Estar entre cuatro paredes
In der Falle sitzen
Weder ein noch aus wissen

Hablar a la pared
An die leere Wand (od. in den Wind) reden

Hasta la pared de enfrente
Voll und ganz
Mit Haut und Haaren

Las paredes oyen (hablan, tienen ojos)
Die Wände haben Ohren (Augen)

Meter la cabeza por la pared
Mit dem Kopf gegen die Wand rennen
Stur sein

Poner de cara a la pared
In die Ecke stellen (Kinderstrafe)

Quedarse pegado a la pared
Sich schämen
Verlegen (schüchtern) sein

Vivir pared por medio
Wand an Wand (Tür an Tür) wohnen

Paredón

Mandar el paredón
An die Wand stellen
Erschießen
In die Enge treiben

Pareja-*Paar*

A las parejas/Correr parejas
Gleich sein
Hand in Hand gehen

Cada oveja con su pareja
Gleich und gleich gesellt sich gern

Hacer buena pareja
Ein schönes Paar sein
Gut zueinander passen

Sin pareja
Ohnegleichen

Paripé

Hacer el paripé
Angeben - Prahlen, anfschneiden

Otras acepciones:
Scheinheilig sein
Jemandem Honig ums Maul schmieren
Jemanden einseifen

Parir

Éramos cinco y parió mi abuela
Das hat uns gerade noch gefehlt!

No parir (una cuenta)
Die Rechnung geht nicht aus

Parir a medias
Sich die Arbeit teilen

Ponerle a alguien a parir
Jemanden in die Zange nehmen
Über jemanden hergehen

Párrafo

Echar párrafos
Lange Reden halten

Echar un párrafo
Ein Schwätzchen halten

Párrafo aparte
Und nun zu einem neuen Thema

Tenemos que echar un párrafo aparte
Wir haben noch ein Hühnchen miteinander zu rupfen

Parranda

Andar (irse) de parranda
Auf den Bummel gehen

Parte/*Teil, Seite*

Dar su parte al fuego
Balast abwerfen

Dar parte
Melden
Berichten

Dar el parte
Meldung machen

De parte de alguien
Von seiten jemandes
Im Namen jemandes

De parte a parte
Durch und durch
Von einer Seite zur anderen

De (a) cualquier parte
Von irgendwoher
(Irgendwohin)

En ninguna parte
En parte alguna
Nirgendwo
Nirgends

Echar a mala parte
Falsch auffassen
Übelnehmen

Echar por otra parte
Einen anderen Weg nehmen

Entrar (ir) a la parte
Beteiligt sein (Geschäft)

Estar de parte de alguien
Auf jemandes Seite stehen
Jemanden verteidigen

Llamarse a la parte
Seinen Vorteil wahrnehmen (wollen)

Llevarse la mejor parte
Am besten abschneiden
Das Beste für sich nehmen

No tener arte ni parte en un asunto
Nichts mit einer Sache zu tun haben

Parte de león
Löwenanteil

Por partes
Eins nach dem anderen

Por mi parte
Meinerseits

Por otra parte
Andererseits

Tener parte en
Beteiligt sein

Tomar parte en
Teilnehmen an

Partida/*Partie*

Andar las siete partidas
Überall anzutreffen sein

Comerse (tragarse) uno la partida
Sich dumm stellen

Ser de la partida
Mit von der Partie sein

Partido/*Partei*

¡Me ha partido!
Er, es hat mich ruiniert (od. total fertiggemacht)

Sacar partido de algo
Nutzen ziehen aus etwas

Ser buen partido
Eine gute Partie sein

Tomar partido
Partei ergreifen

Partir/*Teilen*

A partir de este momento
Von jetzt an

Partir el alma
Tief ins Herz schneiden

Partir en dos (por medio)
Halbieren

Partir para...
Nach... abreisen

Parto/*Geburt*

El parto de los montes
Eine schwere Geburt! (iron.)

Venir el parto derecho
Alles glatt gehen
Wie auf Schmiere gehen

Parva

Salirse uno de la parva
Einen Rückzieher machen

Pasa

Estar hecho una pasa
Verrunzelt sein wie eine Backpflaume

Pasar

Lo pasado, pasado
Was vorbei ist, ist vorbei!

No poder pasar sin uno
Ohne jemanden nicht leben können

No le puede pasar
Er kann ihn nicht ausstehen

Pasar los ojos por
Einen flüchtigen Blick werfen auf

Pasar la mano a alguien
Jemandem schmeicheln

Pasar un recado a alguien
Jemandem etwas ausrichten

Pasar hambre (frío)
Hungern (frieren)

Pasar por alto
Übergehen
Auslassen

Pasar de todo
Gleichgültig dahinleben
Null Bock haben

Pasarlo bien
Sich amüsieren

Pasarse de bueno
Allzu gutmütig sein

Pasarse de listo
Allzu schlau sein wollen

¿Qué pasa?
Was ist los?

¿Qué ha pasado?
Was ist passiert?

¿Qué te pasa?
Was ist mit dir?
Was fehlt dir?

Tener su buen pasar
Sein gutes Auskommen haben

Pascua

De Pascuas a Ramos (a peras)
Nur selten
Ab und zu

Estar como unas pascuas
Sich wie ein Kind freuen

Hacer la pascua a alguien
Jemanden ärgern
Jemandem etwas verderben

¡(Y) santas pascuas!
Und damit Schluß!
Und damit basta!

Pase

Dar el pase a uno
Jemandem den Laufpaß geben

Pase por esta vez
Dieses Mal lasse ich es noch durchgehen

Paseo/*Spaziergang*

Dar un paseo
Einen Spaziergang machen

Mandar a paseo a uno (¡Vete a paseo!)
Jemanden abblitzen lassen (schroff abweisen)

Pasión

Pasión de ánimo
Traurige Erinnerungen

Pasión no quita conocimiento
Liebe ist blind,
aber nicht dumm

Pasmar

Hacer el pasmarote
Maulaffen feilhalten

Me quedé pasmado al saberlo
Ich war ganz platt, als ich es hörte

¡Pásmate!
Stell dir mal vor!

Pasmarse de frío
Erstarren vor Kälte

Paso/*Schritt*

A cada paso
Auf Schritt und Tritt

A paso de buey (tortuga)
Im Schneckentempo

A dos pasos
Ganz in der Nähe

A este paso
Auf diese Weise

Abrirse paso
Sich Bahn brechen
Sich durchschlagen

Andar en malos pasos
Schlimme Wege gehen
Fremdgehen

Alargar el paso
Seinen Schritt beschleunigen

A paso de carga
Unbesonnen
Überstürzt

A paso llano
Ohne Schwierigkeiten
Wie auf Schmiere

Cada paso es un gazapo
Er stolpert immer wieder über den selben Stein

Contar los pasos a uno
Jemandes Bewegungen mit Habichtsaugen verfolgen

Dar un paso en falso
Einen Fehltritt tun

El primer paso es el que cuesta
Aller Anfang ist schwer

Estar de paso
Auf der Durchreise sein

Hacer uno el paso
Sich lächerlich benehmen

No dar paso
Nichts tun
Keinen Strich tun

No poder dar paso
Nicht vorwärtskommen können

Por sus pasos contados
Nach seiner gehörigen Ordnung

Paso a (por, ante, entre) paso
Nach und nach
Schritt für Schritt

Sacar de su paso a uno
Jemanden aus seiner Gewohnheit bringen

Salir uno de su paso
Von seiner Gewohnheit abweichen

Salir del paso
Eine lästige Angelegenheit einfach irgendwie loswerden
Pfuschen

Salir al paso a alguien
Jemandem entgegenkommen

Seguir los pasos de alguien
Jemandes Beispiel folgen
Jemandem nacheifern

Volver sobre sus pasos
Umkehren

Pasta

De buena pasta
Gutmütig

Tener mucha pasta (mucho dinero)
Ein Heidengeld haben
(Viel) Pinkepinke, Zaster, Kies, Knete haben
Stinken vor Geld

Pastel

Descubrir el pastel
Die Sache auffliegen lassen
Lunte riechen

Pastilla

A toda pastilla
Mit einem Affenzahn
Einen Affenzahn draufhaben

Pasto

A pasto
Im Überfluß

A todo pasto
Nach Herzenslust

De pasto
Gewöhnlich

Ser una cosa pasto de llamas
Etwas Raub der Flammen sein

Pata/*Pfote*

A pata (patita)
Zu Fuß
Auf Schusters Rappen

A cuatro patas
Auf allen vieren

A la pata llana
Schlicht und einfach
Schlecht und recht

A la pata coja
Auf einem Bein (hüpfen)

Dar la pata
Pfötchen geben

Enseñar la (su) pata
Den Pferdefuß (od. Sein wahres Gesicht) zeigen

Estar uno patas arriba
Mausetot sein

Ir a la pata chula
Hinken

Meter la pata
Sich blamieren
Ins Fettnäpfchen treten

Patas arriba
Alles durcheinander
Totale Unordnung

Salir (quedar) pata (s)
Patt sein
Unentschieden bleiben

Ser un hombre de mala pata
Ein Pechvogel sein

Tener mala pata
Pech haben
Vom Pech verfolgt sein

Patada

A patadas
In Hülle und Fülle

Dar una patada en el culo
Jemandem einen Tritt in den Hintern geben

Dar patadas en el suelo
Auf den Boden stampfen

Echar a patadas a uno
Jemanden hinausschmeißen

Esto me ha costado muchas patadas
Das hat mir viel Mühe bereitet

Tratar a uno a patadas
Jemanden grob behandeln

Patata

Este reloj funciona como una patata
Diese Uhr ist ein Mist (od. geht ganz mies)

No entender ni patata
Nicht die Bohne verstehen

No valer una patata
Keine Bohne wert sein

(Que) patatín (que) patatán
Und so weiter, und so fort
Hin und her

Patatús

Le va a dar un patatús cuando se entere
Er fällt in Ohnmacht, wenn er das hört

Patente

Tener patente de corso
Sich alles erlauben können

Patilla

Levantar a uno de patilla
Jemanden außer sich bringen
Jemanden aus dem Häuschen bringen

Patinazo/*Schleudern*

Dar un patinazo
Sich blamieren
Ins Fettnäpfchen treten
Sich den Mund verbrennen - Ins Schleudern geraten (Auto)

Patita/*Pfötchen*

Dar patitas
Pfötchen geben

Poner a uno patitas en la calle
Jemanden vor die Tür setzen
Jemanden schlankwegs auf die Straße setzen

Pato

Estar hecho un pato
Pudelnaß sein

Pato, ganso y ansarón, tres cosas suenan y una son
Viel Gerede und nichts dahinter

Salga pato o gallareta
Es ist egal, was dabei herauskommt

Ser un pato
Eine lahme Ente sein
Ein Tollpatsch sein

Tener que pagar el pato
Es ausbaden müssen

Patrón

Cortado por el mismo patrón
Aus demselben Holz geschnitzt

Paular

Sin paular ni maullar
Sin paula ni maula
Ohne den Mund aufzutun
Ohne zu mucksen

Pava

Pelar la pava
Süßholz raspeln

Pavés

Alzar sobre el pavés
Berühmt machen

Pavesa

Estar hecho una pavesa
Sehr schwach sein

Ser una pavesa
Kuschen
Fügsam sein

Pavo

Comer pavo
Ein Mauerblümchen sein (Tanz)

Darse uno una pavonada
Einen draufmachen

Ser un pavo
Öde, langweilige Person
Ein Schlappier (od. ein Schlappsack od. Schlappschwanz) sein

Subírsele a uno el pavo
(Puter)rot anlaufen (od. werden)

Paz/*Friede(n)*

Andar la paz por el coro
Streit im Familien
od. Freundeskreis

Dar la paz a uno
Jemandem den Friedenskuß geben

Dejar en paz
In Frieden lassen

En paz y en gracia de Dios
In Frieden und mit Gottes Segen

Estar (quedar) en paz
Quitt sein

En paz y en haz
Ja und Amen

Hacer las paces
Sich versöhnen

Meter (poner) paz entre
Frieden stiften unter

¡Que descanse en paz!
Gott hab' ihn selig!

Venir de paz
Mit guten Absichten kommen

Pe

De pe a pa
Von A bis Z

Pecado

Conocer uno su pecado
Sich zu seinem Fehler bekennen

El pecado de la lenteja
Kleiner Fehler, den man übertreibt

En el pecado lleva la penitencia
Damit hat er sich selber bestraft
Es geschieht ihm recht

Estar hecho un pecado
Ins Wasser gefallen

Pagar uno su pecado
Seine Schuld sühnen

Sería un pecado no hacerlo
Es wäre jammerschade, es nicht zu tun

Pecar

No pecar de hermoso
Nicht gerade schön sein

Pecar por severo
Übermäßig streng sein

Pecar de ingenuo
Viel zu einfältig, naiv sein

Pecar de confiado
Allzu vertrauensselig sein

Pecar de tonto
Viel zu dumm sein

Pecho/*Brust*

A lo hecho, pecho
Was man sich eingebrockt hat, muß man auch auslöffeln
Geschehen ist geschehen
Was getan ist, ist getan

Criar a sus pechos a uno
Jemanden ganz nach seiner Weise erziehen

Dar el pecho
Stillen
Gefahr mutig auf sich nehmen

Descubrir uno su pecho
Sein Herz ausschütten

Echarse a pechos a
Sich mit aller Kraft für etwas einsetzen

Echar el pecho al agua
Sich mutig einer gefährlichen Angelegenheit aussetzen

Echarse una copita entre pecho y espalda
Sich einen hinter die Binde gießen

Fiar uno su pecho a otro
Jemandem sein Herz ausschütten

No caber a uno una cosa en el pecho
Sich etwas von der Brust reden

No quedarse con nada en el pecho
Aus seinem Herzen keine Mördergrube machen

Ser hombre de pelo en pecho
Ein ganzer Kerl sein

Sacar el pecho
Sich in die Brust werfen

Tener pecho
Geduld und Mut haben

Tomar a pecho algo
Sich etwas zu Herzen nehmen

Pedazo/*Stück*

Caerse uno a pedazos
Total kaputt sein

Caérsele el alma a pedazos
Das Herz blutet ihm
Das zerbricht (od. zerreißt) ihm das Herz

Comprar por un pedazo de pan
Für ein Ei kaufen

Ganar un pedazo de pan
Nur das Lebensnotwendigste verdienen

Hacerse uno pedazos
Sich totlaufen (-arbeiten, -hetzen)

Hacer pedazos una cosa
Etwas zertrümmern (zerreißen, entzweischlagen)

Morirse por sus pedazos
Jemanden vor lauter Liebe auffressen wollen

Pedazo de alcornoque (de animal, de bruto)
Rindvieh; Hornochse

Pedazo del alma (de las entrañas, del corazón)
Herzenskind; Liebste(r)
Goldstück

Ser un pedazo de pan
Sehr gutmütig (treu) sein
Ein Engel sein - Ein Goldstück sein

Pedir

A pedir de boca
Nach Herzenslust
Ganz nach Wunsch

(Que) no hay que pedir más
Ausgezeichnet; prima

Pedir por pedir
Ins Blaue hinein bitten

Pedir la luna y la Biblia
Die unmöglichsten Dinge verlangen

Quien pide no escoge
Wer bittet, kann nicht wählen

Pedrada

Caer (encajar) como pedrada en ojo de boticario
Genau passen (hinhauen)
Wie die Faust aufs Auge passen (iron.)

Pedro

Como Pedro por su casa
Ganz ungeniert
Ohne jede Hemmung

Pedro Botero
Der Teufel

Bien está San Pedro en Roma
Lieber nicht dranrühren
Laß die Sachen, wie sie sind

Viejo es Pedro para cabrero
Zum Lernen ist er schon zu alt

Pega

De pega
Nicht echt
Falsch

Poner pegas a uno
Jemandem Schwierigkeiten in den Weg legen

Poner pegas a algo
Etwas an etwas auszusetzen haben

Saber uno a la pega
Eine schlechte Kinderstube verraten

Ser uno de la pega
Zur Lumpengesellschaft gehören

Pegar/*Kleben*

Estar pegado al trabajo
Von seiner Arbeit nicht wegkommen

Esto le pega como un mandil a una vaca
Das paßt wie die Faust aufs Auge

Esto no pega ni con cola
Das paßt überhaupt nicht zusammen
Das ist der reinste Unsinn

No pegar ojo
Kein Auge schließen (zutun)

Pegar mangas
Mitmischen; sich einmischen - Nassauern

Pegar un botón
Einen Knopf annähen

Pegar a alguien una bofetada
Jemandem eine Ohrfeige versetzen (od. eine kleben)

Pegarla con alguien
Mit jemandem in Streit geraten

Pegarse a alguien
Sich jemandem aufdrängen

Pegarse a alguien como una lapa
Wie eine Klette an jemandem hängen

Pegársela a alguien (Dar el pego)
Jemanden hereinlegen (betrügen)
Jemandem die Hörner aufsetzen

Pegarse al oído
Ins Ohr gehen (Musik)

Pegarse un tiro
Sich erschießen

Pegársele a uno las sábanas
Nicht aus den Federn kommen

Peinar

No peinarse una mujer para uno
Keine Partie für jemanden sein

Pelado

Bailar uno el pelado
Blank sein
Ohne einen Pfennig sein

Dejarle a alguien pelado
Jemanden rupfen
Jemanden bis aufs Hemd ausziehen

Pelaje

De mal pelaje
Übel aussehend

Tener el pelaje de la dehesa
Seine Herkunft nicht verleugnen können

Pelar

Baila que se las pela
Er tanzt wie der Lump am Stecken

Corre que se las pela
Er fliegt wie der Wind

Duro de pelar
Sehr schwierig
Eine harte Nuß

Eso pela la jeta
Das ist ein starkes Stück

Hace un frío que pela
Es ist eine Hundekälte

¡Me las pela!
Das ist mir schnuppe (od. wurstegal)

Pelar los dientes
Lachen
Scheinheilig grinsen

Pelar los ojos
Die Augen weit aufreißen

Pelarse de fino
Allzu gerissen sein (wollen)

Pelárselas por algo
Sehr hinter etwas her sein
Scharf auf etwas sein

¡Que se las pele!
Er soll selber sehen, wie er zurechtkommt

Que se las pela
Prima
Toll

Película

¡Allá películas!
Das ist mir schnuppe!

Contar su película a alguien
Jemandem sein Herz ausschütten

De película (cosas de...)
Traumhaft - Sagenhaft

Pelillo/*Härchen*

Echar pelillos a la mar
Sich mit jemandem wieder versöhnen

No tener pelillos en la lengua
Frei von der Leber weg reden
Kein Blatt vor den Mund nehmen

Pararse (o reparar) uno en pelillos
Haare spalten
Sich mit Kleinigkeiten aufhalten

Pelo/*Haar*

A pelo
Ohne Kopfbedeckung

Al pelo
Sehr gelegen
Wie gerufen

Andar al pelo
Sich in die Haare (od. Wolle) geraten

Agarrarse (asirse) de un pelo
Nach einem Strohhalm greifen

A medios pelos
Beschwipst

Buscar el pelo al huevo
Buscar pelos en la leche (o sopa)
Ein Haar in der Suppe suchen
Immer etwas zu nörgeln (od. meckern) haben

Coger por los pelos
Gerade noch erwischen (od. erreichen)

Con todos sus pelos y señales
Haargenau, haarklein

Colgar de un pelo
An einem Haar hängen

Cortar un pelo en el aire
Haarspalterei treiben
Überschlau sein

Dar a alguien para el pelo
Jemanden verprügeln

De medio pelo
Unbedeutend
Nicht ganz echt - Halbseiden

Estar todavía con el pelo de la dehesa
Noch ungeschliffen, ungehobelt sein
Noch bäuerliche Manieren haben

Echar buen pelo
Sich wieder machen
Wieder auf einen grünen Zweig kommen

Estar uno hasta los pelos
Es satt haben

¡Estoy hasta los pelos de esto!
Das hängt mir zum Halse heraus!

Esto te pone los pelos de punta
Da sträuben sich dir die Haare

Esos son pelos de la cola
Das sind nur Kleine Fische

Largo como pelo de huevo (rata)
Geizig
Knauserig
Schäbig

No tener pelo de tonto
Nicht auf den Kopf gefallen sein

No tener pelos en la lengua
Nicht auf den Mund gefallen sein
Sich kein Blatt vor den Mund nehmen

No cubrirle pelo a uno
Auf keinen grünen Zweig kommen

No verle el pelo a uno
Jemand läßt sich nicht mehr sehen

No tocarle a uno el pelo
Jemandem nicht im geringsten nahetreten

No faltar (ni) un pelo
Es fehlt rein gar nichts
Haargenau sein

¡Pelos (o pelillos) a la mar!
Schwamm drüber!

Ponérsele a uno los pelos de punta
Die Haare stehen jemandem zu Berge (od. sträuben sich jemanden)

Por un pelo (o los pelos)
Um ein Haar
Gerade noch
Beinahe

Rascarse uno pelo arriba
Geld aus dem Beutel holen

Relucirle a uno el pelo
Kugelrund und guternährt sein

Salir de pelo una cosa
Guten Erfolg mit etwas haben
Etwas gut gelingen

Ser capaz de contarle los pelos al diablo
Es faustdick hinter den Ohren haben

Ser de mal (iron. buen) pelo
Ein übler Bursche sein

Ser del mismo pelo
Vom gleichen Schlage sein

¡Se le va a caer el pelo!
Er wird noch was erleben!

Tener pelos un asunto
Schwierig sein
Es in sich haben

Tener pelos en el corazón
Kein Herz im Leibe haben

Tener pelos en la lengua
Haare auf den Zähnen haben

Tirarse de los pelos
Sich die Haare raufen

Tomarle el pelo a alguien
Sich über jemanden lustig machen
Jemanden auf den Arm (od. auf die Schippe) nehmen

Venirle al pelo a alguien
Jemandem höchst gelegen (od. gerade recht) kommen

Pelota

Devolver la pelota a alguien
Jemandem schlagfertig antworten

Dejar a uno en pelotas
Jemanden ausbeuten

Estar la pelota en el tejado
Der Ausgang einer Sache ist ungewiß

Estar en pelotas
Splitternackt sein

Hacer la pelota a alguien
Jemanden um den Bart gehen

Hacerse uno una pelota
Sich zusammenrollen

Hecho una pelota
Kugelrund, wohlernährt

Jugar a la pelota con alguien
Jemanden (unnötigerweise) hin und her schicken

No tocar pelota
Danebenhauen
Treffen

Sacar uno pelotas de una alcuza
Listig, schlau sein

Ser un pelota
Ein Speichellecker sein
Ein Schmeichler sein (od. ein Schmierer) sein

Pelotilla

Darse uno con la pelotilla
Sich einige hinter die Binde gießen

Hacer la pelotilla a uno
Jemanden um den Bart gehen

Peluca

Echar una peluca a uno
Jemandem die Leviten lesen

¡Ni hablar del peluquín!
Das kommt gar nicht in Frage!

Pelusilla

Tener pelusilla a uno
Eifersüchtig auf jemanden sein

Pellada

No dar pellada
Keinen Strich tun

Pellejo/*Haut, Fell*

Arriesgar el pellejo
Seine Haut zu Markte tragen

Dar (dejar, perder, soltar) el pellejo
Sterben
Abkratzen

Defender el pellejo
Sich seiner Haut wehren

Estar en el pellejo de otro
In jemandes Haut stecken (od. sein)

Mudar uno el pellejo
Ein neues Blatt umdrehen

No caber uno en el pellejo
Sehr dick sein
Außer sich sein vor Freude
Mächtig aufgeblasen sein (od. sich mächtig aufblasen)

No ponerse en el pellejo de otro (no cambiarse por nadie)
Nicht in jemandes anderen Haut stecken mögen

No tener más que el pellejo
Nur noch Haut und Knochen sein

Pagar con el pellejo
Mit seinem Leben zahlen

Quitar a uno el pellejo
Jemanden ausbeuten
Kein gutes Haar an jemandem lassen

Salvar el pellejo
Seine Haut (seinen Hals) retten

Pellizcar

Pellizcar los céntimos
Jeden Pfennig dreimal umdrehen

Pena/*Kummer*

A duras penas
Mit knapper Not
Mit Hängen und Würgen

Con más pena que gloria
Mehr schlecht als recht

¡Da pena verlo!
Es tut einem in der Seele weh, das anzusehen

Merecer (valer) la pena
Sich lohnen

Morir de pena
Sich zu Tode grämen

Pasar uno la pena negra
In einer ganz miesen Stimmung sein

Pasar uno las penas del purgatorio
Sehr schlimme Zeiten durchmachen

Sin pena ni gloria
Mittelmäßig

Penalty

Casarse de penalty
Heiraten müssen

Tener un hijo de penalty
Ein unerwünschtes (bzw. uneheliches) Kind haben

Penca

Hacerse uno de pencas
Sich zieren

Pender/*Hängen*

Pender de un hilo (o de un cabello)
An einem Haar hängen

Pendil

Tomar el pendil
Abdampfen
Abhauen

Tomar el pendil y la media manta
In die Heia gehen

Pendón

A pendón herido
Mit aller Kraft
Mit Volldampf

Estar hecho un pendón
Ein Bummler (bzw. ein Nachtschwärmer) sein

¡Qué pendón eres!
Bist du Gauner (od. Spitzbub)!

Ser un pendón
Ein Pflastertreter, ein Ganove, ein Gauner, ein Strolch sein (Mann, Junge)
Ein Flittchen (bzw. eine Schlampe) sein (Frau, Mädchen)

Pensado/*Gedacht*

El día menos pensado
Ganz unvermutet
Eines schönen Tages

Ser mal pensado
Immer das Schlechteste denken

Pensamiento/*Gedanken*

Beberle a uno el pensamiento
Jemandem die Gedanken lesen

Como el pensamiento
Flink wie der Wind

Derramar el pensamiento
Die Gedanken zerstreuen

Encontrarse con (en) los pensamientos
Den gleichen Gedanken haben
Zwei Seelen und ein Gedanke

¡Ni por pensamiento!
¡Ni pensarlo!
Kein Gedanke!
Nicht im Traum!

Pensar/*Denken*

Pensar mal de uno
Eine schlechte Meinung von jemandem haben
Schlecht von jemandem denken

Piensa mal y acertarás
Man kann nie schlecht genug denken

Penseque

A penseque (penséque) le ahorcaron
Vorsicht ist besser als Nachsicht

Pepa - Pepe

Como un Pepe
Satt und zufrieden
Rund und gesund

¡Viva la Pepa!
Es lebe das Leben!

Pepino

Me importa un pepino (v. «Bledo»)
No se me da un pepino
Das ist mir schnuppe
Das ist mir piepegal (od. wurstegal)

Que te den por donde amargan los pepinos
Ach, du kannst mich ja...!
Scher dich zum Teufel!

Pepita

No tener uno pepita en la lengua
Wie ein Buch (od. Wasserfall) reden

Pera

Como pera(s) en tabique
Wie ein Kleinod (hüten)

Dar para peras a uno
Jemandem den Kopf waschen

De Pascuas a peras
Alle Jubeljahre einmal

Escoger uno como entre peras
Wählerisch sein

No quisiera partir peras con él
Mit dem ist nicht gut Kirschen essen

Partir peras con alguien
Jemandem Vertraulichkeiten gestatten

Pedir peras al olmo
Unmögliches verlangen

Poner a uno las peras a cuarto (a ocho)
Jemanden in die Zange nehmen
Jemanden in die Ecke drängen (od. in die Enge treiben)

Percha

Tener buena percha
Eine gute Figur haben

Perder

Echar a perder
Zugrunde richten
Zunichte machen

Echarse a perder
Verderben
Zugrunde gehen

Llevar las de perder
Den kürzeren ziehen

No perder la sangre fría
Ruhig Blut bewahren
Nicht aus der Fassung kommen (geraten)

No se perderá
Der wird sich schon zu helfen wissen

Perderse algo
Sich etwas entgehen lassen
Etwas verpassen

Pérdida

No tener pérdida
Ganz leicht zu finden sein (Straße, Adresse)

Perdidizo

Hacerse el perdidizo
Sich verkrümeln

Perdido

Estar (puesto) perdido de...
Ganz mit... bedeckt sein

Ponerse perdido
Sich sehr schmutzig (naß) machen

Perdido por una persona
In jemanden bis über beide Ohren verliebt sein

Ser un borracho perdido
Ein Säufer sein

Ser un perdido
Ein hoffnungsloser Fall sein

Perdigón

Cazar con perdigones de plata
Sich mit gekauftem Wild als Jäger ausgeben

Perdigón a perdigón se hace el montón
Ein Körnchen häuft sich zum anderen

Perdiz

¡Huele a perdices!
Perdices en campo raso
Da ist ein Haken dran!
Das kann schief gehen (obwohl es vielversprechend aussieht)

Perdiz, o no comerla
Entweder alles oder nichts

Perdón/*Vergebung*

Con perdón
Mit Verlaub

Hacerle a uno pedir perdón
Jemanden in die Knie zwingen

No merecer perdón
Keine Gnade verdienen

No tener perdón de Dios
Etwas ist unverzeihlich

No tiene perdón de Dios
Es ist einfach unverzeihlich

Pedir perdón
Um Verzeihung bitten

Perdonar/*Vergeben, verzeihen*

Comprender es perdonar
Verstehen heißt verzeihen

No perdonar un baile
Keinen Tanz auslassen

No perdonar ocasión
Keine Gelegenheit auslassen

No perdonar gastos
Keine Kosten scheuen

No perdonar ni un pormenor
Keine Einzelheit auslassen

Perdonar hecho y por hacer
Zu nachsichitg sein

Ser un perdonavidas
Ein Bramarbas, ein Maulheld sein

Perecer/*Umkommen*

Perecer de hambre
Am Hungertuch nagen

Perecer(se) por hacer algo
Etwas für sein Leben gern tun

Perecer(se) por
Schwärmen für

Perejil

Huyendo del perejil, le nació en la frente
Vom Regen in die Traufe

Perejil mal sembrado
Spärlicher Bart

Poner alguien como hoja de perejil (v. «Verde»)
Jemanden zur Schnecke (od. Minna) machen
Jemanden abkanzeln od. anschnauzen, anpfeifen; anscheißen (V)

Pereza/*Faulheit*

Darle pereza a uno
Keine Lust haben

(Le da pereza escribir)
(Er hat keine Lust zu schreiben)

Pereza, ¿quieres sopas?
Sporn'dich an!
Raff' dich auf!

Sacudir la pereza
Sich aufraffen

Perico

¿De cuándo acá Perico con guantes?
Seit wann denn?

Perico entre ellas
Hahn im Korb

Perico (el) de los palotes
Irgendjemand
Unbedeutende Person

Perilla

Venir de perilla (s)
Höchst gelegen kommen

Periquete

En un periquete
Im Handumdrehen

Perlas

De perlas
Ausgezeichnet

Venir de perlas
Wie gerufen kommen

Pernetas/*Beinchen*

En pernetas
Mit nackten Beinen
Barfuß

Pero

No hay pero que valga
Keine Widerrede!

No tiene peros
Es ist nichts daran auszusetzen

Poner (andar con...) peros
Etwas auszusetzen (einzuwenden) haben

Perra/*Hündin*

Coger una perra
Wie ein Schloßhund heulen
Einem auf die Nerven gehen mit seinem Geheule

Hacer una perrada (perrería) a alguien
Jemandem gemein mitspielen

¡Hasta la perra le parirá lechones!
Der hat immer ein Sauglück!

Llevar una vida perra
Ein Hundeleben führen

Soltar la perra
Sich zu früh freuen

Perro/*Hund*

A espeta perros
Hals über Kopf
Urplötzlich

¡A otro perro con ese hueso!
Das kannst du einem anderen weismachen

A perro flaco todas son pulgas
Alles Unglück kommt auf einmal

Atar los perros con longanizas
Ein Schlaraffenleben führen

Como perros y gatos
Wie Hund und Katze

Como perro con cencerro (con cuerno, con mazo, con vejiga)
Mit eingezogenem Schwanz davonrennen (od. davonschleichen)

Dar perro a alguien
Jemanden warten lassen

Darse a perros
Fuchsteufelswild werden
Toben

Echar a perros algo
Etwas verschwenden (vergeuden)

Echarle los perros a alguien
Scharf gegen jemanden vorgehen

El perro del hortelano (que ni come la berza, ni la deja comer)
Anderen nicht gönnen, was man selber nicht nutzt (nutzen kann).

Hacer tanta falta que un perro en misa
Überflüssig sein - Das fünfte Rad am Wagen sein

Llevar un vida perruna
Ein Hunde- (od. Hundsleben) führen

Más hambre que el perro de un ciego
Ein Hungerleider sein
Am Hungertuch nagen

Morir como un perro
Ohne Reue sterben

Muerto el perro, se acabó la rabia
Ein toter Hund beißt nicht mehr

Todo junto, como al perro los palos
Der wird mir alles auf einmal büßen!

Perro ladrador, poco mordedor
Hunde, die bellen, beißen nicht

Ser perro viejo
Ei alter Hase sein

Pesar/*Leid*

Mal que le pese
Ob er will oder nicht

Mal que me pese
So leid es mir tut

No pesarle a uno de haber nacido
Sehr eingebildet sein

Pese a quien pese
Auf jeden Fall
Trotz allem

Pesca/*Fischfang*

¡Brava (buena, linda) pesca! (iron.)
Schönes Miststück! (Kind)
Ein Goldstück! (iron.)

¡Buena pesca!
Guten Fang!
Petri Heil!

Pescar/*Fischen*

Pescar en aguas turbias (en río revuelto)
Im trüben fischen

Pescar al vuelo
Gleich richtig erfassen

Pescarse una merluza
Sich ansäuseln

Pescarse un marido
Sich einen angeln

Pescarse un resfriado
Einen Schnupfen erwischen

Pescuezo/*Kragen*

Apretar (estirar) el pescuezo a alguien
Jemanden hängen

Jugarse el pescuezo
Kopf und Kragen riskieren

Torcer el pescuezo a alguien
Jemandem den Hals (Kragen) umdrehen

Pesebre

Conoce el pesebre
Der weiß schon, wo er immer was zu (fr)essen kriegt

Dar con la cabeza en un pesebre
Auf der Strecke bleiben
Es zu nichts bringen
Eine Niete sein

Peseta

Cambiar la peseta
Sich erbrechen (übergeben)

¡Salud y pesetas!
Prosit!
Prost, auf dein Wohl!
Hals-und Beinbruch

Peso

A peso de oro (plata)
Sehr teuer

Caerse una cosa de su peso
Von sich selbst zeugen (etwas)
Selbstverständlich sein

Llevar uno en peso algo
Eine Sache ganz übernehmen

No estar en su peso
Nicht auf dem Damm sein

No valer a peso de oveja
Keinen Pfennig wert sein

Pagar a peso de oro
Mit Gold aufwiegen

Se me quitó un peso de encima
Mir fiel ein Stein vom Herzen

Tomar a peso algo
Etwas mit der Hand abwiegen

Pestaña/*Wimper*

Le quitaron hasta las pestañas
Sie haben ihn bis aufs Hemd ausgezogen
Sie haben ihn ausgeplündert

No mover pestaña-Sin pestañear
Ohne mit der Wimper zu zucken

No pegar pestaña
Kein Auge zudrücken (können)

Quemarse las pestañas
Bis spät in die Nacht arbeiten
Wild büffeln

Pestes

Echar pestes (contra alguien)
(Auf jemanden) schimpfen
Wettern

Por la caridad entra la peste
Etwa: Durch übertriebene Nächstenliebe kann man leicht selbst in Armut geraten

Petardo

Pegar un petardo a alguien
Jemanden anpumpen und nicht zurückzahlen
Jemanden begaunern (beschummeln)

Ser un petardo
Ein Klotz sein
Lästig, aufdringlich, unerwünscht sein (Person)
Ein Schmarren, ein Schinken, Mist sein (Dinge)

Petate

Liar(se) el petate
Sein Bündel schnüren
Sterben

Peteneras

Salir por peteneras
Ausflüchte suchen
Dummes Zeug reden

Pez/*Fisch*

Estar pez
Nicht vorbereitet sein

Estar pez en algo
Von etwas nichts verstehen
Von etwas keine Ahnung haben

Estar como pez en el agua
Sich wie der Fisch im Wasser fühlen

Picar el pez
Anbeißen
Sich betrügen lassen

Por la boca muere el pez
Reden ist Silber, Schweigen ist Gold

Salga pez o salga rana
Auf gut Glück

Salga pez o salga rana, a la capacha
(Einfach) alles aufheben (mitnehmen), selbst wenn es unbrauchbar ist
Auf gut Glück

Pezuña

Meter la pezuña
Ins Fettnäpfchen treten

Piante

No quedó ni piante ni mamante
Es blieb keine Menschenseele übrig

Pica

Pasar por las picas
Große Schwierigkeiten hinter sich bringen

Poder pasar por las picas de Flandes
Perfekt (vollkommen) sein
Der strengsten Kritik standhalten (können)

Poner una pica en Flandes
Etwas sehr Schwieriges (Gefährliches) vollbringen

Saltar por las picas de Flandes
Hindernisse (Schwierigkeiten) rücksichtslos überspringen

Picadero

Tener mucho picadero
Viel Erfahrung haben

Picadillo/*Hackfleisch*

Hacerle picadillo a alguien
Jemanden zu Hackfleisch machen

Estar (venir) de picadillo
Reizbar (empfindlich) sein

Picar

Picar en poeta
Beinahe ein Dichter sein

Picar en valiente
Schon tapfer sein

Picar en descaro
An Frechheit grenzen

Picar muy (más) alto
Hoch (höher) hinaus wollen

Picarse con alguien
Mit jemandem um die Wette streiten

Picarse de caballero
Den feinen Mann herauskehren

Picar el amor propio de alguien
Jemanden anstacheln

Picarse fácilmente
Schnell beleidigt sein

Quien se pica, ajos come
Wen's juckt, der kratze sich!

Picardía/*Streich*

Hacerle a alguien una picardía
Jemandem einen Streich spielen

Picio

Hacer una picia
Jemandem einen üblen Streich spielen (od. jdm. übel mitspielen)

Más feo que picio
Häßlich wie die Nacht

Pico/*Schnabel*

Abrir el pico
Den Mund aufmachen

Andar a picos pardos
Die Zeit vergeuden
Fremdgehen

A pico de jarro
Ohne Maß trinken

Cerrar el pico
Den Schnabel halten

Costar un pico
Eine Stange Geld kosten

Darse el pico
Sich abknutschen

De pico
Mit dem großen Maul

Hacer el pico a alguien
Jemanden herausfüttern

Hincar el pico
Sterben, abkratzen

Irse del pico
Sich verplappern

Llevarse a uno en el pico
Jemandem weit voraus sein

No (se) perderá por el pico
Alles Angabe!

Perder(se) por el pico
Zuviel reden
Sich durch sein Reden schaden
Sich den Schnabel verbrennen

Pico de oro
Hervorragender Redner

Pico al viento
Nur mit dem Mund (iron.)

Tener buen pico
Ein tolles Mundwerk haben

Tener mucho pico
Alles herausplappern

Picota/*Pranger*

Poner en la picota
Jemanden an den Pranger stellen

Pie/*Fuß*

Al pie de la letra
Wortwörtlich

Al pie de mil pesetas
Rund um 1000 Peseten

Al pie de
Ganz in der Nähe

A pie
Zu Fuß

A pie enjuto
Trockenen Fußes
Ohne Gefahr

A pie llano
Ungehindert

A pie firme
Unbeweglich
Unerschütterlich

A pie(s) juntillas - A pie juntillo
Hartnäckig - Standhaft - Unbeirrt

Andar de pie quebrado
Niedergesclagen (heruntergekommen) sein

Andar en un pie como (las) grulla(s)
Sehr geschickt und geschwind vorankommen

Buscar cinco (tres) pies al gato
Immer ein Haar in der Suppe finden

Caer de pies
Glück haben
Noch einmal heil davonkommen

Cerrado como pie de muleto
Verstockt wie ein Esel

Con pies de plomo
Sehr vorsichtig (behutsam)

Con buen (mal) pie
Mit Glück (Pech)

Creer algo a pie(s) juntillas
Etwas mit geschlossenen Augen glauben

Dar a uno el pie y se toma la mano
Jemandem den kleinen Finger reichen, und er nimmt gleich die ganze Hand

Dar pie para
Anlaß geben zu

Dar por el pie a algo
Etwas umstürzen (abreißen, zerstören)

Dejar a alguien a pie
Jemandem den Lebensunterhalt entziehen

Del pie a la mano
Im Nu

En pie de guerra
Auf Kriegsfuß

Entrar con el pie derecho
Gleich zu Anfang Glück haben

Estar de pie
Stehen

Estar al pie del cañón
Gewehr bei Fuß stehen
Einsatzbereit sein

Estar con el pie en el estribo
Reisebereit sein
Mit einem Fuß zur Tür hinaus sein

Estar con un pie en la tumba
Mit einem Fuß im Grabe stehen

Hacer algo con los pies
Etwas ohne Verstand (ungeschickt) machen

Hacer pie
Fuß fassen (im Wasser)

Irse por (sus) pies
Nur wegen seiner schnelleren Füße entkommen

Mirarse a los pies
Seine Fehler bekennen
Bescheiden sein

Nacer de pie(s)
Ein Glückspilz sein

No bullir pie ni mano
Stocksteif sein (stehen, liegen)

No dar pie con bola
Immer daneben hauen

No dar pie ni patada
Keinen Strich tun

No dejar a uno sentar pie en el suelo
Jemanden nicht zur Ruhe kommen lassen

No llevar (tener) una cosa pies ni cabeza
Unveständlich sein
Weder Hand noch Fuß haben

No poner uno los pies en el suelo
Über den Boden hinwegfliegen

Perder pie
Den Boden unter seinen Füßen verlieren

Pie con pie
Dicht gedrängt (Personen)

Pies ¡para qué os quiero!
Jetzt nichts wie weg!

Poner a uno a los pies de los caballos
Jemanden durch den Dreck ziehen

Poner a uno el pie sobre el cuello (pescuezo)
Jemanden demütigen
Jemanden am Kragen packen

Poner pies en pared
Verharrt auf seiner Meinung bestehen

Poner pies en polvorosa
Reißaus nehmen
Fersengeld geben

Ponerse uno de pies en la dificultad
Eine Schwierigkeit wahrnehmen

Saber de qué pie cojea uno
Jemandes schwache Seiten kennen

Sacar a uno con los pies adelante
Jemanden zu Grabe tragen

Sacar los pies de las alforjas
Seine Scheu ablegen
Frech werden

Sacarle a uno el pie del lodo
Jemandem aus der Patsche helfen

Salvarse por (los) pies
Auf und davonrennen

Ser pies y manos de alguien
Jemandes rechte Hand sein

Sin pies ni cabeza
Weder Hand noch Fuß

Tener los pies en la tierra
Mit beiden Beinen auf der Erde stehen

Tener el pie en dos zapatos
Mehrere Eisen im Feuer haben

Tomar pie una cosa
Fuß fassen

Tomar pie de algo
Etwas als Vorwand benutzen

Vestirse por los pies
Ein Mann sein

Volver pie atrás
Zurückweichen
Den Rückzieher machen

Piedra/*Stein*

Cerrar a piedra y lodo (cerrar a cal y canto)
Ganz dicht verschließen

¡Échate una piedra en la manga!
Guck dich mal im Spiegel an!

Las piedras hablan
Die Wände sprechen

Menos da una piedra
Lieber das, als gar nichts

No dejar piedra por mover
Alle Hebel in Bewegung setzen

No dejar piedra sobre piedra
Alles völlig zerstören
Keinen Stein auf dem andern lassen

Quedarse de piedra
Zu Stein werden
Versteinern

Tirar piedras
Verrückt sein
Wütend sein

Tirar piedras a su propio tejado
Sich ins eigene Fleisch schneiden

Tirar la piedra y esconder la mano
Heimlich Schaden anrichten

Piel

Dar (soltar) la piel
Sterben, abkratzen

Ser (de) la piel del diablo
Kaum zu bändigen sein

Pierna/*Bein*

Dormir a pierna suelta (tendida)
Sich ausschnarchen
Sorglos schlafen

Echar piernas
Angeben
Protzen

Estirar la pierna
Sterben, abkratzen

Estirar (extender) las piernas
Einen Spaziergang machen
Die Beine strecken

Hacer piernas
Eingebildet sein - Gehen, laufen
Fest auf seinem Standpunkt bestehen

No sé de que pierna cojea
Ich habe ihn nicht richtig durchschaut

Ser un piernas
Eine Null (Niete, Flasche) sein

Pieza

¡Buena (linda) pieza! (iron.)
Schönes Miststück!
Nette Person! (iron.)

Jugarle una pieza a alguien
Jemandem einen schlimmen Streich spielen

Quedarse de una (hecho una) pieza
Die Sprache verlieren
Erstarren

Pila

Más bruto que la pila de un pozo
Strohdumm (Stockdumm) sein

Sacar de (tener en la) pila a alguien
Jemandes Taufpate sein

Ser un meapilas
Eine Niete sein
Ein Lapp, ein Laffe sein

Píldora

Dorar la píldora
Die Pille versüßen

Tragar la píldora
Auf den Leim gehen
Hereinfallen

Pilón

Llevar a uno al pilón
Jemandem auf der Nase herumtanzen
Jemanden um den (kleinen) Finger wickeln

Pillar

Eso me pilla muy lejos
Das ist für mich sehr entlegen (sehr weit)

Eso no me pilla de nuevo
Das läßt mich kalt

No me vuelven a pillar
Die erwischen mich nicht wieder
Ich lasse mich nicht wieder hereinlegen

Pillo

A pillo, pillo y medio
Auf einen groben Klotz, gehört ein grober Keil

Pincelada

Dar la última pincelada a algo
Etwas den letzten Schliff geben

Pinchar

Andar siempre pinchando
Ein Giftzwerg (od. eine Giftnudel) sein
Fortwährend andere aufputschen

No pinchar ni cortar
Weder Fisch noch Fleisch sein
Nichts zu sagen haben

Sufrir (tener) un pinchazo
Ins Fettnäpfchen treten

Pingajo

Estar hecho un pingajo
Kaputt (Erledigt) sein

Pino

Ser (como) un pino de oro
Schmuck und stattlich sein

Vivir en el quinto pino
Wohnen wo sich Fuchs und Hase «Gute Nacht» sagen

Pinta

No quitar pinta
Wie ein Ei dem andern gleichen

Sacar por la pinta
Am Aussehen erkennen

Tener buena pinta
Gut aussehen

Tener mala pinta
Schlecht aussehen (Angelegenheit)
Wenig vertrauenerweckend aussehen (Person)

Pintar

No es tan feo el diablo como lo pintan
Es ist alles halb so schlimm

No pintar nada
Nichts zu sagen (melden) haben

Pintar el acento
Jemanden oder etwas haargenau beschreiben

Pintarse uno solo para
Für eine Sache sehr gut geeignet sein
Für etwas sehr viel Talent haben

¿Qué pintas tú aqui?
Was hast du denn hier zu suchen?

Pintado

Como pintado
Wie gerufen (kommen)
Wie angegossen sitzen (Kleidung)

El más pintado
Der Gerissenste (Schlaueste)

No poder ver a uno ni pintado (ni en pintura)
Jemanden nicht ausstehen können

Piñón

Comer los piñones en...
Weihnachten in (bei)... verbringen

Estar a partir un piñón con otro
Mit jemandem sehr gut auskommen
Ein Herz und eine Seele sein

Pío

No decir ni pío
Nicht piep sagen

Piojo

Como piojo(s) en costura
(Zusammengequetscht) wie die Heringe

Matar el piojillo
Geschickt und heimtückisch vorgehen
Ein Duckmäuser sein

Piojo resucitado (puesto de limpio)
Schäbiger Emporkömmling

Pipa

Pasarlo pipa
Es sich gut gehen lassen
Viel Spaß haben

Tomar pipa
Weggehen
Ausreißen

Pique

Está a pique de caer
Er ist drauf und dran zu fallen

Echar a pique
Zugrunde richten
Versenken

Irse a pique
Untergehen

Tener un pique con uno
Einen Groll auf jemanden haben

Pisar

Pisar algo a uno (ocasión, idea, clientela)
Jemandem etwas wegschnappen (Gelegenheit, Kundschaft)

Pisar mala hierba
Einen schlechten Tag haben
Pisar los talones
Jemandem dicht auf den Fersen sein

Pisar el terreno de
Jemandem ins Gehege kommen

Pisarse colores
Farben beißen sich

Pista/*Fährte*

Seguirle a alguien la pista
Jemandem auf den Fersen sein

Tener una pista
Eine Fährte wittern

Pisto

A pistos
Nach und nach
Kärglich

Darse pisto
Angeben

Pistonudo
Klasse, super, toll

¡Vaya idea pistonuda!
Eine tolle Idee!
Eine Superidee!

Pitada

Dar una pitada
Aus der Rolle fallen

Pitando

Salir pitando
Sich schnellstens davonmachen

Pito

Cuando pitos, flautos (flautas);
cuando flautas (flautos), pitos
Wenn man Regen braucht, scheint die Sonne, und wenn man Sonne braucht, regnet's

Me importa un pito
Das ist mir schnuppe (od. wurscht)

No dársele a uno un pito de
No tocar pito en
Nichts damit zu schaffen haben

No valer un pito
Keinen Pfifferling wert sein

Por pitos o por flautas
Wegen diesem und jenem
Einmal dies und einmal das

Pitorrearse

Pitorrearse de alguien
Jemanden auf den Arm nehmen

Pizca

Ni pizca (de)
Keine Spur (von etwas)

No valer ni pizca
Keinen Pfifferling wert sein

Plan

Tener plan
Etwas vorhaben

Tener un plan
Eine Liebesbekanntschaft gemacht haben
Eine(n) Freund(in) haben

Plana

Cerrar la plana
Eine Angelegenheit beendigen

Corregir (o enmendar) la plana
Jemanden korrigieren
Besser als eine andere Person sein

Plancha/*Blamage*

Hacer una plancha
Tirarse una plancha
Sich blamieren
Sich die Finger verbrennen

Estar planchado
Auf dem letzten Loch pfeifen

Estar planchada
Ein Plättbrett sein (Frau)

Planta

Buena planta
Gutes Aussehen

Echar plantas
Sich aufspielen
Drohungen ausstoßen

Fijar las plantas
Auf seiner Meinung bestehen (od. verharren)

Plantar

Dar un plantón a alguien
Laufpaß geben
Jemandem den Laufpaß geben
Jemandem den Korb geben

Plantar a uno en la calle
Jemanden auf die Straße setzen

Plantar la carrera
Sein Studium aufgeben

Plantarle a alguien
Jemanden versetzen
Jemandem den Laufpaß geben

Plata

Como una plata
Blitzsauber
Blitzblank

En plata
Kurz und bündig

Plato

Comer en un mismo plato
Ein Herz und eine Seele sein

¿Cuándo hemos comido en el mismo plato?
Wann haben wir miteinander Schweine gehütet?

Entre dos platos
Viel Aufhebens von etwas machen

Hacer el plato a uno
Jemanden unterhalten (ernähren)

Hacer plato
Die Anderen bei Tisch bedienen

Nada entre dos platos
Nichts von Belag

No haber roto (o quebrado) un plato (en su vida)
Nie ein Wässerchen getrübt haben
Harmlos sein

Pagar los platos rotos
Den Kopf dafür hinhalten müssen

Poner el plato a uno
Jemandem eine Entscheidung leicht machen

(No) ser plato del gusto de uno
Jemanden (od. etwas) (nicht) mögen

Ser plato de segunda mesa
Zur zweiten Garnitur gehören
Sich nicht gebührend beachtet fühlen

Plaza

Atacar bien la plaza
Feste reinhauen (essen)

Echar en (o sacar a) la plaza algo
Etwas veröffentlichen

Hacer plaza
Platz machen

Pluma/*Feder*

A vuela pluma-Al correr de la pluma
Schnell bzw. flüssig schreiben

Hacer a pluma y a pelo
Zu allem taugen

Llevar la pluma
Nach Diktat niederschreiben

Poner la pluma bien (mal)
Gut (schlecht) schreiben

Plumero

Se le ve el plumero
Man merkt seine Absicht
Man sieht ihn kommen

Pobre/*Arm*

¡Pobre de mí!
Ach, ich Armer!

Pobreza no es vileza
Armut schändet nicht

Ser más pobre que las ratas
Arm wie eine Kirchenmaus sein

Poco/*Wenig*

A poco
Gleich (od. kurz, bald) darauf

De poco más o menos
Unbedeutend

Dentro de poco
In Kürze

Hace poco
Vor kurzem
Unlängst

En poco estuvo que riñésemos
Um ein Haar hätten wir uns gestritten

Por poco
Beinahe

Poco más o menos
Ungefähr

Poco a poco
Allmählich
Nach und nach

Quien poco tiene, poco teme
Wer nichts hat, kann nichts verlieren

Tener en poco algo (o a alguien)
Etwas (od. jemanden) geringschätzen
Nicht viel von etwas (jemandem) halten

Poder/*Kraft*

A más no poder
Aus Leibeskräften
Was das Zeug hält

Hasta más no poder
Mit aller Gewalt

No poder con
Mit etwas (jemandem) nicht fertig werden

No poder con-No poder tragar
Etwas (jemanden) nicht ausstehen können

No poder más
Am Ende seiner Kraft sein
Nicht mehr weiter können

No poder menos de
Nicht umhin können

Poder a alguien
Jemandem überlegen sein

¿Puedo?
Kann ich eintreten? - ¿Gestatten Sie?

Por lo que pudiere tronar
Im Falle eines Falles

Querer es poder
Wo ein Wille ist, ist auch ein Weg

Polilla

Comerse uno de polilla
Sich grämen
Sich zu Tode grämen

No tener polilla en la lengua (v. «Pelo»)
Sich kein Blatt vor den Mund nehmen

Polvo/*Staub*

Estar hecho polvo
Total kaputt (od. fertig) sein

Hacerle a uno polvo
Jemanden fertigmachen

Hacer morder el polvo a uno
Jemanden in den Staub treten

Matar el polvo
Boden besprengen, um Staub zu verhindern

Sacar del polvo a uno
Jemandem auf die Beine helfen

Sacar polvo debajo del agua
Äußerst gewitzt sein

Sacudir el polvo a uno
Jemandem die Jacke vollhauen
Jemanden zusammenstauchen

Sacudir el polvo de los pies (de los zapatos)
Bessere Wege gehen

Polvorosa

Poner pies en polvorosa
Fersengeld geben
Reißaus nehmen
Sich aus dem Staub machen

Pólvora/*Pulver*

Gastar la pólvora en salvas
Die Sache am verkehrten Ende anpacken

Mojar la pólvora a uno
Jemanden beschwichtigen

No haber inventado la pólvora
Das Pulver nicht erfunden haben

Ser una pólvora
Schlau und geschwind sein

Tirar con pólvora ajena
Anderer Leute Geld ausgeben

Poner/*Stellen, legen*

Poner de ladrón a uno
Jemanden als Dieb hinstellen

Poner de su parte
Das Seinige tun

Poner en claro algo
Etwas deutlich darlegen (od. klarstellen)

Poner mal (bien)
In ein schlechtes (gutes) Licht setzen

Poner a parir a uno (v. «verde»)
Jemanden durch den Dreck ziehen

Poner colorado a uno
Jemanden beschämen
Jemandem die Röte ins Gesicht treiben

Poner por embustero a uno
Jemanden als Schwindler hinstellen

Ponerse bueno (malo)
Gesund (krank) werden

Ponerse bien
Sich gut anziehen

Ponerse a mal con alguien
Sich mit jemanden verfeinden

Ponerse con el más pintado
Es mit dem Klügsten aufnehmen

Ponerse de acuerdo sobre
Sich über etwas einigen

Ponerse en camino
Sich auf den Weg machen

Ponerse en contacto
Sich mit jemandem in Verbindung setzen

Ponerse en lo peor
Sich aufs Schlimmste gefaßt machen

Ponerse en Cáceres en tres horas
Nach drei Stunden in Cáceres sein

Ponerse los pies en la cabeza
Die Beine in die Hand nehmen

Por

Pasar por...
Als... gelten

Por fortuna
Glücklicherweise
Gott sei Dank

Por un pelo
Um ein Haar

Por algo
Aus irgendeinem Grunde

Por lo cual
Weswegen

Por lo demás
Übrigens

Por lo dicho
Auf Grund des Gesagten

Por lo tanto
Deshalb
Daher

¡Por el amor de Dios!
Um Gottes Willen!

Tener por...
Für... halten

Porra

Darse un porrazo
Gegen etwas stoßen (od. bumsen od. krachen)

Irse a la porra
Kaputtgehen
Eingehen

Mandar a la porra
Zum Teufel jagen

¡Vete a la porra!
Scher dich zum Teufel!
Verdufte!

Poste/*Pfosten*

Dar poste a uno
Jemanden versetzen (od. ewig warten lassen)

Llevar poste
Lange auf jemanden warten

Oler el poste
Lunte riechen

Ser un poste
Stocktaub sein
Stockdumm sein

Serio como un poste
Todernst

Postín

Darse postín
Sich aufspielen
Angeben

De postín
Piekfein
Großspurig

Una modista de postín
Eine teure Schneiderin

Postre/*Nachtisch*

Al fin y a la postre
Letzten Endes
Schließlich und endlich

A la postre
Zu guter Letzt
Hinterdrein

Llegar a los postres
Zu spät kommen

Pozo

Caer una cosa en el pozo airón
Auf Nimmerwiedersehen verschwinden

Caer en un pozo
In Vergessenheit geraten

Pozo sin fondo
Faß ohne Boden

Ser un pozo de ciencia
Hochgelehrt sein

Precio/*Preis*

A cualquier precio
Um jeden Preis

No tener precio
Unbezahlbar sein

Tener en precio algo
Etwas sehr schätzen

Predicar/*Predigen*

No es lo mismo predicar que dar trigo
Versprechen und Halten ist zweierlei

Predicar en el desierto
Tauben Ohren predigen
In den Wind predigen

Pregón

Tras cada pregón, azote
Nach jedem Bissen muß er unbedingt etwas trinken

Pregonero

¡Cómo subo, subo: de pregonero a verdugo!
Etwa: Mir geht's von Tag zu Tag schlimmer
Dem ist es früher auch einmal besser gegangen

Dar tres cuartos al pregonero
Man muß ja nicht alles an die große Glocke hängen
Es muß ja nicht an die große Glocke kommen

Pregunta

Andar (o estar, quedar) a la cuarta pregunta
Auf dem letzten Loch pfeifen
Abgebrannt sein
Blank sein

Dejar a uno (estar) a la cuarta pregunta
Jemandem das Fell über die Ohren ziehen

Prenda/*Pfand*

En prenda de
Zum Pfand
Als Zeichen

Estar por la más prenda
Knauserig sein bei der Vergeltung für eine erwiesenene Gunst

Hacer prenda
Ein Pfand behalten
Vorwurfsvoll an ein gegebenes Versprechen erinnern

No dolerle prendas
Seinen Verpflichtungen pünktlich nachkommen

No soltar prendas
Sehr zugeknöpft sein

Prendarse de algo o alguien
Sich in jemanden vergucken (od. verlieben)

Soltar prenda
Sich (voreilig) verpflichten

Prepararse/*Sich vorbereiten*

Prepararse contra
Verkehrungen treffen gegen

Prepararse (o estar preparado) para lo peor
Sich aufs Schlimmste gefaßt machen
Aufs Schlimmste gefaßt sein

Pretina

Meter (o poner) a uno en pretina
Jemanden zur Vernunft bringen

Primera/*Erste*

A la primera (de cambio)
Auf Anhieb

A las primeras (o de buenas a primeras)
Unerwartet
Plötzlich

Primo

Hacer el primo
Der gelackmeierte sein
Hereingelegt (od. ausgenutzt) werden

Le cogió de primo
Er hat ihn ausgenommen (od. angeführt)

Pagar primadas
Ausgenommen (od. hereingelegt) werden
Für seine Naivität zahlen müssen

Ser primo hermano de algo
Etwas ganz ähnlich sein

Príncipe/*Prinz*

Príncipe azul (o encantado)
Märchenprinz

Vivir como un príncipe
Wie ein Fürst leben
Auf großem Fuß leben

Pringar

Pringarla
Eine Sache verpatzen
Pech haben

Pringarlas
Sich mächtig ins Zeug legen

Pringar en todo
Hansdampf in allen Gassen sein

Pringarse
Sich etwas unter den Nagel reißen
Schmutzige Finger kriegen (bei undurchsichtigem Geschäft)
Dreck am Stecken haben

Prisa/*Eile*

A más prisa, más vagar-Vísteme despacio, que tengo prisa
Eile mit Weile

A toda prisa
In aller Eile

Correr prisa una cosa
Es ist eilig

Dar (o meter) prisa a uno
Jemanden zur Eile drängen

Darse prisa
Sich beeilen

De prisa y corriendo
Marsch, Marsch!
Aber schnell(stens)!
In Windeseile
Hals über Kopf

No corre prisa
Es hat noch Zeit
Es ist nicht eilig

No me vengas con prisas
Dräng mich nicht
Immer mit der Ruhe

Tener prisa
Es eilig haben

Vivir de prisa
Schnellebig sein

Prisión/*Gefängnis*

Reducir a prisión a uno
Jemanden ins Gefängnis setzen

Pro

¡Buena pro!
Guten Appetit!
Wohl bekomms!

El pro y el contra
Das Für und Wider

En pro de
Zum Nutzen von

Hombre de pro
Tüchtiger Mann

Proa

Poner la proa a uno (a algo)
Es auf jemandem abgesehen haben
Etwas im Auge haben

Procesión

La procesión anda por dentro
Er hat seinen geheimen Kummer
Er zeigt seine Gefühle nicht

No se puede repicar y estar en la procesión
Man kann nicht gleichzeitig auf zwei Hochzeiten tanzen

Prójimo/*Nächste(r)*

Al prójimo, contra una esquina
Ich zuerst und dann die anderen

No tener prójimo
Kein Mitleid (od. Mitgefühl) mit seinem Nächsten haben

Prometer/*Versprechen*

Prometer y no dar
Viel versprechen und nichts halten

Prometérselas uno felices
Sich zu früh freuen

Lo prometido es deuda
Was man versprochen hat, muß man auch halten

Pronto/Schnell

¡Este muchacho tiene unos prontos!
Ist der Junge aber jähzornig!

Le dio un pronto
Es kam plötzlich über ihn

Púa

Saber cuántas púas tiene un peine
Gerieben sein

Sacar la púa al trompo
Genau wissen wollen wie etwas funktioniert
Tomás es buena púa
Thomas ist ein Schlaumeier (od. ein netter Busche, iron.)

Puchero

Empinar el puchero
Genügend zum Leben haben, aber ohne Luxus

Hacer pucheros
Ein weinerliches Gesicht machen
Greinen

Meter la cabeza en un puchero
Scheuklappen tragen
Den Kopf in den Sand stecken

Salírsele a uno el puchero
Ins Wasser fallen (etwas)

Volcar el puchero (o dar pucherazo)
Bei Wahl betrügen, indem man nichtabgegebene Stimmen zählt

Pudrir

No pudrírsele a uno las cosas en el pecho
Nichts verschweigen können
Nicht dichthalten

¡Que se pudra!
Geschieht ihm ganz recht!

¡Y los demás que se pudran!
Und die anderen können in die Röhre gucken

Puente/*Brücke*

Hacer puente
An einem Werktag zwischen zwei Feiertagen ebenfalls nicht arbeiten

Hacer el puente de plata a uno
Jemandem auf halbem Weg entgegenkommen

Puerca

A cada puerca (puerco) le llega su San Martín
Jeder kommt einmal an die Reihe
Das dicke Ende kommt noch

Puerta/*Tür*

Abrir (la) puerta para una cosa
Etwas erleichtern (od. ermöglichen)

A puertas abiertas
Öffentlich

A puerta cerrada
Unter Ausschluß der Öffentlichkeit

Andar de puerta en puerta
Von Tür zu Tür gehen

A las puertas de la muerte
An der Schwelle des Todes

A otra puerta, que ésta no se abre
Das mußt du schon woanders versuchen

Cerrar la puerta a uno
Jemandem Schwierigkeiten in den Weg legen

Coger entre puertas a uno
Jemanden überraschen und drängen, etwas (Unangenehmes) zu tun

Dar a uno con la puerta en las narices (o los hocicos, la cara, los ojos)
Jemandem die Tür vor der Nase zuschlagen

Echar las puertas abajo
Stark klopfen (od. läuten)

Enseñarle a uno la puerta de la calle
Jemandem die Tür weisen

Entrársele a uno por la puerta (por los ojos) una persona o cosa
Plötzlich (unerwartet) erscheinen, auftauchen, passieren, ankommen

Estar a la puerta
Vor der Tür stehen
Imminent sein

Llamar a las puertas de uno
Jemanden um Hilfe bitten

Quedarse por (en) puertas
Bettelarm werden

Salir por la puerta de los carros (o de los perros)
Schnellstens Reißaus nehmen (um nicht bestraft zu werden)

Tener todas las puertas abiertas
Überall mit offenen Armen aufgenommen werden
Überall beste Möglichkeiten vorfinden

Puja

Sacar de la puja a uno
Jemandem überlegen sein
Jemandem aus der Patsche helfen

Pulga/*Floh*

Echar a uno la pulga detrás de la oreja
Jemandem einen Floh ins Ohr setzen

Hacer de una pulga un camello (o un elefante)
Aus einer Mücke einen Elefanten machen

No aguantar (o no sufrir) pulgas
Sich nichts gefallen lassen
Leicht aufbrausen

Sacudirse uno las pulgas
Ein dickes Fell haben

Tener malas pulgas
Keinen Spaß verstehen
Einen miesen Charakter haben

Tener pulgas-Tener la pulga tras de la oreja
Sehr unruhig sein
Ein Quecksilber sein

Pulpo

Poner a uno como un pulpo
Jemanden gehörig verdreschen

Pulso

A pulso
Freihändig (zeichnen)

Conseguir algo a pulso
Etwas durch eigene Kraft erreichen

Echar un pulso
Armdrücken

Le tiembla el pulso
Die Hand zittert ihm

Quedarse sin pulso(s)
Atemlos (od. sprachlos) sein
Tausend Ängste ausstehen

Sacar a pulso (un negocio)
Allen Widerständen zum Trotz etwas erreichen

Tomar el pulso (a un asunto)
Das Gelände sondieren
Vorfühlen

Tomar el pulso a alguien
Jemandem auf den Zahn fühlen

Punta/*Spitze*

Agudo como punta de colchón
Stockdumm

Andar en puntas
Meinungsverschiedenheiten haben

A punta de lanza
Strengstens
Nach allen Regeln

A torna punta
Gegenseitig

De punta-De puntillas
Auf den Zehenspitzen

De punta en blanco
Geschniegelt und gebügelt
Piekfein

Estar de punta con alguien
Mit jemandem zerstritten sein

Estar hasta la punta de los pelos
Es satt haben

Hacer punta
Die Spitze bilden
Hervorragen
Entgegentreten

Lo tengo en la punta de la lengua
Es liegt mit auf der Zunge

Sacar punta a una cosa
Einer Sache eine witzige (od. andere, oft falsche) Wendung geben
Nutzen aus etwas ziehen, zu dem es nicht bestimmt war

Se me ponen los pelos de punta
Die Haare stehen mir zu Berge

Tocar a uno en la punta de un cabello
Jemanden leicht beleidigen (od. kränken)

Puntada

Echar una puntada
Ein andeutendes Wort fallen lassen

No dar puntada en una cosa
Danebenhauen
Unsinn reden

Puntapié

Mandar a uno a puntapiés
Jemanden in der Tasche haben
Mit jemandem machen können, was man will
Jemanden schikanieren

Puntilla

Dar la puntilla
Den Gnadenstoß geben

¡Es la puntilla!
Das ist doch die Höhe!

Eso le dio la puntilla
Das gab ihm vollends den Rest

Ponerse de puntillas
Stur bei seiner Meinung bleiben (od. beharren)

Punto/*Punkt*

A punto
Fertig
Bereit

Al punto
Sofort
Sogleich

A punto fijo
Genau
Gewiß

A punto largo
Schlampig
Ohne Sorgfalt

Aquí finca el punto
Darin liegt die Schwierigkeit
Da hapert es!
Das ist des Pudels Kern

Calzar en muchos (pocos) puntos
Sich in vielen (wenigen) Sachen auskennen
Viel (wenig) von etwas verstehen

Dar en el punto
Auf den Kern eines Problems stoßen

Darse uno un punto en la boca
Den Mund halten

Dar punto a algo
Etwas beenden

Estar a punto
Gar sein
Fertig sein

Estar a punto de
Nahe daran sein zu
Gerade dabei sein zu

Estar en su punto-Estar en punto de caramelo
Genau richtig sein
Reif sein

Hacer punto
Stricken

Hacer punto de una cosa
Etwas zur Ehrensache machen

Hasta cierto punto
Bis zu einem gewissen Grade

Hasta tal punto que
So sehr, daß

Llegar a un punto muerto
An einem toten Punkt anlangen

Poner en su punto una cosa
Etwas ordentlich (od. gründlich) machen

Poner los puntos sobre las íes
Etwas die I-Pünkelchen aufsetzen

Poner punto final a una cosa
Etwas beenden
Einen Schlußstrich unter etwas ziehen

¡Punto y raya!
Strich drunter!

¡Vamos por puntos!
Immer schön der Reihe nach!

Puñada/*Faustschlag*

A puñados (puñadas)
Haufenweise

¡Buen (o gran, o valiente) puñado son tres moscas!
Kärglicher kann es auch nicht zugehen!
Es könnte(n) ruhig mehr davon sein!

Darse de puñadas
Mit den Fäusten aufeinander einschlagen

Puñal/*Dolch*

Dar una puñalada trapera a uno
Jemandem in den Rücken fallen

Palabras como puñaladas
Harte, stechende, verletzende Worte

Poner a uno el puñal en el (o al) pecho
Jemandem das Messer an die Kehle setzen

Ser puñalada de pícaro
Sehr eilig sein
Pressieren

Puñeta

Hacer la puñeta a uno
Jemandem übel mitspielen

Irse una cosa a hacer puñetas
Etwas fällt ins Wasser
Etwas geht flöten

¡Vete a la puñeta!
Scher dich zum Teufel!

Puño/*Faust*

Apretar los puños
Sich mächtig anstrengen

Como un puño
Faustgroß

Creer a puño cerrado
Blindlings glauben

De propio puño-Por sus puños
Eigenhändig

Es una verdad como un puño
Es ist die reinste Wahrheit

Estar con el alma en un puño
Vor Angst umkommen

Meter en un puño a uno
Jemanden ins Bockshorn jagen
Jemanden in die Enge treiben

Pegarla de puño a uno
Jemanden übers Ohr hauen

Ser uno como un puño
Knauserig sein
Klein sein

Q

Quebrar/*Brechen*

Antes quebrar que doblar
Lieber brechen als biegen

Ha dado en quiebra
Er ist pleite gegangen
Er hat Pleite (od. Konkurs, od. Bankrott) gemacht

Quebrarle a uno las alas
Jemandem allen Schwung nehmen
Jemanden erledigen (od. kaputtmachen)

Quebrar por lo más delgado
Der Damm bricht immer da, wo er am schwächsten ist

Quedar/*Bleiben*

Hacer quedar mar a alguien
Ein schlechtes Licht auf jemanden werfen

No quedar a deber nada
Gleiches mit Gleichem vergelten

No quedarse con nada dentro
Kein Blatt vor den Mund nehmen

Quedar bien (mal) una persona
Einen guten (schlechten) Eindruck hinterlassen

Quedar bien (mal) una cosa
Gut (schlecht) ausfallen

Quedar a las siete
Sich für sieben Uhr verabreden

Quedar como un señor
Großartig dastehen
In bestem Licht erscheinen

Quedar en el aire
In der Luft hängen (od. schweben)

Quedar en nada
Zu nichts kommen
Nichts daraus werden

Quedar en una cosa
Etwas vereinbaren

Quedar en ridículo
Sich lächerlich machen (od. blamieren)

Quedar limpio
Pleite sein
Blank sein

Quedarse atrás
Zurückbleiben
Etwas nicht (ganz) begreifen, kapieren
Nicht ganz mitkommen

Quedarse sin blanca
Pleite sein
Keinen roten Heller haben

Quedarse tan pancho
Sich nicht aus der Ruhe bringen lassen

Quedarse a o(b)scuras
Seinen Besitz verlieren
Nicht begreifen

Quedarse bizco
(Vor) Erstaunen (die Augen aufreißen)

Quedarse con alguien
Jemandem etwas weismachen
Jemanden beschummeln

Quedarse con las ganas (fresco o lucido)
Enttäuscht werden
In den Mond gucken können
Hereinfallen
Angeschmiert werden

Quedarse con hambre
(Noch) nicht satt sein

Quedarse en blanco (o in albis)
Blank (od. pleite) sein
Nicht verstehen

Quedarse frío (o helado, muerto, tieso, de una pieza)
Vor Überraschung (bzw. Schreck od. Kälte) erstarren
Platt (od. geplättet) sein

Quedarse patitieso (o patidifuso)
Sprachlos, verblüfft, verdattert sein

Quedarse riendo
Obendrein noch (unverschämt) lachen

Se quedó tan fresco (o tan ancho, tan campante)
Es hat ihm nicht das Geringste ausgemacht
Es war ihm wurs(ch)tegal
Es ließ ihn vollkommen kalt

Ser un mal queda
Sehr unzuverlässig sein

Quema

Huir de la quema
Einer Gefahr ausweichen

Quemar/*Verbrennen*

Quemar las naves
Die Schiffe hinter sich verbrennen

Quemarse los dedos
Sich die Finger verbrennen

Querer/*Wünschen*

Como así me lo quiero
Wie gerufen
Wie herbeigewünscht

Hacerse querer
Sich beliebt machen

No (así) como quiera
Nicht irgendein (e, er)

Querer es poder (v. «Poder»)
Wo ein Wille ist, ist auch ein Weg

Quicio

Sacar de quicio una cosa
Etwas übertreiben

Sacar de quicio a uno
Jemanden aus dem Häuschen bringen

Quico

Ponerse como el Quico
Sich den Bauch vollschlagen
Sich vollfressen (od. vollstopfen)

Quid

Dar en el quid
Ins Schwarze treffen

Este es el quid (de la cuestión, del asunto)
Das ist des Pudels Kern
Da liegt der Hase im Pfeffer

Quiebro

Dar (el) quiebro a uno
Jemanden abwimmeln
Jemandem ausweichen

Quien

Hay quien dice
Einige sagen (od. behaupten)
Man sagt

No ser quién para
Nicht der richtige Mann sein, zu

Quien más y quien menos
(Wir) alle

Quina

Ser más malo que la quina
Ein übler Bursche sein

Ser más amargo que la quina
Gallenbitter sein

Tragar quina
Seinen Ärger verbeißen
Die bittere
Pille schlucken
Beinahe vor Wut platzen

Quince

Dar a uno quince y raya (o falta)
Jemandem haushoch überlegen sein

Quince días
Vierzehn Tage

Quinta

Entrar en quintas
Einrücken
Einberufen werden

Quintillas

Andar (o ponerse) en quintillas con otro
Einen Wortwechsel mit jemandem haben
Sich mit jemandem (herum) streiten

Quintín

Se armó (o hubo) la de San Quintín
Es gab mächtigen Rabatz (od. einen Riesenkrach, od. Radau)

Quitar/*Hehmen*

Me estás quitando la luz
Du stehst mir im Licht

Me quitaste la palabra de la boca
Du hast mir das Wort aus dem Munde genommen

Me quita las ganas de comer
Das verdirbt mir den Appetit

Me he quitado el fumar
Ich habe mir das Rauchen abgewöhnt

Me han quitado el tabaco
Man hat mir das Rauchen verboten

No quitar ojo de
Kein Auge wenden von

No me quitaba ojo
Er starrte mich andauernd an

¡No le quites ojo!
Passe gut auf ihn auf!
Behalte ihn im Auge!

(Riñen) por un quítame esas pajas
(Sie streiten sich) wegen jeder Kleinigkeit (od. wegen nichts und wieder nichts)

¡Quita!
Nicht doch!
Sag bloß!
Pfui!
Laß das!

¡Quita allá!
Was du nicht sagst!
Unsinn! - Unglaublich
Das kann doch nicht wahr sein!

Lo cortés no quita a lo valiente
Man braucht deshalb nicht gleich so grob zu werden!

Una cosa no quita la otra
Eines schließt das andere nicht aus

Quitando...
Abgesehen von...
Außer...

Quitarle algo de la cabeza a alguien
Jemanden von einer Sache abbringen
Jemandem etwas aus dem Kopf treiben

Quitarle a uno el gusto
Jemandem den Geschmack verleiden

Quitarle a uno las ganas
Jemandem alle Lust nehmen

Quitarle a uno los méritos
Jemandem seine Verdienste absprechen

Quitarle a uno la vida
Jemandem schwer zusetzen
Jemandes Leben versauern (od. schwer machen)

Quitarse de delante (o de enmedio, o de encima) a algo o alguien
Sich jemanden vom Leibe halten (od. vom Hals schaffen)
Jemanden beseitigen od. aus dem Weg räumen

¡Quítate de en medio!
Geh aus dem Weg!
Mach dich zur Seite!

Se me ha quitado un peso de encima
Mir ist ein Stein (od. ine Last) vom Herzen gefallen

Sin quitar ni poner
Wortwörtlich

Que me quiten lo bailado
Was ich gehabt habe, habe ich gehabt!

(Puede que sea un caradura, lo que no quita que tenga mucho encanto)
Er mag ein Gauner sein, aber er ist trotzdem sehr charmant

Quite

Dar el quite
Sich rächen

Estar (o andar) al quite (o a los quites)
Bereit sein, jemandem beizuspringen

Echar un quite a otro
Jemandem aus der Klemme (od. aus der Patsche) helfen wollen
Jemandem unter die Arme greifen wollen

Ir al quite
Jemanden verteidigen

No tener quite
Aussichtslos sein
Ein aussichtsloser Fall sein

R

Rábano

Cuando pasan rábanos, comprarlos
Die Gelegenheit beim Schopf packen

¡Me importa un rábano!
Das ist mir wurscht!
Das ist mir schnuppe!

Rábanos y queso traen la corte en peso
Wer den Pfennig nicht ehrt, ist des Talers nicht wert

Ser una rabanera
Ein Marktweib sein
Eine scharfe (od. lose) Zunge (od. einen losen Mund, od. ein loses Mundwerk) haben

Tomar el rábano por las hojas
Das Pferd beim Schwanz aufzäumen

¡Y un rábano!
In die Tüte!

Rabia/*Wut*

Dar rabia a uno
Jemanden ärgern (od. wütend machen)

De rabia mató la perra
Tener rabia a uno
Seine Wut an anderen auslassen
Jemanden nicht ausstehen können
Auf jemanden wütend sein

Rabiar/*Wüten*

Hacer rabiar a uno
Jemanden neidisch (od wütend) machen
Jemandem widersprechen
Le gusta a rabiar
Das hat (od. mag) er schrecklich gern

Pica que rabia
Es brennt fürchterlich (scharfes Essen)

Rabiar por algo (alguien)
Auf etwas (jemanden) sehr erpicht sein

Rabiar de verse juntos
Sich beißen (Farben)

Rabillo

Mirar con el rabillo (o rabo) de(l) ojo
Von der Seite (od. mißtrauisch) ansehen

Rabo/*Schwanz*

Asir (o coger) por el rabo
Falsch (od. ungeschickt) anpacken

Aún queda (o falta) el rabo por desollar
Das dicke Ende kommt noch
Das Schwierigste kommt noch

Aún le ha de sudar el rabo
Dabei wird er noch schwitzen müssen

Ir uno al rabo de otro
Katzbuckeln

Ir (o salir) rabo entre piernas
Den Schwanz einziehen
Beschämt abziehen

Volver de rabo
Ganz anders (als erwartet) kommen

Rabona

Hacer rabona
Die Schule schwänzen

Hacer rabona a uno
Jemanden versetzen

Raíz/*Wurzel*

Echar raíces
Wurzel schlagen

Tener raíces
Fest gewurzelt sein

Raja

Hacerse rajas
Sich allzusehr einsetzen
Sich zerreißen

Sacar raja
Seinen Schnitt (od. Reibach) machen

Rajar/*Spalten*

Rajarse de risa
Sich totlachen
Sich spalten vor Lachen

Rajarse por
Sich abrackern für

Rajarse
Einen Rückzieher machen - Kneifen

Rajatabla

A rajatabla
Um jeden Preis
Sehr streng
Haargenau

Rama

Andarse por las ramas
Vom Hundersten ins Tausendste kommen
Abschweifen

Asirse por las ramas
Faule Ausreden (od. lahme Entschuldigungen) suchen

De rama en rama
Ziellos
Ständig wechselnd

Rana

Cuando la rana críe (o tenga) pelos
An Sankt Nimmermehr

No ser rana
Spitze sein
Auf Draht sein

Salir rana
Sich als Niete erweisen

Rancho

Alborotar el rancho
Die Bude auf den Kopf stellen

Asentar el rancho
Rast (od. Lager) machen
Sich ansiedeln

Hacer rancho
Platz machen

Hacer rancho aparte
Sich absondern
Eine Extrawurst haben (wollen)

Rapapolvo

Echar un rapapolvo a uno
Jemanden rüffeln
Jemanden zur Minna machen

Rascar

Llevar (o tener) que rascar
Daran zu knabbern haben
Nicht so leicht darüber hinwegkommen

Rascar(se) el bolsillo
Geld rausrücken
Blechen

Rascar el violín
Auf der Geige kratzen

Rascar la guitarra
Auf der Gitarre herumklimpern

Rascarse la faltriquera
Ein Knauser sein

Siempre se rasca para adentro
Er arbeitet immer in seine eigene Tasche

Rasero

Medir por el mismo rasero
Über einen Kamm scheren

Rasgo

A grandes rasgos
In großen Zügen

Rasgo heroico
Heldentat

Raspa

Ir a la raspa
Auf Beute gehen (stehlen, klauen)

Ser un raspa
Ein Schnorrer sein
Ein Geizhals (od. Geizkragen)
Ein (ganz) Schlanker sein
Gerissen sein

Tender la raspa
Sich langlegen (od. sich hinhauen)

Rastro/*Spur*

Ni rastro (de)
Keine Spur (von)

No queda rastro de esperanza
Es bleibt kein Fünkchen Hoffnung

Seguir el rastro a alguien
Jemandem nachspüren

Sin dejar rastro
Spurlos

Rata/*Ratte*

Más pobre que las ratas (o que una rata)
Arm wie eine Kirchenmaus sein

Ser una rata
Gerissen, getrieben sein
Ein Langfinger (bzw. ein Gauner) sein
Knausrig sein

Rato/*Weile*

A ratos perdidos
In der Freizeit

Hay para rato
Das kann noch lange dauern

¡Hasta otro rato!
Bis bald!

Para pasar el rato
Zum Zeitvertreib

Pasar un buen rato
Sich vergnügen

Pasar un mal rato
Es geht jemandem schlecht

Sabe un rato (largo) de esto
Er versteht eine ganze Menge davon

Tener cuerda para rato
Langwierige Reden halten
Noch lange nicht sterben

Un rato difícil
Ziemlich schwierig

Raudal

A raudales
In Hülle und Fülle

Raya/*Strich*

Dar quince y raya a uno
Jemandem weit überlegen sein

Echar raya a uno
Es mit jemandem aufnehmen

Hacer raya
Hervorragend sein

Pasar(se) de (la) raya
Zu weit gehen
Sich zuviel herausnehmen

Pasar la raya
Den entscheidenden Schritt tun

Pisar la raya
Ins Fettnäpfchen treten
Einen Fauxpas machen

Poner a raya a uno
Jemanden in die Schranken weisen

Tener (o mantener) a raya a uno
Jemanden in Schach halten

Rayo/*Blitz*

Como un rayo
Wie der Blitz

Con la rapidez del rayo
Blitzschnell

Echar rayos (y centellas)
Vor Wut schäumen
Gift und Galle spucken
Fuchsteufelswild sein

¡Mal rayo te parta!
Der Teufel soll dich holen!

¡Rayos!
Donnerwetter!

Razón/*Vernunft*

Alcanzar de razones a uno
Jemanden durch gewichtige Argumente zum Schweigen bringen

Cargarse de razón
Alles gründlich überlegen

Dar la razón a uno
Jemandem recht geben

Dar razón de una cosa
Etwas berichten

Dar razón de sí
Seine Sache gut machen

Envolver a razones a uno
Jemanden so verwirren, daß er nichts zu entgegnen weiß

Entrar en razón
Zur Vernunft kommen

Entre razón y razón
Zwischen jedem Wort

En razón
Nach Recht und Billigkeit

Hacer la razón
Einen Trunkspruch mit einem weiteren erwidern

Hacer entrar en razón a uno
Jemanden zur Vernunft bringen

La razón de la sinrazón
Mit dem Kopf durch die Wand wollen
Hartnäckig auf einem Thema verharren

La razón no quiere fuerza
Der Klügere gibt nach

Meter (o poner) en razón a uno
Jemandem den Kopf zurechtsetzen

Perder la razón
Den Verstand verlieren

Ponerse a razones con otro
Sich mit jemandem auseinandersetzen

Tener razones para
Grund haben zu

Venirse (atenerse) a razones
Beipflichten
(Vernünftig werden)

Real/*Lager*

Alzar (o levantar) el real (o los reales)
Das Lager abbrechen (od. aufheben)

(A)sentar el real
Das Lager aufschlagen
Sich (häuslich) niederlassen

Porque me da la real gana
Und weil ich eben will!

Un real sobre otro
Bis auf den letzten Pfennig

Realce

Bordar de realce
Sehr übertrieben schildern
Dick aufschneiden

Rebatiña

Andar a la rebatiña
Sich um etwas raufen (od. balgen)

Rebosar/*Überlaufen*

Rebosar de alegría
Übersprudeln vor Freude

Rebosar de alegría por todos los poros
Überschäumen (od. außer sich sein) vor Freude

Rebosar de salud
Vor Gesundheit strotzen

Rebosar de ternura
Überströmen von Zärtlichkeit

Rebosar en dinero
Steinreich sein
In Geld schwimmen

Recado

A buen recado (o recaudo)
Wohlverwahrt

¡Buen recado! (iron.)
Nette Bescherung! (iron.)

Dar (o llevar) un recado
Eine Nachricht überbringen
Eine Bestellung ausrichten

Llevar recado
Seinen Rüffel (bzw. seine Strafe) weghaben

Mal recado
Unachtsamkeit
Streich

Recámara

Tener mucha recámara
Es faustdick hinter den Ohren haben

Recua

Con toda la recua
Mit Kind und Kegel
Mit der ganzen Familie

Red/*Netz*

Caer en la red
Ins Garn gehen
In die Falle gehen

Echar la(s) red(es)
Das Netz auswerfen

Redada/*Fischzug*

Coger una buena redada
Einen guten Fang machen

Tender una redada
Eine Falle stellen

Regadera

Estar como una regadera
Total verrückt (od. bescheuert) sein

Regalo

Ser un regalo para los ojos
Eine Augenweide sein

Reguero

Propagarse como un reguero de pólvora
Sich wie ein Lauffeuer verbreiten

Reír/*Lachen*

Dar que reír
Sich lächerlich machen

Echarse a reír
Loslachen

Hacer reír
Zum Lachen bringen

¡No me hagas reír!
Da lachen ja die Hühner!

Reír llorando
Halb lachen, halb weinen

Reírse de alguien (o algo)
Sich über jemanden (od. etwas) lustig machen (od. nicht ernst nehmen)

Reírse a solas
Innerlich lachen
Sich (eins) ins Fäustchen lachen

Reírse de medio mundo
Auf die ganze Welt pfeifen

Reírse en sus narices (en sus barbas)
Jemandem (frech) ins Gesicht lachen

Reja/*Gitter*

Entre rejas
Hinter Gittern

Meter entre rejas a uno
Jemanden hinter Schloß und Riegel bringen

Relieve

Dar relieve a
Bedeutung geben

Poner de relieve
Hervorheben

Reloj/*Uhr*

Como un reloj
Sehr regelmäßig

Estar como un reloj
Sehr fit sein

Ser puntual como un reloj
Auf die Minute pünklich sein

¡Toda va como un reloj!
Alles klappt wie am Schnürchen!
Alles geht wie geschmiert!

Relucir

No es oro todo lo que reluce
Es ist nicht alles Gold, was glänzt

Sacar a relucir
Alte Geschichten wieder aufwärmen
Herausrücken mit
Unangenehme Vorkommnisse, jemandes Fehler auftischen

Remate/*Abschluß*

Loco de remate
Total verrückt

Para remate
Noch obendrein

Por remate
Schließlich
Zum Schluß

Remedio

No hay remedio
Daran ist nichts zu ändern

No hay más (od. otro) remedio
Es bleibt nichts anderes übrig

No tiene remedio
Er ist unverbesserlich
Ihm ist nicht zu helfen

No tiene remedio una cosa
Es läßt sich nicht ändern
Da ist nichts zu machen

No quedar (o no encontrar) una cosa para un remedio
Etwas bei bestem Willen nicht finden (od. nicht auftreiben) können

Ni para un remedio
Nicht um Geld und gute Worte (ist es zu haben)

No tener (o no haber) para un remedio
In äußerster Armut leben

¡Qué remedio (queda)!
Was ist daran schon zu ändern!

El remedio es peor que la enfermedad
Das Mittel ist schlimmer als die Krankheit

Remiendo/*Flicken*

Echar un remiendo
Einen Flicken aufsetzen
Zu kitten versuchen

Echar un remiendo a la vida
Sich einen hinter die Binde gießen

Hacer algo a remiendos
Etwas auf Raten machen

Ser una cosa remiendo del mismo (o de otro) paño
Etwas vom selben (od. anderen) Stoff (der selben Herkunft, der selben Klasse) sein

Remo/*Ruder*

Andar al remo
Schuften (wie ein Sträfling)

A remo y sin sueldo
Umsonst schuften
Sich für die Katze abrackern

A remo y vela
Flink
Wie der Wind (od. Blitz)

Tomar el remo
Die Führung (od. das Steuer, das Ruder) übernehmen

Remolón

Hacerse el remolón
Sich drücken

Remolque/*Schleppen*

Hacer algo a remolque
Etwas widerwillig (sehr ungern) tun

Llevar a remolque a uno
Jemanden mitschleppen

Remoto/*Entfernt*

Ni por lo más remoto
Nicht im entferntesten

No tengo ni la más remota idea
Ich habe nicht die leiseste Ahnung

Renegar

Renegar de haber nacido
Den Tag seiner Geburt verwünschen

Renegar de alguien
Sich von jemandem lossagen

Renegar hasta de su propia sangre
Sein eigenes Blut verleugnen

Renglón/*Zeile*

A renglón seguido
Gleich darauf

Dejar (o quedarse) entre renglones
Ungesagt bleiben

Escribir cuatro renglones
Ein paar Zeilen schreiben

Leer entre renglones
Zwischen den Zeilen lesen

Rengo

Hacer la de rengo
Den Lahmen (od. den Kranken) spielen

Renta

Meterse en la renta del excusado
Seine Nase in etwas (in alles, in die Geschäfte anderer) stecken

Vivir de la(s) renta(s)
Faulenzen
Nicht arbeiten

Reñido

Estar reñido con la vida
Lebensmüde (od. lebensüberdrüssig) sein

No está reñido con
Das eine schließt das andere nicht aus

Reñir/*Streiten*

Dos no riñen si no quieren
Zum Streiten gehören zwei

Reñir de bueno a bueno
Einen fairen Kampf austragen

Reoca

¡Es la reoca! (la remonda, la pera)
Das ist doch das Letzte!

Reparar

No reparar en (los) gastos
Keine Kosten scheuen
Nicht auf die Kosten sehen

Reparo

No andar con reparos
Keine Bedenken tragen

Poner reparos a algo
Gegen etwas Bedenken (od. Einwände) erheben

Sin reparos
Bedenkenlos
Anstandslos

Repelón

A repelones
Widerwillig
Mit Mühe und Not
Mit Hängen und Würgen

De repelón
Flüchtig

Más viejo que el repelón
Steinalt
So alt wie Methusalem sein

Repicar

En salvo está el que repica
Der kann leicht guten Rat geben

No se puede repicar y estar en la procesión
Man kann nicht gleichzeitig auf zwei Hochzeiten tanzen

Repoyo

Vivir a repoyo de alguien
Auf jemandes Kosten leben

Repulgos

Repulgos de empanada
Quatsch; Ziererei
Lappalien
Gewissensbisse
Übertriebene Bedenken

Resfriado/*Schnupfen*

Cocer (o cocerse) el resfriado
Den Schnupfen ausschwitzen

Pillar (o pescar) un resfriado
Einen Schnupfen erwischen

Respeto/*Respekt*

Coger respeto a alguien
Vor jemandem Achtung (od. Respekt, bzw. Furcht) bekommen

Faltar al respeto a alguien
Jemandem gegenüber die Achtung (bzw. den Anstand) verletzen
Jemanden beleidigen

Respiración/*Atem*

Se me cortó (o me quedé sin) la respiración
Der Atem stockte mir

Respirar/*Atmen*

No dejar respirar a uno
Jemanden ständig in Atem halten
Jemandem keine Ruhe lassen

Responso

Echar un responso a uno
Jemanden abkanzeln

Restar

Restarse años
Als jünger gelten wollen

Y lo que resta
Und was noch dazu gehört

Resto

Echar el resto
Sein Letztes hergeben
Alles aufbieten

Los restos mortales
Die sterbliche Hülle

Resuello

Meterle a uno el resuello en el cuerpo
Jemanden einschüchtern
Jemandem einen Dämpfer aufsetzen

Retinte

Hablar con retinte
Mit einem gewissen (tadelnden) Unterton sprechen
Sticheln

Reto

Echar retos
Drohungen ausstoßen

Retortero

Andar al retortero
Hin und her hetzen (od. laufen)

Traer al retortero a uno
Jemanden schikanieren
Jemanden an der Nase herumführen

Revolver/*Umdrehen*

Revolver en la mente algo
Sich etwas immer wieder überlegen

Revolver a uno con otro
Jemanden gegen jemanden aufsticheln

Revolver todo
Alles durcheinander bringen (od. umkrempeln)

Revolver Roma con Santiago
Himmel und Erde in Bewegung setzen

Se me revuelve(n) el estómago (o las tripas)
Da dreht sich mir der Magen um

Rey/*König*

A rey muerto, rey puesto
Der König ist tot, es lebe der König

A cuerpo de rey
Wie ein Fürst (leben)

En tiempos del rey que rabió (por gachas)
Zu uralten Zeiten
Anno Dazumal

La (o lo) del rey
Die Straße

No teme ni rey ni roque
Er fürchtet weder Tod noch Teufel

No quitar ni poner rey
Sich nicht einmischen

Rezar

Esto no reza conmigo
Das geht mich nichts an
Das ist nichts für mich
Das hat nichts mit mir zu tun

Rezo porque todo salga bien
Ich drücke die (od. alle) Daumen, daß alles gut geht

Rienda/*Zügel*

Aflojar la rienda
Die Zügel lockern

Correr a rienda suelta
Sich zügellos einer Sache hingeben

Dar rienda suelta a
Einer Sache freien Lauf lassen

Llevar las riendas
Die Zügel in der Hand haben

Soltar las riendas
Die Zügel schießen lassen

Tirar de la rienda
Zügeln

Volver las riendas
Umkehren
Kehrt machen

Riñón

Costar(le a uno) un riñón
(Jemanden) ein Heidengeld kosten

Echar (o quebrantarse, romperse) los riñones
Sich abrackern
Sich totarbeiten

¡Esto se pega al riñón!
Das hat es in sich!
Davon wird man groß und stark! (Essen)

Tener el riñón bien cubierto
Reich sein
Gut betucht sein

Tener riñones
Mut (od. Schneid) haben

Río

A río revuelto, ganancia de pescadores
Wenn zwei sich streiten, freut sich der Dritte

Bañarse en el río Jordán
Jünger werden

No crece el río con agua limpia
Der hat Dreck am Stecken

Pescar en río revuelto
Im trüben fischen

Ripio

Dar ripio a la mano
Großzügig sein

Meter ripio
Dumm quatschen
Unbelanglos daherreden

No desechar ripio
Jede Gelegenheit wahrnehmen

No perder ripio
Sich kein Wort entgehen lassen
Keine Gelegenheit auslassen (od. versäumen)

Risa/*Gelächter*

Caerse (o desternillarse, mearse, morirse, reventar) de risa
Sich tot-, (od. krank-, od. kaputt-,) lachen
Sich biegen vor lachen

Dar risa
Zum Lachen sein

La risa del conejo
Gezwungenes Lachen

Llorar de risa
Tränen lachen

Tomar a risa
Nicht ernst nehmen
Scherzhaft auffassen

Robo/*Diebstahl*

Es un robo (precio excesivo)
Es ist ein glatter Diebstahl

Roce/*Reibung*

Tener roces
Reibereien haben

Rocín

Ir (venir) de rocín a ruin
Vom Regen in die Traufe kommen
Herunterkommen
Auf den Hund kommen

Rodado

Venir rodado una cosa
Wie gerufen kommen

Rodar

Echarlo todo a rodar
Das Spiel verderben
Alles verderben
Das Spiel aufgeben

Rodar uno por otro
Sehr dienstwillig sein

Rodríguez

Estar de Rodríguez
Strohwitwer sein

Rojo

La cosa se está poniendo al rojo vivo
Es herrscht heiße Luft
Es geht heiß her

Rollo

Soltar el rollo
Die alte Platte auflegen
Losschießen

¡Vaya rollo!
So ein langweiliger Schmarren!

Romance

Hablar en (buen) romance
Klar und deutlich sprechen

Romper/*Brechen*

A romper el día
Bei Tagesanbruch

Hombre de rompe y rasga
Draufgänger

Romper a correr
Losrennen

Romper a llorar
In Tränen ausbrechen

Romper con alguien
Mit jemandem brechen

Romperse la cabeza
Sich den Kopf zerbrechen (denken)

Roncha

Levantar ronchas
Quälen
Kummer machen
Schikanieren

Ropa

¡A quemarropa!
Aus unmittelbarer Nähe (Schuß)

¡Hay ropa tendida!
Vorsicht, die Wand hat Ohren!

Nadar y guardar la ropa
Es mit niemanden verderben wollen
Kein Risiko eingehen wollen

Palparse (od. tentarse) la ropa
Es sich gründlich überlegen

Poner a uno como ropa de pascua
Jemanden zur Schnecke (od. Minna) machen
Jemanden zusammenstauchen

No tocar la ropa al cuerpo de uno
Vor Angst schlottern

Tentar la ropa a uno
Jemandem auf den Zahn fühlen

Rosa/*Rose*

Como una rosa
Frisch und gesund; kerngesund
Fit; Wie Milch und Blut

Dormir sobre un lecho de rosas
Auf Rosen gebettet sein

Es un lecho de rosas
Alles in rosigem Licht sehen

Verlo todo de color de rosa
Alles durch die rosa Brille sehen

No hay rosas sin espinas
Keine Rosen ohne Dornen

Rosario

Acabar como el rosario de la aurora
Ein schlechtes Ende nehmen

Un rosario de
Eine Reihe (od. Menge) von

Rosca

Hacer la rosca a uno
Jemandem um den Bart gehen

Hacer la rosca (de galgo)
Sich (irgendwo) hinlegen
Sich aufs Ohr legen

Pasarse de rosca
Übertreiben
Zu weit gehen
Zu viel des Guten sein (iron.)

Roso

A roso y velloso
Rücksichtslos
Völlig
Wie Kraut und Rüben durcheinander

Rosquilla/*Brezel*

No saber a rosquilla
Kein Honigschlecken sein

Venderse como rosquillas
Wie warme Semmeln weggehen

Rostro/*Gesicht*

A rostro firme
Frei ins Gesicht
Ohne jede Verlegenheit

Conocer de rostro a uno
Jemanden vom Gesicht her kennen

Dar en rostro a uno
Jemandem etwas ins Gesicht sagen

Hacer rostro a uno
Jemandem die Stirn bieten

Tener rostro (de)
Die Stirn haben (,zu)

Volver el rostro
Reißaus nehmen
Sich abwenden

Rueda

Clavar la rueda de la fortuna
Sein Glück machen (in Bezug auf Wohlstand)

Comulgar con ruedas de molino
Leichtgläubig sein
Alles schlucken

Deshacer la rueda
Klein beigeben

Hacer la rueda a uno
Jamandem um den Bart gehen

Todo marcha sobre ruedas
Alles läuft wie am Schnürchen

Ruido/*Lärm*

Hacer (o meter) ruido
Aufsehen erregen

Querer ruido
Streitsüchtig sein

Quitarse de ruidos
Sich aus allem heraushalten
Sich nicht einmischen

Ser más el ruido que las nueces
Viel Lärm um nichts

Mucho ruido y pocas nueces
Davon hat man sich mehr versprochen

Ruin

A ruin, ruin y medio
Auf einen groben Klotz gehört ein grober Keil

S

Sábana/*Leintuch*

Estar uno en la sábana
Glücklich und vermögend sein

Pegársele a uno las sábanas
Nicht aus dem Bett (od. aus den Federn) kommen

Sabañón

Comer como un sabañón
Wie ein Scheunendrescher fressen

Saber/*Wissen*

¡A saber cuándo vendrá!
Weiß Gott, wann er kommt!

El saber no ocupa lugar
Etwa: Das Wissen stört nicht
Man kann nie genug wissen

El señor (la señora) no sé cuantos
Der Herr (die Frau) Soundso

Está por saber si...
Es fragt sich, ob...

No saber de sí
Nicht zu Atem kommen
Vor Arbeit umkommen

No saber de la misa la media
Keine blasse Ahnung haben von etwas

No saber por dónde se anda
Sich gar zu dumm anstellen

No saber lo que se pesca
Keine Ahnung haben, worum es geht

No que yo sepa
Nicht, daß ich wüßte

¡Para que lo sepas!
Damit du (einmal, od. endlich) Bescheid weißt!

Por lo que yo sé
¡Qué sé yo!
¡Y yo qué sé!
Keine Ahnung!
Wie soll ich das wissen!

Que yo sepa
Soviel ich weiß

Saber(se)las todas (o muy largas)
Es faustdick hinter den Ohren haben

Saber más que siete (o más que Merlín, que la zorra, que Lepe)
Ein schlauer Fuchs sein
Ein wandelndes Lexikon sein

Saber es poder
Wissen ist Macht

Saberlo todo (ser un sabelotodo)
Ein Alleswisser sein

Tiene un no sé qué
Sie hat ein gewisses Etwas

¡Y a saber lo que es bueno!
Der wird schon sehen! (Drohung)

¡Y qué sé yo!
Und so (weiter)
Und viele(s) andere mehr

Sablazo

Dar un sablazo a uno
Jemanden anpumpen
Aus jemandem Geld herausholen

Sacar/*Herausholen*

No se lo vas a sacar ni con pinzas
Der schweigt eisern

Sacar de mentira verdad
Mit Lügen die Wahrheit entlocken

Sacar de un apuro a uno
Jemanden aus der Klemme (od. Patsche) helfen

Sacar en claro
Herausbekommen
Verstehen

Sacar de sí (o de sus casillas) a uno
Jemanden verrückt machen
Jemanden aus dem Häuschen bringen

Sacarle a uno la verdad
Jemandem die Wahrheit entlocken (od. entreißen)

Sacarle el alma a uno
Jemandem gehörig ausnehmen
Jemanden schröpfen

Saco

Echar en saco roto
In den Wind schlagen

No echar en saco roto
Beherzigen
Wohl beachten

Sacristán

Ser un sacristán de amén
Zu allem Ja und Amen sagen

Sal

Con su sal y pimienta
Böswillig, gemein
Witzig, geistreich; Mühselig, mühsam

Deshacerse como la sal en el agua
Sich schnell in nichts auflösen

No alcanzar (o llegar) a uno la sal al agua
Extreme Armut erleiden
Nicht einen Knochen zum Knabbern haben

¡Sal quiere el huevo!
Er sucht nach Anerkennung

Salida

Dar salida a su sorpresa
Seiner Überraschung Luft machen

Dar salida a alguna cosa
Etwas absetzen (Ware)

Fue una salida de tono
Er hat sich im Ton vergriffen

Salida de pavana
Blödsinn, Quatsch, Unsinn, Ungereimtheit

Tener salida
Absatz finde (Ware)

Tener buenas salidas
Witzige Einfälle haben

Salir

A lo que salga
Aus gut Glück
Aufs Geratewohl

Estar a lo que salga
Auf eine Gelegenheit (zur Arbeit) warten

No salir de su asombro
Aus dem Staunen nicht herauskommen
Es (einfach) nicht fassen können

No me sale
Es gelingt mir nicht
Ich kriege es nicht hin

Salir a volar
In der Öffentlichkeit bekannt werden

Salir adelante (o avante)
Vorwärtskommen

Salir barato (caro)
Billig (teuer) kommen

Salir bien (mal)
Gut (Schlecht) ausgehen, ablaufen, gelingen

Salir con una tontería
Unsinn reden

Salir con alguien
Mit jemandem gehen

Salir corriendo
Weglaufen, loslaufen
Salir de apuros
Aus der Verlegenheit kommen

Salir de paseo (o a pasear)
Spazierengehen

Salir pitando (o zumbando, volando)
(Wie ein Irrer) davonrennen, bzw. ausreißen

Salga el sol por Antequera (véase también «Sol»)
Aufs Geratewohl
Ins Blaue hinein
Auf gut Glück

Salga lo que salga (o saliere)
Wie es auch immer ausgehen mag

Salió mal parado del asunto
Es ist ihm übel (od. schlecht) ergangen

Salirse con la suya
Seinen (Dick-)Kopf (od. Willen) durchsetzen

Salirse de los rieles
Entgleisen

Salirse del tema
Vom Thema abkommen

Salirse de tono
Sich im Ton vergreifen
Aus der Rollen fallen

Salirse del compás
Aus dem Takt kommen

Salirse del camino
Vom Weg abkommen

Salirse de madre
Über die Ufer treten (Fluß)

¡Ya salió aquéllo!
Da haben wir's (wieder einmal)!

Saliva

Gastar saliva (en balde)
Sich seine Worte sparen können

Tragar saliva
Seinen Ärger herunterschlucken

Salsa

Ponerle a uno hecho una salsa
Jemanden zur Minna machen

Salsa de San Bernardo
Appetit (oder Hunger)

Vale más la salsa que los perdigones
Der Knopf ist mehr wert als der Wanst

Saltar/*Springen*

Estar a lo que salta
Die Gelegenheit abpassen

Estar al que salte
Keinen Mann finden können (Mädchen)

Este asunto le va a saltar los sesos
Diese Angelegenheit wird ihm den Kopf mächtig (od. ganz schön) heiß machen

Hacer saltar a uno
Jemanden aus dem Amt drängen

Saltar con algo
Mit etwas herausplatzen

Saltar a la vista (o a los ojos)
Ins Auge springen

Saltar sobre la propia sombra
Über den eigenen Schatten springen

Los ojos se le saltaban de las órbitas
Die Augen wollten ihm aus den Höhlen quel-len

Salto/*Sprung*

A gran salto, gran quebranto
Je höher man steigt, desto tiefer der Fall

A salto de mata
Schleunigst (bes. bei Flucht)

Dar (o pegar) un salto
Einen Satz machen
Aufspringen

Dar un salto atrás
Nachlassen
Zurückfallen

Dar un salto de campana
Sich überschlagen (Auto, Torero)

Dar saltos de contento
Vor Freude in die Luft springen

En un salto
Im Nu
Sofort

Salud/*Gesundheit*

Curarse de salud
Vorbeugen ist besser als heilen

Gastar salud
Sich wohl befinden

Vender salud
Vor Gesundheit strotzen

Saludos

Dar saludos
Grüße ausrichten

Salvar/*Retten*

Salvar el umbral
Die Schwelle überschreiten

Salvarse por los pies (por los pelos)
Sich durch die Flucht retten

Sambenito

Colgarle el sambenito a uno
Jemandem etwas in die Schuhe schieben
Jemandem den Schwarzen Peter zuschieben

Sangre/*Blut*

A sangre fría
Kaltblütig
Gelassen

A sangre y fuego
Mit Feuer und Schwert

Bullirle a uno la sangre
Junges Blut haben

Estar chorreando sangre
Ganz neu (od. frisch) sein

Dar la sangre de sus venas por
Sein Herzblut hingeben für

Encenderle (o quemarle) a uno la sangre
Jemanden wütend machen
Jemanden auf die Palme bringen (od. die Wand hochtreiben)

Escribir con sangre
Voller Erbitterung schreiben
Erfüllt von blinder Wut schreiben

Escupir sangre
Seinen Adel sehr hervorkehren

Guardar su sangre fría
Seine Kaltblütigkeit bewahren

Hacerse mala sangre
Sich graue Haare wachsen lassen
Sich schweren Kummer machen

Llevarlo en la sangre
Es im Blut haben

No llegará la sangre al río
Es wird nicht ganz so schlimm werden

Sacar sangre a uno
Jemanden quälen
Jemandem sehr zusetzen

Sudar sangre
Blut schwitzen

Tener sangre blanca en las venas
Fischblut (od. kein Temperament) haben

Tener sangre en el ojo
Sich rächen wollen
Sehr pflichtbewußt sein

Tener mala sangre
Einen schlechten Charakter haben sein

Tener sangre de chinches
Gerne sticheln - Böses Blut machen
Äußerst lästig sein

Tener sangre de horchata
Schwerblütig (Phlegmatisch) sein

Tener la sangre gorda
Dickes Blut haben

Sano/*Gesund*

Cortar por lo sano
Das Übel an der Wurzel packen
Energische Maßnahmen ergreifen

Más sano que una manzana
Gesund wie ein Fisch im Wasser

No quedó (ni) un plato sano
Alles war total kaputt

Sano y salvo
Gesund und munter
Mit heiler Haut (davonkommen)
Wohlbehalten

Sana, sana, culito de rana...
Heile, heile, Segen...

Sanseacabó

Y sanseacabó
Und damit Punktum!
Schluß damit!
Basta!

Santísima

Hacer (o armar) la santísima
Krawall machen

Santo

A santo tapado
Heimlich

¿A santo de qué?
Mit welcher Begründung?
Mit welchem Recht?

Alzarse (o cargar o salirse) con el santo y la limosna
Alles mitgehen lassen
Mit allem auf und davon gehen
Die Rosinen aus dem Kuchen herauspicken

Desnudar un santo para vestir otro
Ein Loch aufreißen, um das andere zu stopfen

Dar con el santo en el suelo
Hinfallen
Etwas fallen lassen

Encomendarse a un buen santo
Einen guten Schutzengel haben

Irsele a uno el santo al cielo
In seiner Rede stecken bleiben
Nicht mehr wissen, wo man stehen geblieben ist (bei Rede)

Jugar con uno al santo mocarro
Jemanden foppen - Jemanden an der Nase herumziehen (od. herumführen)

No saber a qué santo encomendarse
Weder ein noch aus wissen

No es santo de mi devoción
Ich kann ihn nicht ausstehen
Der macht mich nicht wild

Quedarse para vestir santos
Keinen Mann finden
Eine alte Jungfer werden, bzw. bleiben

Santo y bueno
Gut
Abgemacht
Einverstanden

Tener santos en la corte
Gute Fürsprecher (od. Beziehungen) haben

Tener el santo de espaldas (o de cara)
Immer Pech (bzw. Glück) haben

Sapo

Echar sapos y culebras
Gift und Galle speien

Pisar el sapo
Spät aufstehen

Saque

Tener buen saque
Einen guten Appetit haben
Viel essen und trinken (bei einer Mahlzeit)

Sardina/ *Sardine*

Como sardinas en banasta (o en conserva, o en lata)
Wie die Heringe in der Dose
Eng zusammengepfercht

Sarna

Más viejo que la sarna
So alt wie Methusalem
Steinalt

Sarna con gusto no pica
Etwa: Wenn's mich juckt, kratze ich mich schon selber
Ich (er, sie) will es ja (so)

Sarracina

Armar la sarracina
Radau machen
Krach schlagen

Sartén

Caer (o saltar) de la sartén (y dar) en la brasa
Vom Regen in die Traufe kommen

Tener la sartén por el mango
Das Heft in der Hand haben

Sastre

El sastre del campillo, (o del cantillo), que cosía de balde y ponía el hilo
Den Spott und Schaden von etwas haben

Será lo que tase un sastre
Wir werden schon sehen, wie das noch ausgeht!

Satánas/ *Teufel* *(Satan)*

Darse a satánas
Von einer Mordswut gepackt werden
Eine Teufelswut haben

Sayo

Cortar a uno un sayo
Jemanden in seiner Abwesenheit durchhecheln

Decir para su sayo
Für sich sagen (od. denken) hecheln

Hacer de su capa un sayo
Tun, was man will

Seco/ *Trocken*

A secas
(Me dieron un filete a secas)
In dürren (od. nüchternen) Worten
Ohne Beigabe (bei Nahrung)

Dejar a uno seco
Jemanden umlegen
Jemanden verblüffen

En seco
Auf dem trockenen

Más seco que una pasa
Spindeldürr
Sehr mager

Me tiene seco
Er ödet mich an

Parar(se) en seco
Urplötzlich stehenbleiben, aufhören, anhalten, stoppen
Pferd parieren
Kfz. scharf (ab-) bremsen

Secreto

Secreto a voces
Offenes ***Geheimnis***

Sed/ *Durst*

Apagar (o matar) la sed
Durst stillen

Morirse de sed
Vor Durst umkommen

Tener sed de una cosa
Gieren nach etwas

Tener sed de venganza
Rachedurstig sein

Una sed de agua
Etwas Kärgliches
Erbärmliche Kleinigkeit

Seda

Como una seda
Schmiegsam, seidenweich
Gefügig (Person)

Hacer seda
Pennen

Hecho una seda
Gefügig wie ein Lamm

Ir (o marchar) como una seda
Glatt (od. wie am Schnürchen) laufen
Gehen wie geschmiert

Segar

Segar en flor
Im Keim ersticken

Sello/*Siegel*

Echar (o poner) el sello a
Das Siegel der Vollendung aufdrücken

Tener un sello especial
Ein besonderes Gepräge haben

Semana/*Woche*

Entre semana
Wochentags

La semana que no tenga jueves
Nie - An St. Nimmerlein
Am Nimmerleinstag

Senda/*Pfad*

Seguir la senda trillada
Auf ausgetretenen Pfaden wandeln

Senderar (o senderear)
Ungewöhnliche Wege einschlagen (im Leben)

Sendero de la guerra
Kriegspfad

Seno

En el seno de la familia
Im Kreis der Familie, im Familienkreis

En el seno de la sociedad
In der Obhut der Gesellschaft

En el seno de la tierra
Im Innern der Erde

Sentado/*Sitzen*

Dar por sentado
Als wahr, bzw. selbstverständlich annehmen

Dejar sentado
Feststellen, festsetzen

Estar bien sentado
Fest im Sattel sitzen, ein gute Stellung haben

Sentar/*(Hin) setzen*

Sentar la mano
Jemandem eine verpassen, schlagen
Jemanden herunterputzen

Le sentó como un tiro
Das hat ihm gepaßt wie die Faust aufs Auge
Das hat ihm ganz und gar nicht gepaßt

Sentar mano dura
Hart zupacken
Dazwischenhauen

Sentar bien (mal) la ropa a uno
Kleidung gut (schlecht) passen (dat.)

Sentar bien (mal) la comida o bebida a uno
Speise oder Trank gut (schlecht) bekommen (dat.)

Te sienta bien
Es geschieht dir recht

Sentido

Con todos los sentidos
Mit aller Vorsicht, bzw. Aufmerksamkeit

Costar un sentido (o los cinco sentidos)
Sündhaft teuer sein

Poner sus cinco sentidos en algo
Mit ganzem Herzen bei einer Sache sein

Quedar sin sentido
Bewußtlos werden

Seña/*Zeichen*

Hacer señas
Zeichen (od. Gebärden) machen

Por las señas
Allem Anschein nach

Por más señas
Und außerdem, und obendrein

Señal/*Zeichen*

En señal de
Zum Zeichen von

Explicar con pelos y señales
Es bis ins kleinste ausmalen

Ni señal
Keine Spur

Señal de borrica frontina
Ein Wink mit dem Zaunpfahl

Señor/*Herr*

A tal señor, tal honor
Ehre, wem Ehre gebührt

A lo gran señor
Großartig, prächtig

Como un señor (como los señores)
Wie es sich gehört
Wie es sich ziemt

De muy señor mío
Gewaltig, gehörig

Le pegó una señora bofetada
Er gab ihm eine gewaltige Ohrfeige

Me dio un señor disgusto
Es ärgerte mich mächtig
Er hat mich gewaltig enttäuscht, bzw. mir großen Kummer bereitet (od. gemacht)
Ich habe großen Ärger mit ihm gehabt

Hacer el gran señor
Den großen Herrn spielen

Quedar como un señor
In bestem Licht erscheinen
Großartig dastehen

Señor y dueño
Herr und Gebieter

Señor de horca y cuchillo
Herr über Leben und Tod

Señor del argamandijo
Sein eigener Herr

Ser señor de sí mismo
Sich beherrschen, sich in der Hand haben

Ser todo un señor
Ein Gentleman sein
Ein hoher Herr (od. ein hohes Tier) sein

Sepulcro/*Grab*

Sepulcro blanqueado
Scheinheiliger

Ser un sepulcro
Verschwiegen sein wie ein Grab

Sepultura/*Grab*

Estar con un pie en la sepultura
Mit einem Fuß im Grabe stehen

Genio y figura, hasta la sepultura
Niemand kann über seinen eigenen Schatten springen

Ser

¡Cómo ha de ser!
Was ist schon daran zu ändern!
Wie Gott will

Érase que se era...
Érase una vez...
Es war einmal...

Lo que fuere, sonará
Es wird schon noch ans helle Licht des Tages kommen

¡Es de divertido!
Ist der ein fideles Haus!
Ist der lustig!

¡Es de goloso!
Ist der ein Schleckermaul!

Es de pensar
Man muß es sich überlegen

Es de suponer
Es ist anzunehmen

¡Es de ver cómo habla!
Man muß ihm zuhören!

Es muy de él
Es sieht ihm ganz ähnlich

Es muy otro
Den hättest du früher sehen sollen

Es para poco
Der taugt auch nicht viel

Esto es de lo que no hay
Das gibt's nur einmal
Das hat nicht seinesgleichen

No es para menos
(Verstärkung einer Äußerung, wie etwa: Aber es ist ja wirklich so!)

¡Qué ser éste...!
Was für ein Heini!
Was für ein komischer Kauz!

Ser como Dios manda
Sein, wie es sich gehört

Soy contigo
Einen Moment (od. Momentchen), bitte, ich bin gleich da (od. ich höre dir gleich zu, od. ich komme gleich)

Un (sí) es, no es
Kurzer Moment
Augenblick
Kleinigkeit, Bagatelle

Serenata

Dar la serenata a uno
Jemandem auf die Nerven gehen
Jemandem im Ohr liegen

Sermón/*Predigt*

Ese es el tema de mi sermón
Das habe ich ja schon immer gesagt

Echar un sermón a uno
Jemandem die Leviten lesen
Jemandem eine Standpauke halten

No estoy para sermones
Ach, laß mich doch in Ruhe!
Die Predigt kannst du dir sparen

Serrín

Tener la cabeza llena de serrín
Ein Hohlkopf sein

Servicio/*Dienst*

Hacer un flaco servicio a uno
Jemandem einen Bärendienst erweisen

Servicio de boca
Nur leere Worte
Lippendienst

Servido/*Bedient*

¡Estamos (bien) servidos!
(Da) sind wir ganz schön bedient! - Da sind wir (aber) hereingefallen!
Jetzt sitzen wir in der Klemme (od. Patsche)!

Lo comido por servido
Wie du mir, so ich dir
Eine Hand wächst die andere

Servir

No servir para descalzar a uno
Jemandem nicht das Wasser reichen können

No servir una cosa
Unbrauchbar sein
Nichts taugen

(Esto no me sirve para nada)
Damit kann ich nichts anfangen

Servir a los clientes
Die Kunden bedienen

Servir para el caso
Zweckentsprechend sein

Servir para algo una persona
Zu etwas taugen

(No sirve para eso)
Dazu taugt er nicht
Das ist nichts für ihn

Seso/*Gehirn*

Calentarse (o devanarse, o torturarse) los sesos
Sich den Kopf zerbrechen
Sich das Hirn zermartern

Hacer perder el seso a uno
Jemandem den Kopf verdrehen

Perder el seso
Den Kopf (od. den Verstand) verlieren

Tener sorbido el seso a uno
Jemanden völlig beherrschen

Seta/*Pilz*

Crecer como las setas
Wie die Pilze aus dem Boden schießen

Siempre/*Immer*

De una vez para siempre
Ein für allemal

Lo de siempre
(Immer wieder) dasselbe
Immer die alte Geschichte

Para siempre (jamás)
Auf immer (und ewig)

Por siempre (jamás)
Immer(dar)
Immer (und ewig)

Siete

Hacerse un siete en...
Sich ein(en) Dreieck (Triangel) in... reißen

Más que siete
Gewaltig, übermäßig

Silla

De silla a silla
Unter vier Augen

Sisar
Schmu machen
(Einkaufs-) geld unterschlagen

Sobaquera

Coger a uno las sobaqueras
Jemanden beherrschen
Jemanden kleinkriegen

Soga

Con la soga al cuello (o la garganta)
Mit dem Messer an der Kehle
Mit dem Wasser bis zum Hals

Dar soga a uno
Jemanden foppen, bzw. hereinlegen

Echar la soga tras el caldero
Die Flinte ins Korn werfen

Hacer soga
Zurückbleiben
Am Thema vorbeireden

La soga tras el caldero
Ein Herz und eine Seele
Unzertrennlich

Llevar (o traer) la soga arrastrando
In ewiger Angst vor Bestrafung leben

Quebrar la soga por uno
Sein Versprechen nicht halten

Quebrar (siempre) la soga por lo más delgado
Der Damm bricht immer da, wo er am dünnsten ist

Sol/*Sonne*

Arrimarse al sol que más calienta
Ein Opportunist sein

A pleno sol
In der prallen Sonne

Como un sol
Blitzblank
Bildhübsch
Prächtig

De sol a sol
Von früh bis spät

Es un sol de niño
So ein süßes (bzw. liebes) Kind
Ein Prachtjunge (bzw. -kind)

Meter a uno donde no vea el sol
Jemanden hinter schwedische Gardinen bringen

Morir sin sol, sin luz y sin moscas
Einsam und verlassen sterben

Nada nuevo bajo el sol
Nichts Neues unter der Sonne

No dejar a uno (ni) a sol ni a sombra
Jemandem wie sein Schatten folgen

¡Salga el sol por Antequera! (véase también salir)
(Ich tu's trotzdem,) mag geschehen, was will

Ser un sol
Ein Goldstück sein

Ser más claro que el sol
Sonnenklar sein

Tomar el sol
Sonnenbaden - Sich sonnen

Solemne/*Feierlich*

Prometer algo solemnemente
Etwas hoch und heilig versprechen

Una solemne tontería
Eine Riesendummheit
Ein Blödsinn

Soleta

Apretar (o picar) de soleta, o tomar soleta
Rennen
Die Beine unter die Arme (od. den Arm, od. in die Hand) nehmen

Dar soleta a uno
Jemanden an die Luft setzen

Solfa

Poner en solfa
Ins Lächerliche ziehen

Tocar la (o dar una) solfa, o solfear, a alguien
Jemanden verprügeln
Jemandem den Marsch blasen

Soltar

No soltar prenda
Über etwas schweigen

Soltarle una fresca a uno
Jemandem eine Frechheit an den Kopf werfen

Soltarse el pelo (o la melena)
Alle Skrupel fallen lassen

Soltar la pasta
Mit dem Zaster herausrücken

Soltar palabrotas (tacos)
Schimpfwörter gebrauchen

Sombra/*Schatten*

Estar a la sombra
Im Schatten sein
Im Kittchen sitzen

Esto no tiene ni sombra de verdad
Da ist keine Spur von Wahrheit dran

Hacer sombra a uno
Jemanden in den Schatten stellen

No ser (ni) sombra de lo que era
Längst nicht mehr das sein, was er einmal war

No tener ni sombra de...
Keine Spur von... haben (od. daran sein)

No tiene ni sombra de valor
Er hat keine Spur von Mut

Ponerle a la sombra a uno
Jemanden einlochen

Quedar (como) sin sombra
Schwermütig, bzw. mißmutig, werden

Ser la sombra de uno
Jemandes Schatten sein
Jemandem wie sein Schatten folgen

Tener buena sombra
Sympathisch, bzw. geistreich, od. witzig, sein
Charme, bzw. Glück, haben

Tener mala sombra
Einen üblen Eindruck machen
Einen üblen Einfluß auf andere ausüben
Unsympathisch sein

Sombrajo

Hacer sombrajo a uno
Jemandem im Licht (od. in der Sonne) stehen

Se le caen los palos del sombrajo
Ihm fällt das Herz in die Hosen

Son

¿A son de qué? - ¿A qué son?
Warum? - Mit welcher Begründung?
Aus welchem Grund?

Bailar al son que le tocan
Nach jemandes Pfeife tanzen
Sehr wetterwendisch sein
Mit dem Wölfen heulen

En son de amenaza
Drohend

En son de burla
Spöttisch

En son de guasa
Im Scherz

En son de paz
In friedlicher Absicht

En son de venganza
Aus Rache

Sin son
Grundlos
Ohne Sinn
Mir nichts, dir nichts

Sin ton ni son
Ohne Grund und Anlaß
Aus blauem Himmel

Sonada

Hacer una que sea sonada
Aufsehen erregen
Das Haus auf den Kopf stellen
Unangenehm auffallen

Sonar/*Klingen*

¡Así como suena! (o tal como suena)
Im wahrsten Sinne des Wortes

(No) me suena
Das kommt mir (nicht) bekannt vor
Das klingt vertraulich

Soñación
Ni por soñación/¡Ni soñarlo!
Nicht im Traum
Kein Gedanke!

Sopa

Andar a (o comer) la sopa boba
Nassauern

Umsonst mitessen
Auf Kosten anderer leben

Dar sopas con honda a uno
Jemandem haushoch überlegen sein

Estar hecho una sopa
Patschnaß sein
Betrunken (Voll wie ein Faß) sein

Sorber

Sorber los vientos por uno
Nach jemandem verrückt sein
Auf jemanden stehen

Quedar hecho un sorbete
Vor Kälte zittern
Ein Eiszapfen sein

Sordina/*Dämpfer*

A la sordina (o sorda, o a lo sordo, o a sordas)
Heimlich (,still und leise)
Sachte, geräuschlos
Wie ein Mäuschen

Echar la sordina
Leise reden

Poner sordina a
Mäßigen, dämpfen
Den Dämpfer aufsetzen

Sordo/*Taub*

¡El diablo sea sordo!
Toi, toi, toi!
Unberufen!
Schnell mal auf Holz klopfen!

Hacerse el sordo (o el sueco)
Sich taub stellen

Sota

Sota, caballo y rey
Immer dasselbe! (Essen)

Sudar/*Schwitzen*

Hacerle sudar a uno
Jemanden ordentlich bluten lassen

Sudar a mares
Ströme von Schweiß vergießen

Sudar la hiel (o tinta negra)
Schuften, daß der Schweiß nur so läuft

Sudó la gota gorda en el examen
Blut und Wasser schwitzen

Sueco

Hacerse el sueco
Den Dummen spielen
Sich taub (od. dumm) stellen

Suelas

Pícaro de siete suelas
Erzgauner

No llegarle a la suela del zapato
Jemandem das Wasser nicht reichen können

Suelo/*Boden*

Dormir a suelo raso
Auf dem Erdboden (bzw. auf der Straße) schlafen

¡Del suelo no pasa!
Alle neune!
Tiefer fällt's nicht mehr!

Echar por el suelo
Ruinieren, zerstören

Echarse por los suelos
Sich zu billig machen

Estar por los suelos
Spottbillig sein
Zu nichts mehr zu gebrauchen sein

Poner por los suelos
Schlechtmachen
Durch den Dreck ziehen

Sueño/*Schlaf, Traum*

Caminar en sueños
Schlafwandeln

Descabezar el sueño
Ein Nickerchen machen

Estar en siete sueños
Im tiefsten Schlaf sein

Entre sueños
Im Halbschlaf

Echar un sueñecito
Ein Nickerchen (od. sein Schläfchen) machen

Me caigo de sueño
Ich bin todmüde

Tener sueño atrasado
Schlaf nachholen müssen

Tener sueño
Müde (od. schläfrig) sein

Suerte/*Glück*

Caerle (o tocarle) a uno en suerte una cosa
Jemandem etwas zuteil werden
Jemand gewinnt etwas

De suerte que
Derart, da
So, daß

De otra suerte
Sonst

De esta (o tal) suerte
Derart
So

De ninguna suerte
Keineswegs
Auf keinen Fall

De toda suerte
Alle Arten von

De baja suerte
Von gemeiner Herkunft
Von niederem Rang

Echar (a) suertes
(Aus-, ver-)losen

Elegir por suerte a uno
Jemanden durch das Los bestimmen

Entrar en suerte
Verlost werden

La suerte del enano...
Ein Pechvogel sein
Ein Unglücksrabe sein

La suerte está echada
Die Würfel sind gefallen

Quiso la suerte que...
Es fügte sich (nun) so, daß...

Tener (buena) suerte
Glück haben

Tener mala suerte
Pech haben

Traer suerte
Glück bringen

Traer mala suerte
Unglück (od. Pech) bringen

Sumir

Sumir en un mar de confusiones
In einen Abgrund von Verwirrung stürzen

Sumirse en la desesperación
Sich in Verzweiflung stürzen

Sumirse en el vicio
Im Laster verkommen

Surco

Echarse en el surco
Schlappmachen, aufgeben
Die Flinte ins Korn werfen

Llenar de surcos la frente
Die Stirn in Falten legen
Die Stirn runzeln

Sursuncorda

No lo haré aunque me lo mande el sursuncorda
Ich tue es nicht, und wenn es Gott weiß wer von mir verlangt

Surtir

Surtir efecto
Seine Wirkung tun

Susto/*Schreck (en)*

Cara de susto
Erschrockenes Gesicht

Coger de susto
Überraschen

Dar (o pegar) un susto a uno
Jemandem einen Schrecken einjagen
Jemanden erschrecken

Dar un susto al miedo
Häßlich wie die Nacht sein

Llevarse (o pasar) un susto (de muerte)
Einen (Riesen)schreck kriegen

Suyo/*Sein*

A cada uno (o cual) lo suyo
Jedem das seine

Dar lo suyo a uno
Jemanden fertigmachen
Jemandem Saures geben

Hacer de las suyas
Es toll treiben
(Allerlei) Unfug treiben (od. anstellen)

Ir a lo suyo
Auf seinen eigenen Vorteil bedacht sein

Lo suyo y lo ajeno
Was ihm und was ihm nicht gehört

Llevar la suya adelante
Sein Vorhaben vorwärtstreiben

Salir(se) con la suya
Seinen (Dick-)kopf durchsetzen
Seinen Willen haben (od. durchsetzen)
Erreichen, was er will

Ser alguien muy suyo
Sehr eigenbrötlerisch (od. eigentümlich) sein

T

Taba

Menear uno las tabas
Schnell gehen, bzw. laufen

Tabanque

Levantar el tabanque
Die Sitzung aufheben
Sein Bündel schnüren

Tabarra

Dar la tabarra a uno
Jemandem auf die Nerven (od. auf den Geist, od. auf den Keks) gehen
Jemandem auf den Wecker fallen

Tabique/*Wand*

Más sordo que un tabique
Stocktaub sein

Vivir tabique por medio
Wand an Wand wohnen

Tabla

A raja tabla (o a rajatabla)
Sehr streng
Um jeden Preis

Escaparse (o salvarse) en una tabla
Um ein Haar (od. wie durch ein Wunder) davonkommen

Hacer tabla rasa (de algo)
Tabula rasa (od. reinen Tisch) machen

Llevar a las tablas una obra
Stück aufführen

Pisar bien las tablas
Seine Rolle mit großer Natürlichkeit spielen

Quedar en (o hacer) tablas
Remis machen
Patt bleiben

Salir a las tablas
Auftreten

Ser de tabla
Üblich (od. gebräuchlich) sein

Tener (muchas) tablas
(Bühnen)erfahrung haben
Ein alter Hase sein

Tableta

Quedarse uno tocando tabletas
In den Mond gucken
Mit leeren Händen dastehen, bzw. ausgehen

Tablón

Coger (o pillar) un tablón
Einen Affen (drauf) haben

Tacita

Como una tacita de plata
Blitzsauber

Taco

Armarse (o hacerse) un taco
Durcheinander kommen
Nicht mehr ein noch aus wissen

Dejar a uno hecho un taco
Jemanden niederdrücken (od. bedrücken)

Darse taco - Soltar tacos
Sich etwas einbilden
Wichtig tun; Fluchen
Derbe Ausdrücke gebrauchen

Tacha

Poner tacha(s) a
Etwas auszusetzen haben an

Tachar de
Abtun als...
Bezeichnen als...

Un trabajo sin tacha
Eine makellose Arbeit

Tacho

Irse al tacho
Schiefgehen
Ins Wasser fallen

Tajada

Coger (o pillar) una tajada
Einen Schwips bekommen
Sich beschwipsen

Sacar tajada
Seinen Reibach machen

Tajo

Largarse al tajo
Zur Arbeit abhauen

¡Vamos al tajo!
Hände an die Arbeit!
Hand ans Werk!

Tirar tajos a uno
Jemanden mit dem Messer bearbeiten

Talante

Estar de buen (mal) talante
Guter (schlechter) Laune sein

Talego/*Geldsack*

Tener talego
Geld haben

Taleguilla de la sal
Geld für die täglichen Ausgaben

Volcar el talego
Reinen Tisch machen
Jemandem sein Herz ausschütten

Talón/*Ferse*

Apretar (o levantar, apretar) los talones
Fersengeld geben
Reißaus nehmen

Pegarse a los talones de uno
Sich an jemandes Fersen heften

Tener el juicio en los talones
Die Weisheit nicht mit Löffeln gegessen haben

Talla

De talla
Bedeutend

De poca talla
Unbedeutend

Dar la talla (milit.)
Tauglich sein (milit.)

No tener la talla para...
Nicht das Format haben, (um) zu...

Poner talla a uno
Auf jemandes Kopf einen Preis setzen

Tambor

Estar tocando el tambor
Seine Zeit verlieren
Nichts erreichen

Pregonar a tambor batiente
Etwas ausposaunen

Tamboril

Tamboril por gaita
Gehupft wie gesprungen

Tamiz

Pasar por el tamiz
Genau überprüfen

Tanate

Cargar con los tanates
Sein Bündel schnüren (od. packen)

Tanda/*Reihe*

Estar de tanda
An der Reihe sein

Hacer tanda
Schlange stehen

Por tandas
Schichtweise

Tangente

Escapar(se), irse o salir(se) por la tangente
Ausweichen - Sich drücken

Tantear

Al tanteo
Uber den Daumen gepeilt

Tantear a uno
Jemandem auf den Zahn fühlen
Jemanden aushorchen

Tantear el terreno
Vorfühlen
Das Gelände sondieren

Tanteársela a uno
Jemanden auf den Arm (od. auf die Schippe) nehmen

Tantas/Tanto/*So viel*

A las tantas
Sehr spät

A tantos de enero
Am soundsovielten Januar

A las tantas
Sehr spät

Apuntarse un tanto
Einen (Plus-)punkt für sich verbuchen können

Ni tanto ni tan calvo
Nicht so viel(e)!
Nur nicht übertreiben!

No es (o hay) para tanto
So schlimm ist es nicht

Tanto monta... monta tanto
Es ist eins wie's andere
Das ist gehupft wie gesprungen
Das ist alles eine Wichse

Tantum ergo

Llegar al tantum ergo
Ganz zum Schulß (od. viel zu spät) kommen

Tapa

Levantar(se) (o saltar se) la tapa de los sesos
(Sich) eine Kugel in den Kopf jagen
Jemanden niederknallen

Ponerse la tapa del baúl
Sich in Schale werfen

Tapar

Tapar agujeros
Löcher stopfen

Tapar la boca a uno
Jemandem den Mund stopfen

Taparse la boca
Schweigen

Tapadillo

Andar con tapadillos
Heimlichkeiten haben

De tapadillos
Heimlich, verstohlen

Tapete

Estar sobre el tapete
Zur Erörterung stehen

Poner sobre el tapete
Aufs Tapet bringen
Anschneiden (Thema)

Quedar sobre el tapete
Unerörtert bleiben

Tapia

Más sordo que una tapia
Stocktaub

Tapón

Kleine, dicke Person

¡Al primer tapón, zurrapas!
Es ist noch kein Meister vom Himmel gefallen

Se formó un tapón impresionante
Es gab einen riesigen Stau (od. Verkehrsstau [ung], od. -stockung)

Tapujo

Andar con tapujos
Heimlichtun

Sin tapujos
Klipp und klar

Tarabilla

De tarabilla
Hastig, schlampig

Tarará

¡Tarará que te ví!
Hab'dich (es) schon gesehen!
Nachtigall ich (od. ick) hör dir trapsen

Tardar

A más tardar
Spätestens

Sin más tardanza
Unverzüglich
Kurzerhand

Tardar una eternidad
Eine Ewigkeit brauchen (bzw. wegbleiben)

Tarde

De tarde en tarde
Von Zeit zu Zeit

De la tarde a la mañana
Übernacht
Plötzlich, unverhofft

Más vale tarde que nunca
Besser spät als nie

Se (me) hace tarde
Ich habe es eilig
Es wird (mir) zu spät

Tarde o temprano
Früher oder später

Tardío

Ser muy tardío en andar
Ein recht langsamer Fußgänger sein

Tarea

Trabajar por tarea
Gegen die Uhr arbeiten

¡Tarea te mando!
Da hast du was zu tun!

Tártago

Darse un tártago
Schuften
Viel zu tun haben

Tarumba

Esa chica le tiene tarumba
Dieses Mädchen hat ihm den Kopf verdreht

Volver tarumba a uno
Jemanden total verrückt machen

Volverse tarumba
Durcheinander kommen
Verrückt werden

Tasar

Tasa a los niños hasta la leche
Sie knausert sogar mit der Milch für die Kinder

Tatas

Andar a tatas
Auf allen vieren kriechen

Té

Dar el té a uno
Jemanden belästigen (od. langweilen)
Jemandem auf den Wecker gehen

Tea

Coger (o pillar) una tea
Einen Affen kriegen

Tecla

Dar en la tecla
Den Nagel auf den Kopf treffen

Dar en la tecla de
Auf den Trick verfallen, zu

Hay que tocar muchas teclas a la vez
Das ist zuviel auf einmal
Man muß an zuviele Sachen auf einmal denken

No le queda ninguna tecla por tocar
Er ist total am Ende
Er hat schon alles Mögliche versucht

Tocar todas las teclas
Alle Register ziehen
Kein Mittel unversucht lassen

Techo

Sin techo ni lecho
Kein Dach über dem Kopf (haben)

Tocar techo
Den Gipfel erreicht haben
Nicht weiterkommen (können)

Teja/*Ziegel*

A teja vana
Unter dem Dach
Ins Blaue hinein

A toca teja
Bar auf den Tisch
In barem Geld

De tejas abajo
Hier auf Erden
Nach dem natürlichen Lauf der Dinge

De tejas arriba
Im Himmel
Nach Gottes Willen

Tiempo

A mal tiempo, buena cara
Gute Miene zum bösen Spiel (machen)

Dar tiempo al tiempo
Nichts überstürzen
Sich Zeit lassen

Fuera de tiempo
Immer mit der Ruhe!
Zur Unzeit

Ganar tiempo
Zeit gewinnen

Hacer tiempo
Sich die Zeit vertreiben

Perder el tiempo
Die Zeit verschwenden

Y si no, al tiempo
Wir werden schon sehen, was dabei herauskommt

Tienda/*Zelt*

Levantar la tienda
Seine Zelte abbrechen

Ir de tiendas
Einkaufen gehen

Tienta

Andar a tientas
Tappen, tapsen
Im Dunkeln tappen

Decir algo a tientas
Vorfühlen
(Jemandem) auf den Zahn fühlen

Tiento/*Abtasten*

¡Ándale con tientos!
Sei (lieber) vorsichtig!
Vorsicht ist die Mutter der Porzellankiste (od. der Weisheit)

Con tiento
Behutsam, vorsichtig

Dar un tiento
Prüfen, sondieren
Auf den Zahn fühlen

Dar tientos a uno
Jemanden schlagen

Dar un tiento al jarro
Einen Schluck nehmen (od. tun)

Echar un tiento a una chica
Anbändeln wollen
Einer Frau (od. einem Mädchen) gegenüber zudringlich werden

Perder el tiempo
Sein Fingerspitzengefühl verlieren

Sin tiento
Unvorsichtig

Tener (od. llevar) a los tientos
Etwas immer in Reichweite (bzw. bei sich) haben
Jemanden nicht aus den Augen verlieren

Tomar el tiento a una cosa
Etwas sondieren, prüfen

Tierra/*Erde, Boden*

¡Ábrete (o trágame) tierra!
Am liebsten würde ich im Boden versinken (od. mich verkriechen)

Besar la tierra - Caer a tierra
Hinfallen
Auf den Boden fallen

Como tierra
Reichlich
Im Überfluß

Estar comiendo tierra
Ins Gras gebissen haben

Dar en tierra
Niedersinken, umfallen

Dar en tierra a uno
Jemanden begraben

Dar en tierra con (o echar por tierra) una cosa
Umwerfen
Zunichte machen, ruinieren

Echarle tierra a un asunto
Eine Sache begraben (bzw. vertuschen)
Gras über eine Sache wachsen lassen

Echar tierra a los ojos de uno
Jemandem Sand in die Augen streuen

Echarse tierra a los ojos
Sich ins eigene Fleisch schneiden

Echarse a tierra
Sich demütigen
Sich ergeben

Ganar tierra
Boden gewinnen

Perder tierra
Ab-, ausrutschen
Den (festen) Boden (unter den Füßen) verlieren

Poner tierra por medio
Sich aus dem Staub machen

Quedarse en tierra
Nicht mitfahren, bzw. mitfliegen (können)

Sacar una cosa debajo de la tierra
Alle Mittel aufwenden, um etwas zu erreichen, bzw. zu bekommen

Se le tragó la tierra
Er ist wie vom Erdboden verschwunden

Tomar tierra
Landen
Mit jemandem in Fühlung kommen
Den Dreh von etwas heraushaben

Ver tierras
Sich in der Welt umsehen

Volver a la tierra
Sterben

Tieso/*Steif*

Dar tieso
Kräftig zuschlagen

Dejar tieso a uno
Jemanden umlegen

Le encontré muy tieso (a pesar de su edad, enfermedad, etc)
Ich fand ihn sehr fit für sein Alter, bzw. trotz seiner Krankheit, usw.)

Más tieso que un garrote
Stocksteif
Kerzengerade (sein, gehen, stehen)
Äußerst strikt sein

Nos recibió muy tieso
Er hat uns sehr kühl empfangen

Ponerse tieso - Tieso que tieso
Seine Meinung hartnäckig verteidigen

Quedarse tieso
Erstarren (vor Kälte, vor Schreck)

Tener(se)las tiesas con uno
Stur sein, bzw. bleiben

Tieso de cogote
Hochmütig, arrogant, überheblich

Tieso como un ajo (o un palo, un poste, una vela)
Stocksteif
Steif wie ein Ladestock
Kerzengerade

Tiesto

Mear fuera del tiesto
An der Sache vorbeireden

Salirse del tiesto
Ins Blaue reden
Ins Fettnäpfchen treten
Fehlschlagen, danebenhauen

Tigre

Ponerse como un tigre
Wütend werden
Fuchsteufelswild werden

Oler a tigre
Stinken

Tijera

Buena tijera
Lästermaul, Verleumder
Vielfraß

Cortado por la misma tijera
Jemandem wie aus dem Gesicht geschnitten

Obra (o trabajo) de tijera
Zusammengestoppeltes Werk

¡Tijeretas han de ser!
So ein rechthaberischer Starrkopf!

Tilde

Poner tildes a
Etwas auszusetzen haben an

Poner tildes
Auf Kleinigkeiten herumreiten

Tildar a alguien de (borracho)
Jemanden etwas heißen (od. nennen)
Jemanden als... hinstellen

Tilín

En un tilín
Im Nu, im Hui

Hacer tilín
Anklang finden, gefallen
Anlocken

No me hace tilín
Es gefällt (bzw. es liegt) mir nicht
Es kann mich nicht reizen

Tener tilín
Anziehend, attraktiv, charmant sein

Timbo

Del timbo al tambo
Von Pontius bis Pilatus

Timo/*Schwindel*

Dar un timo a uno
Jemanden hereinlegen

¡Esto es un timo!
Das ist der reinste Betrug (od. Schwindel)!

Timón/*Ruder*

Coger (o empuñar) el timón
Ans Ruder kommen
Die Führung übernehmen

Tinglado

Armar un tinglado
Alles durcheinander bringen
Ein Komplott schmieden

Montar un tinglado
Einen Laden aufziehen

Todo el tinglado
All das Drumherum
Das ganze Drum und Dran

Tino/*Geschick*

Coger el tino
Den Dreh von etwas herausbekommen

Obrar con mucho tino
Mit Feingefühl vorgehen

Perder el tino
Aus der Fassung geraten

Sacar de tino
Aus der Fassung bringen

Sin tino
Maßlos
Ohne Maß und Ziel

Tinta

Medias tintas
Halbheiten
Unklarheiten

Recargar las tintas
Übertreiben

Presentar una situación bajo tintas muy negras
Etwas schwarz (aus-)malen

Saber de buena tinta
Aus guter (od. sicherer) Quelle wissen

Sudar tinta (negra)
Schuften
Sich abrackern (müssen)

Tintero

Dejar(se) (o quedársele) a uno en el tintero una cosa
Etwas (ganz und gar) vergessen
Etwas verschwitzen

Más vale que lo dejes en el tintero
Laß das mal lieber sein!

Tiña

Más viejo que la tiña
Steinalt, uralt

¡Si la envidia fuera tiña, cuantos tiñosos habría!
Neidhammel gibt es viele!

Tío

No hay «tío pásame el río»
Kein Gedanke!
Kommt nicht in Frage!

Tener un tío en las Indias
Eine reiche (Erb-) Tante haben

Tiovivo

Dar más vueltas que un tiovivo
Von Pontius bis Pilatus laufen

Tipo

Aguantar el tipo
Standhalten

Dar el tipo adecuado
Sich der Situation anpassen

Jugarse el tipo
Alles auf eine Karte setzen
Sein Leben riskieren
Kopf und Kragen riskieren

Mantener el tipo
Sich unerschrocken zeigen
Mumm beweisen

Tener buen tipo
Eine gute Figur haben

¡Valiente tipo!
Das ist mir auch so einer!
Den Typ kennen wir!

Tirado

Estar tirado
Kinderleicht
Spottbillig, geschenkt

Tira

La tira de cosas...
Eine Unmenge (von) etwas

¡Primero me hacen tiras!
Da lasse ich mich lieber umbringen!

Tirabuzón

Sacar una cosa a alguien con tirabuzón
Etwas mühsam aus jemandem herausholen
Jemandem die Würmer aus der Nase ziehen

Tirar/*Schießen, werfen*

A tira más tira
Um die Wette schießen

A todo tirar
Höchstens, bestenfalls

Ir tirando
Sich (so) durchschlagen
Gerade auskommen
Sich hinschleppen

La cabra siempre tira al monte
Die Katze läßt das Mausen nicht
Niemand kann aus seiner Haut heraus

Ni (o no) tirarse ni pagarse con una persona o cosa
Nichts mit jemandem oder etwas zu tun haben wollen

Tirar a
Neigen zu
Erstreben
Hinarbeiten auf

Tirar a verde
Ins Grüne spielen

Tirar a (o por) la izquierda
Nach links einbiegen (od. gehen)

Tirar a uno (en una prueba)
Jemanden durchfallen lassen

Tirar de (o por) largo
Mit vollen Händen ausgeben, bzw. verschwenden
Zu hoch schätzen

Tirar el dinero (a la calle)
Sein Geld (sinnlos) verschwenden

Tirar la casa por la ventana
Sein Geld zum Fenster hinauswerfen

Tirarse a muerto
Den dummen August spielen

Tirarse de risa
Sich biegen vor Lachen
Sich kaputtlachen

Tirar largo
Zu weit gehen

Tirar más allá del blanco
Über das Ziel hinausschießen

Tirarla (o tirársela) de
Sich aufspielen als

Tirar al monte
Heimweh haben
Sich nach früheren Zeiten, Orten, Gewohnheiten, sehnen
In alte Unarten, bzw. Untaten verfallen

Tiritar

Dejaron el pastel tiritando
Sie haben nur ein paar Krümel vom Kuchen übriggelassen

Tiro/*Schuß, Wurf*

Acusar el tiro alguien
Zeigen, daß man (die Anspielung, usw.) verstanden hat

Al tiro
Sofort
Auf der Stelle

A tiro
In Reichweite
In nächster Nähe

A tiro hecho
Treff-, ziel-sicher

A tiro limpio
Mit (Waffen-) Gewalt

A un tiro de piedra
Einen Steinwurf weit

Acertar el tiro
Treffen
Sein Ziel erreichen

Andar (o estar) a tiros con alguien
Mit jemandem verkracht sein

Caerle (o sentarle) una cosa a alguien como un tiro
(Zu) jemandem überhaupt nicht passen
Jemandem schlecht bekommen, bzw. schwer im Magen liegen (Speise)

Dar (o pegar[le]) a uno cuatro tiros
Jemanden erschießen
Jemandem eine Kugel durch den Kopf jagen

De (o a) tiros largos
Piekfein
Herausgeputzt

Errar el tiro
Danebenschießen, denebentreffen

Hacer tiro a uno
Es auf jemanden abgesehen haben

Le salió el tiro por la culata
Der Schuß ging nach hinten los

Ni a tiros
Nicht um alles in der Welt

No van por ahí los tiros
Das hat damit nichts zu tun
Das ist etwas ganz anderes

Poner a tiro una cosa
Etwas weitgehend vorbereiten

Tirón/*Ruck*

A tirones
Ruck-, stoß-, sprungweise

De un tirón
Auf einmal

Dar un tirón de orejas a uno
Jemanden an den Ohren ziehen

Ni a dos (o tres) tirones
Nicht um alles in der Welt

Tirria

Tener tirria a uno
Einen Pik auf jemanden haben

Jemanden nicht leiden (od. ausstehen) können

Títere

Echar uno los títeres a rodar
Sich mit jemandem verkrachen

Hacer títere a uno alguna cosa
In etwas vernarrt sein

No dejar títere con cabeza
Alles kurz und klein schlagen

No quedó títere con cabeza (o con cara)
Da blieb nichts heil

Tití

Más feo que un tití
Häßlich wie die Nacht

Toalla/*Handtuch*

Arrojar (o tirar, o lanzar) la toalla
Das Handtuch werfen

Tocado

Estar tocada (una cosa)
Nicht mehr ganz in Ordnung sein

Estar tocado de la cabeza
Einen kleinen Dachschaden haben
Nicht ganz richtig im Kopf sein

Tocar/*Berühren*

A toca, no toca
Ganz eng (od. dicht) beieinander

Pagar a toca teja (o tocateja)
(In) bar(em Geld) zahlen

Tocar de cerca a uno
Jemanden besonders berühren (od. betreffen)

Tocan a comer
Auf zum Essen!

Tocan a pagar
Jetzt heißt es zahlen!

Tocar el gordo a uno
Das große Los gewinnen

Tocarle a uno bailar con la más fea
Das (große) Nachteil haben
In den sauren Apfel beißen müssen

Tocárselas
Reißaus nehmen
Die Beine unter den Arm nehmen

Tocar todos los resortes
Alle Hebel in Bewegung setzen

Todo/*Alles*

Jugar(se) el todo por el todo
Alles riskieren
Alles aufs Spiel setzen

Ser el todo alguien (algo)
Der, bzw. die (das) Wichtigste sein

Todo es uno
Es ist alles dasselbe

Todos son unos
Sie sind alle gleich

Tolano

Picarle a uno los tolanos
Hunger haben
Jemandem knurrt der Magen

Tole

Levantar el tole
Sturm laufen (gegen jemanden)

Tomar el tole
Abhauen, verduften

Toledana

Noche toledana
Schlaflose Nacht

Tolondrón

A tolondrones
Stoß-, ruckweise

Tomar/*Nehmen*

No me tomes el pelo
Mache das einem andern weis

Tomar a bien (a mal) algo
Etwas gut (schlecht) aufnehmen

Tomar a risa
Als Scherz auffassen

Tomar a la ligera
Auf die leichte Schulter nehmen

Tomar cariño a uno
Jemanden liebgewinnen

Toma y daca
Wie du mir, so ich dir

Tomarla (o tenerla tomada) con alguien
Einen Pik auf jemanden haben

Tomar uno una cosa por donde quema
Etwas von der schlechtesten Seite auffassen

Tomar las cosas como caen
Die Dinge nehmen, wie sie kommen

Tomar por...
Für... halten

Tomarse con uno
Mit jemandem Streit anfangen

Tomar uno sobre sí a una cosa
Etwas auf sich nehmen

¡Tómate esa!
Da hast du's!
Das hat gesessen!

Tomar el pelo a alguien
Jemandem einen Bären aufbinden
Jemandem etwas weismachen
Sich lustig machen über jemanden

Tomar las de Villadiego
Sich aus dem Staub machen
Reißaus nehmen
Die Beine unter den Arm nehmen

Tomate/*Tomate*

Aquí hay mucho tomate
Hier gibt es viel zu tun
Da ist was los

Poner (el culo) como un tomate
Ordentlich verdreschen

Ponerse como un tomate
Puterrot werden
Rot wie eine Tomate werden

Tomo

De tomo y lomo
Wichtig, bedeutend, mächtig

Ton

Sin ton ni son - Sin ton y sin son
Ohne Grund und Anlaß
Ganz aus blauem Himmel

Tono/*Ton*

A tono
Übereinstimmend, passend

Bajar el tono
Den Ton mäßigen
Klein beigeben

Darse tono
Sich wichtig machen, angeben
Sich aufspielen

Decir una cosa en todos los tonos
Etwas klipp und klar sagen
Es in jeder erdenklichen Weise sagen

Estar a tono
Gelegen sein
Passen

Mudar (o cambiar) de tono
Andere Saiten aufziehen
Eine andere Tonart anschlagen

No venir a tono
Unpassend (bzw. unangebracht) sein

Poner a tono
Auf das richtige Maß zurückführen

Ponerse a tono
In Stimmung kommen (trinken)
Mitmachen

Subir (se) de tono
Sich aufs hohe Roß setzen
Auftrumpfen

Salirse de tono
Aus der Rolle fallen

Tonto/*Dumm*

A lo tonto
Einfach so
Ohne es sich zu überlegen, bzw. zu planen
Ohne es zu wollen

A tontas y a locas
Ohne Sinn und Verstand
Wild durcheinander
Wie Kraut und Rüben (durcheinander)

Como tonto en vísperas
Wie der Ochs vorm Berg (od. vorm Scheunentor)

Dejar tonto a uno
Jemanden verblüffen

Hacer el tonto
Sich dumm (od. blöd) benehmen
Seine Zeit vertrödeln

Hacerse el tonto
Sich dumm stellen

No hay tonto para su provecho
Etwa: Selbst der Dümmste trifft manchmal den Nagel auf den Kopt

Ponerse tonto
Sich etwas einbilden
Starrköpfig sein

Tonto del bote (o del bolo, o de las narices)
Saublöd, stockdumm
Blöde Person

Tonto de capirote
Alberne, od. törichte, od. unfähige Person
Blöder (od. doofer) Heini

Tonto perdido
Schwachkopf, Dummkopf

Tope

Ahí está el tope
Das ist eben der Haken

De tope a tope - Hasta el tope
Von einem Ende (bis) zum andern

Estar hasta los topes uno
Die Nase voll haben (von)
Es satt haben

Hasta los topes
Zum Brechen voll

Topo/*Maulwurf*

Más ciego que un topo
Blind wie ein Maulwurf

Toque

A toque de campana
Mit übertriebener Disziplin

Dar un toque a uno
Jemanden auf die Probe stellen

Dar los primeros toques a una cosa
Die ersten Schritte tun (um etwas zu unternehmen)
Eine Arbeit anfangen

Dar el último toque a una cosa
Etwas den letzten Schliff geben

Darle un toque de atención a uno
Jemanden warnen

Un toque personal
Eine persönliche Note

Torcer

Andar (o estar) torcido con uno
Mit jemandem verkracht sein

Ha salido torcido
Falsch, hinterlistig sein

Torcerle el cuello a uno
Jemanden den Hals umdrehen

Torcer el gesto
Das Gesicht verziehen
Die Nase rümpfen

Torcer el morro (o el hocico)
Eine saure Miene machen

Torcer la esquina
Um die Ecke biegen

Torcer palabras, etc.
Worte usw. verdrehen

Torcerse una persona
Auf Abwege geraten

Torcerse un asunto
Nicht gelingen
Schiefgehen

Torcerse leche (vino)
Gerinnen (Milch)
Sauer werden (Wein)

Torera

La está toreando
Er tanzt ihr auf der Nase herum

No se lo salta (ni) un torero
Das ist kaum zu übertreffen

Saltarse algo a la torera
Sich (kühn) über etwas hinwegsetzen
Sich (erfolgreich) (frech) vor etwas drücken

Tormento/*Folter*

Confesar uno sin tormento
Ohne weiteres zugeben

Dar tormento a uno
Jemanden quälen (od. foltern)
Jemanden auf die Folterbank spannen

Una **tormenta** en un vaso de agua
*Ein **Sturm** im Wasserglas*

Torna

Se han vuelto las tornas
Das Glück (od. das Blatt) hat sich gewendet

Volver las tornas
Mit gleicher Münze heimzahlen

Tornillo/*Schraube*

Apretarle a uno los tornillos
Jemanden in die Enge treiben
Jemanden an die Kandare nehmen

Le falta un tornillo
Tiene flojos los tornillos
Bei ihm ist eine Schraube locker

Torniquete

Dar torniquete a una frase
Den Sinn eines Satzes verdrehen

Toro/*Stier*

Ciertos son los toros
So hat es kommen müssen
Ich hab's ja gleich gewußt!

Coger al toro por los cuernos
Den Stier bei den Hörnern packen

Dejar en las astas (o los cuernos) del toro
Im Stich lassen
In der höchsten Not lassen

Despachar el toro
Eine schwierige Sache erledigen

Echarle (o soltarle) a uno el toro
Jemanden barsch anfahren
Jemanden zur Sau (od. zur Minna) machen

Haber toros y cañas
Es gibt Mord und Totschlag

Ir(se) derecho al toro
Geradewegs auf sein Ziel zugehen

Huir del toro y caer en el arroyo
Vom Regen in die Traufe kommen

Hacer toros
Die Schule schwänzen

Le salió la vaca toro
Weiber wurden zu Hyänen

Murió en los cuernos del toro
Die Sache hat ihm Kopf und Kragen gekostet

¡Que salga el toro!
(Na) fangt endlich an!

¡Que van a soltar al toro!
Gleich geht's los!

Ser un toro corrido
Ein alter Hase sein
Es faustdick hinter den Ohren haben

Ver (o mirar) uno los toros desde la barrera
Sich nicht gebunden (od. nicht verpflichtet) fühlen - Sich nicht einmischen

Torta

La torta costó un pan
Es war teurer als man dachte
Der Knopf hat mehr gekostet als der Wanst

Llevar una torta
Einen Affen haben
Beschwipst sein

No saber (entender, decir) ni torta
Keine Ahnung haben (Nicht das Mindeste verstehen, Nicht Mu sagen)

No tener ni media torta
Ein Knirps sein
Ein Dreikäsehoch sein

Pegarle a uno una torta
Jemandem eine (her-)runterhauen (od. eine kleben)

Ser tortas y pan pintado
Kinderleicht sein
Das reinste Zuckerlecken sein

Tortilla

Cambiar (o volverse) la tortilla
Das Blatt wendet sich

Hacer tortilla a una persona
Jemanden zusammenschlagen

Tortuga

A paso de tortuga
Im Schneckentempo

Toser

A mí nadie me tose
Ich lasse mir nichts gefallen

No hay quien le tosa
No le tose nadie
Niemand kann es mit ihm aufnehmen

Toser una persona a otra
Es mit jemandem aufnehmen
Mit jemandem wettstreiten

Toser fuerte
Angeben, protzen

Tostada

Dar (o pegar) a uno la (o una) tostada
Jemanden übers Ohr hauen

No ver la tostada (en una cosa)
Nichts Besonderes (bzw. keinen Zweck) an etwas finden können

Olerse la tostada
Den Braten riechen
Lunte riechen

Trabajar/*Arbeiten*

Trabajar como un enano (o como un negro)
Wie ein Pferd schuften

Trabajar el latín
Latein büffeln

Trabajarse a una persona
Jemanden (mit Erfolg) bearbeiten

Trabajo/*Arbeit*

Cercar a trabajo (o de trabajos) a uno
Jemanden drangsalieren (bzw. strapazieren)

Con mucho trabajo
Mühselig, mühsam

Costar mucho trabajo una cosa
Schwierig sein
Mühsam, mühselig sein

El trabajo es el encanto de la vida - El trabajo es sagrado
Arbeit macht das Leben süß

No hay atajo sin trabajo
Ohne, Fleiß, kein Preis

Pasar muchos trabajos en esta vida
Viel durchmachen müssen

Tomarse el trabajo (de)
Sich die Mühe machen (zu)

Trabajo te mando
Leicht ist es nicht!

Traer

¡Este trabajito se las trae!
Das ist eine harte Nuß!

Traer a colación (a cuento)
Das Gespräch auf etwas (bzw. jemanden) bringen

Traer a mal traer a uno
Jemanden schikanieren (od. mißhandeln)
Jemanden erbittern, bzw. in Rage bringen

Traer a uno arrastrando (o arrastrado)
Jemanden strapazieren

Traer a uno de acá para allá
Jemanden hin und her hetzen
Jemanden in Atem halten

Traer cola
Unangenehme Folgen haben

Traer de cabeza a uno
Jemandem viel Sorge (od. Mühe) machen

Traer loco (o frito) a uno
Jemanden ganz verrückt machen (od. jemandem auf den Wecker fallen)

Traerse (entre manos) uno algo
Etwas vorhaben
Hintergedanken haben

Traerse algo bajo el poncho
Etwas im Schilde führen

Traérselas
Kompliziert sein
Schwierig sein
Es in sich haben

Traerse bien (mal)
Sich gut (schlecht) kleiden
Gut (schlecht) angezogen sein

Tráfago

Andar en muchos tráfagos
Ständig auf Achse sein
Unheimlich beschäftigt sein

Trágala

Cantarle a uno el trágala
Jemanden verspotten (od. verhöhnen), der klein beigeben muß

Tragantona

Darse una tragantona
Sich den Bauch vollschlagen

Tragar/*Schlucken*

Esta no me la trago
Das lasse ich mir nicht gefallen
Das kannst du jemandem anderen erzählen

Haberse uno tragado una cosa
Etwas Unangenehmes vorausahnen (od. kommen sehen)

No tragar a uno
Jemanden nicht ausstehen können

Tragárselas
Alles (hinunter) schlucken
Sich alles gefallen lassen

Tragedia/*Tragödie*

Hacer una tragedia de algo
Etwas zu tragisch nehmen
Etwas übertreiben

Parar una cosa en tragedia
Ein schlimmes Ende nehmen

Trago/*Schluck*

De un trago
Auf einen Zug
Mit einem Schluck
Auf einmal

Pasar un trago amargo
Bitteres durchmachen

Queda aún el trago más amargo
Das Schlimmste kommt noch

Traje

Cortar trajes (o un traje) a una persona
Sich über jemanden hermachen
Über jemanden klatschen

Tramontana

Perder la tramontana
Den Kopf verlieren

Trampa/*Falle*

Armar trampa
Eine Falle aufstellen

Caer en la trampa
In die Falle gehen

Coger a uno en la trampa
Jemanden auf frischer Tat ertappen

Estar cogido en la trampa
In der Falle sitzen

Hacer trampa
Mogeln, schwindeln

Hecha la ley, hecha la trampa
Für jedes Gesetz findet sich eine Hintertür

Llevarse la trampa una cosa (o un asunto)
Ins Wasser fallen
Futsch gehen

Tener más trampas que pelos en la cabeza
Mehr Schulden als Haare auf dem Kopf haben

Sin trampa ni cartón
Ohne jeden Schwindel

Tranca

A trancas y barrancas
Mit Ach und Krach

Trance

A todo trance
Um jeden Preis
Unbedingt

Tranco/*Schritt*

A trancos
Rasch und oberflächlich

En dos trancos (o en dos trancadas)
Mit drei Schritten
Schnell

Tranquillo/*Kniff*

Cogerle el tranquillo a una cosa
Den Kniff bei etwas herausbekommen

Trapo

A todo trapo
Aus allen Kräften
Mit vollen Segeln
Mit Vollgas

Con un trapo atrás y otro delante
Kein Hemd auf dem Leibe haben

Estar (o quedar) como un trapo
Erschöpft sein

Hablar de trapos
Über Mode (od. über Fähnchen, od. über Fetzen) sprechen

Poner a uno un trapo
Jemanden (fürchterlich) herunterputzen

Sacar (todos) los trapos (sucios o viejos) a relucir (o a la colada o al sol)
Jemandem gehörig seine Meinung sagen

Ser un trapo sucio
Keinen Pfennig wert sein

Soltar uno el trapo
Laut auflachen, loslachen
Losheulen

Traque

A traque barraque
Aus jedem beliebigen Anlaß
Alle fünf Minuten
Andauernd

Traste

Dar al traste con una cosa
Etwas kaputtmachen

Ir al traste una cosa
Kaputtgehen
Zerbrechen, zerreißen, usw.

Ir uno fuera de trastes
Unsinn reden
Einen Bock schießen
Nicht alle Tassen im Schrank haben

Sin trastes
Unordentlich
Wild durcheinander

Trastejar

Por aquí trastejan
Da nimmt einer Reißaus!

Trastienda

Tener mucha trastienda
Es faustdick hinter den Ohren haben

Trasto/*Kram*

Coger (o liar) los trastos
Sein Bündel schnüren (od. packen)

Tirar los trastos
Den ganzen Kram hinschmeißen

Tirarse los trastos a la cabeza
Einen tollen Krach haben
Sich mächtig in den Haaren liegen

Trato/*Handel*

Cerrar un trato
Ein Geschäft abschließen

Dar buen trato a uno
Jemanden gut behandeln

Tener trato
Gute Umgangsformen haben

¡Trato hecho!
Abgemacht!

Traza

Darse trazas
Sich zu helfen wissen

Darse trazas para
Mittel und Wege finden, zu

Llevar (o traer) traza(s) de
So aussehen, als ob

Por las trazas
Dem Aussehen nach
So wie es aussieht

Tener buena traza para hacer una cosa
Sich geschickt anstellen bei etwas
Talent für etwas haben

Trece

Estarse, mantenerse o seguir en sus trece
Hartnäckig bei seiner Meinung bleiben
Eine angefangene Sache hartnäckig verfolgen

Tren

Estar como un tren (o para parar un tren)
Eine tolle Figur haben
Sehr attraktiv sein

Llevar un gran tren de vida
Vivir a todo tren
Auf großem Fuß leben

Trena

Meter a uno en la trena
Jemanden kleinkriegen

Trenca

Está metido hasta las trencas
Das Wasser steht ihn bis zum Hals

Trenzado

Echar uno al trenzado una cosa
Sich um etwas nicht mehr kümmern

Tres

Cada dos por tres
Alle fünf Minuten

Como tres y dos son cinco
So sicher, wie zwei mal zwei vier ist

De tres al cuarto
Minderwertig(e Person)

Ni a la de tres
Um nichts auf der Welt
Auf keinen Fall

Trigo

Echar uno por esos trigos
(o por los trigos de Dios)
Sich verirren
Auf dem falschen Wege sein

Ir a parar alguien a los mismos trigos
Immer die gleiche Leier!
Immer das alte Lied!

No es lo mismo predicar que dar trigo
Es ist leichter, große Ratschläge zu geben, als sie selber auszuführen

No es todo trigo
Es ist nicht alles Honigschlecken

No ser trigo limpio
Nicht (ganz) in Ordnung, bzw. nicht ganz sauber sein

Trinar

Está que trina
Er tobt vor Wut

Trinquete

A cada trinquete (o trique)
Jeden Augenblick
Alle naselang

Estar más fuerte que un trinquete
Kerngesund, robust sein

Tripa/*Bauch*

Devanar (o revolver) a uno las tripas
Jemandem äußerst widerlich sein
Jemandem den Magen umdrehen

Echar tripa
Einen Bauch ansetzen

Echar las tripas (o las entrañas)
Sich heftig erbrechen
Kotzen

Hacer de tripas corazón
Aus der Not eine Tugend machen
In den sauren Apfel beißen
Seinem Herzen einen Stoß geben

¿Qué tripa se le, te, etc. habrá roto?
Was ist denn mit ihm, dir, usw. los?

Sacar uno las tripas a otro
Jemanden gewaltig schröpfen (od. ausweiden)

Sacar uno la tripa de mal año
Sich ordentlich den Bauch vollschlagen

Sin tripas ni cuajar
Dürr wie eine Bohnenstange
Abgemagert

Terner malas tripas
Bösartig, boshaft, grausam sein

Tris

En un tris
Im Nu, im Hui

Estar en un tris-No faltar un tris
Beinahe
Um ein Haar

¡Tris, tras!
Immer die alte Leier!

Triunfo/*Triumph*

Costar un triunfo una cosa
Gott und die Welt kosten (um etwas zu erreichen)

Echar un triunfo
Einen Trumpf ausspielen

Tener todos los triunfos
Alle Trümpfe in der Hand haben

Triza

Hacer trizas una cosa
Etwas entzweischlagen, -reißen
Etwas kurz und klein schlagen
Zerfetzen

Troche

A trochemoche (o a troche y moche)
Aufs Geratewohl, auf gut Glück
Wie Kraut und Rüben
Kreuz und quer

Trompa

A trompa y talega
Wie Kraut und Rüben
Wild durcheinander

Estar trompa
Einen Affen haben

Trompada

Andar a trompadas con uno
Jemanden sehr hart anfassen müssen

Trompo

Ponerse uno como (o hecho) un trompo
Sich den Bauch vollschlagen
Sich vollstopfen

Tronar

Tronar con alguien
Sich mit jemanden verkrachen

Tronco

Estar (o dormir) como un tronco
Wie ein Klotz schlafen

Estar hecho un tronco
Steif und unbeweglich sein wie ein Klotz

Troncharse de risa
Sich totlachen

Tropezón

A tropezones
Stockend
Stolpernd
Stotternd

Dar un tropezón (o un tropiezo)
Stolpern
Straucheln

Trote

Amansar uno el trote
Sich mäßigen

Hacer entrar (o meter) en trotes a uno
Jemanden in die richtigen Bahnen lenken
Jemanden auf den rechten Weg bringen

No estar uno para (tales, o estos) trotes
Zu alt, bzw. zu schwach, für etwas sein

Para todo trote
Für den Alltag(sgebrauch)

Troya

¡Ahí, allí, o aquí, fue Troya!
Da haben wir die Bescherung!

¡Arda Troya!
Und wenn der Himmel einstürzt! (Es wird trotzdem ausgeführt)

Trucha

Ayunar, o comer trucha
Entweder gar nichts, oder alles

No se cogen (o pescan, o toman) truchas a bragas enjutas
Ohne Fleiß, kein Preis

Pescar una trucha
Patschnaß werden
Wie aus dem Wasser gezogen sein

Trueno

Dar uno el trueno gordo
Einen Riesenskandal provozieren

Escapar del trueno y dar en el relámpago
Vom Regen in die Traufe kommen

Tudesco

Comer, beber, engordar como un tudesco
Übermäßig essen, bzw. trinken
Dick und fett werden

Tuerca

Tiene una tuerca floja
Bei ihm ist eine Schraube locker

Tuerto

A tuertas
Verkehrt
Schief
Umgekehrt

A tuertas o a derechas
So oder so
Mit Recht oder Unrecht

Le ha mirado un tuerto
Ein Unglücksrabe sein
Ein Pechvogel sein

Tuétano/*Mark*

Hasta los tuétanos
Bis aufs Mark

Enamorado hasta los tuétanos
Bis über beide Ohren verliebt

Sacar a uno los tuétanos
Jemanden gewaltig schröpfen

Tumba/*Grab*

Cavar su propia tumba
Sein eigenes Grab schaufeln

Correr (o lanzarse) a tumba abierta
Fahren wie eine gesengte Sau
Einen Affenzahn draufhaben

Lanzarse a tumba abierta
Sich blindlings hineinstürzen

Ser una tumba
Stumm wie ein Grab sein

Tener un pie en la tumba
Mit einem Fuß im Grab (e) stehen

Tumbo

Dar tumbos
Mühsam, mühselig, vorwärtskommen

Dar un tumbo
Taumeln
Hinfallen

De tumbo en tumbo
Immer schlimmer
Immer schlechter

Tunda/*Prügel*

Pegar una tunda a uno
Jemandem eine Tracht Prügel erteilen
Jemandem die Hucke (od. den Buckel) voll hauen
Jemanden verdreschen

Tuntún

Al buen tuntún
Aufs Geratewohl
Ins Blaue hinein

Turco

Cabeza de turco
Prügelknabe

Tute

Darse (o llevar) un tute
Sich (zeitweilig) abrackern

Tuyo

¡Tú, a lo tuyo!
Kümmere dich um deinen eigenen Mist!
Mach(e) dich an deine (eigene) Arbeit!

U

Último/*Letzte(r)*

A la última (moda)
Nach der neuesten Mode

Con última precisión
Mit allergrößter Genauigkeit

Es del último que llega
Er heult mit den Wölfen

¡Es lo último!
Das ist (aber doch) das Letzte!

Está en las diez de últimas
Bei ihm ist Matthäi am letzten

Estar en lo último (o los últimos, o las últimas)
In den letzten Zügen liegen
Abgegbrannt sein
Pleite sein

Uno/*Ein (er)*

A (la) una
Gemeinsam, gleichzeitig

Cada uno
Jeder(mann)
Jeder Einzige

Cada uno a lo suyo
Jeder soll sich um seine eigene Sache kümmern

(De) uno a (o en) uno
Der Reihe nach
Mann für Mann
Einer nach dem andern
Stück für Stück

De una vez
Auf einmal

De una vez para siempre
Ein für allemal

Ir a una
Gemeinsam handeln

Lo uno por lo otro
Eins fürs andere

Más de uno (lo habrá pensado)
Viele (werden es gedacht haben)
Mancher (wird es gedacht haben)

No dar (o no acertar) una
Immer danebenschießen

Ser (todo) uno
Dasselbe sein
Alles gleich sein

Una de dos
Eins von beiden
Entweder, oder

¡Armaron una!
War das ein Krach!

Una de las suyas (o tuyas)
Typisch für ihn, bzw. für dich

Una y la misma cosa
Ein und dasselbe

Una y no más
Einmal und nicht wieder

Uno de tantos
Ein Dutzend (od. Alltags-)mensch

Uno que otro
Mancher
Hie und da einer

Uno no es ninguno
Einmal ist keinmal

Uno y otro
Beide

¡Váyase lo uno por lo otro!
(Und) damit sind wir quitt!

Uña

A uña de caballo
Spornstreichs
Durch eigene List (davonkommen)

Afilar(se) las uñas
Sich den Kopf zerbrechen
Etwas ausklügeln
Sich das Hirn zermartern

Caer en las uñas de uno
In jemandes Fänge geraten

Coger en (o entre) las uñas a uno
Jemanden erwischen (um sich zu rächen)

Comerse las uñas
Sich (in) die Nägel beißen

Con uñas y dientes
Mit Händen und Füßen (sich wehren)

Dejarse las uñas en
Sich abrackern bei, mit

Descubrir (o enseñar, mostrar, sacar) las uñas
Seine Krallen zeigen

Empezar a afilarse las uñas
In die Hände spucken
An die Arbeit gehen

Estar de uñas
Auf gespanntem Fuß leben

Hincar (o meter) la uña
Sich etwas unter den Nagel reißen

Largo de uñas
Lange Finger haben
Ein Langfinger sein

Mirarse las uñas
Faulenzen
Auf der faulen Haut liegen

No tener uñas para
Kein Talent haben für

Ponerse de uñas
Sich eine Bitte äußerst unwillig und verärgert anhören und sie dann ablehnen

Ponerse de veinte uñas
Auf allen Vieren gehen
Eine Bitte mürrisch und radikal ablehnen

Quedarse uno soplando las uñas
In den Mond gucken
Dumm dastehen

Sacar uno las uñas
Sein Letztes hergeben
Alles aufbieten (od. alle seine Kräfte aufbieten)

Ser uña y carne
Ein Herz und eine Seele sein

Tener algo en la uña
Etwas bestens verstehen, genauestens kennen
Etwas ganz fest im Griff haben

Tener entre las uñas a uno
Jemanden in seinen Krallen haben

Tener las uñas afiladas
Lange Finger haben
Ein Erzdieb sien

Tener uñas una cosa
Kompliziert, schwierig sein

Verse en las uñas del lobo
In höchster (od. größter) Gefahr schweben

Vivir de la uña
Von Diebstahl leben

Urraca/*Elster*

Hablar más que una urraca
Geschwätzig wie eine Elster sein

Ser más ladrón que una urraca
Wie ein Rabe stehlen

Ser una urraca
Alles sammeln
Nichts wegwerfen

Uso/*Gewohnheit*

Andar al uso
Sich der Mode (bzw. der Sitte, den Gewohnheiten) anpassen

Desde que tengo uso de razón
Seit ich mich erinnern kann

El uso hace maestro
Übung macht den Meister

Entrar en los usos
Sitten, Gewohnheiten annehmen

Estar en buen uso una cosa
Sich in gutem Zustand befinden

Hacer uso de la palabra
Das Wort ergreifen

Utopía

Vivir de utopías
In einer Traumwelt leben

Uva

Conocer uno las uvas de su majuelo
Sich (in seinem Geschäft) gut auskennen

De uva - (Un día de uva)
Schlecht
(Schlechter Tag)

De uvas a peras (o a brevas)
Sehr selten
Ab und zu einmal

Entrar (o ir) uno por uvas
In die Höhle des Löwen gehen

Estar de mala uva
Schlechter Laune sein

Estar hecho una uva
Sternhagelvoll sein

Meter uvas con agraces
Unsinn reden
Alles durcheinanderbringen

Tener mala uva
Einen miesen Charakter haben
Böse (od. boshafte) Absichten haben

V

Vaca/*Kuh*

Echarle las vacas a uno
Jemanden auslöffeln lassen, was andere ihm eingebrockt haben

Ser la vaca de la boda
Die Melkkuh sein

Vacas flacas (gordas)
Die mageren (fetten) Jahre

Vacío

Caer en vacío una cosa
Auf trockenen Boden fallen

Hacer el vacío a uno
Jemanden gesellschaftlich verfemen

Vado

No hallar vado
Keinen Ausweg finden

Tentar el vado
Seine Fühler ausstrecken (bei unsicherem Geschäft)

Vago/*Faul*

Hacer el vago
Faulenzen
Auf der faulen Haut liegen

Valer/*Kosten*

¿Cuánto vale?
Wieviel kostet es?

¡Eso no vale!
Das gilt nicht!

Lo que mucho vale, mucho cuesta
Hoffart muß Zwang leiden
Ohne Fleiß, kein Preis
Wenn man etwas haben will, muß man auch dafür (be)zahlen

Más vale tarde que nunca
Besser spät als nie

No poder valerse
Sich nicht bewegen (bzw. helfen) können

No vale el pan que come
Er ist nicht wert, daß ihn die Sonne bescheint

No vale un pimiento
Keinen Pfifferling wert sein

Vale lo que pesa
Er ist Gold wert

Valer la pena
Es sich lohnen

Vale por dos
Soviel wert sein wie zwei

Valer poco una cosa
Billig sein

Valer poco una persona (para)
(Zu) wenig ([zu]nichts) taugen

Valga lo que valiere
Um jeden Preis
Auf alle Fälle

¡Válgame Dios!
Mein Gott!
Herrgott, was sagst du da!

¡Válgate qué disgusto!
So ein Mordsärger!

Valerse de alguien
Bei jemandem Zuflucht suchen
Jemanden um Beistand, bzw. Hilfe bitten
Auf jemanden zurückgreifen

Valerse de todos los recursos
Alle Hebel in Bewegung setzen

Saber valerse
Sich selber zu helfen wissen

Valía/*Wert*

De gran valía
Von hohem Wert

Tener gran valía con alguien
Bei jemandem hoch in Gunst stehen

Valiente

¡Valiente amigo tienes!
Einen schönen Freund hast du!

¡Valiente granuja!
So ein Gauner!

Vara

Con la vara que midas, serás medido
Wie du mir, so ich dir

Doblar la vara de la justicia
Das Recht beugen

Empuñar la vara
Das Zepter in die Hand nehmen

Medirlo todo con la misma vara
Alles über einen Leisten schlagen

Picar de vara larga
Auf Nummer Sicher gehen

Tomar varas
Gern mit Männern anbändeln
Leicht zu haben sein (Frau)

Vareta

Echar una vareta
Eine Anspielung machen
Ein Wink mit dem Zaunpfahl

Estar (o irse) de vareta
Durchfall haben
Andauernd rennen müssen

Varón/*Mann*

Santo varón
Herzensguter Mann
Engel

Vaso

Ahogarse en un vaso de agua
Über jeden Strohhalm stolpern

Vaso malo no se quiebra
Unkraut verdirbt nicht

Vaso malo nunca cae de mano
Das Billigste hält immer am längsten

Vejez/*Alter*

A la vejez, viruelas
Alter schützt vor Torheit nicht
Bei euch gibt's wohl den Weihnachtsbaum erst zu Ostern?
Na, es war ja höchste Zeit!

Vela[1]/*Segel*

Alzar velas
(Plötzlich) aufbrechen
Sich davonmachen

A toda vela - A todas velas (o a velas desplegadas, llenas, o tendidas)
Mit vollen Segeln
Segel setzen

Estar a la vela
Bereit sein
Unter Segel stehen

Recoger (o amainar) las velas
Die Segel einziehen (od. streichen)

Tender las velas
Die Gelegenheit nützen
Die Segel in den Wind spannen

Vela [2]**/*Kerze***

Como una vela
Kerzengerade

Estar entre dos velas
Beschwipst sein

Estar (o quedarse) a dos velas
Blank sein
Auf dem letzten Loch pfeifen

Estar (o ir) a la (media) vela
Einen Affen haben

Encender una vela a San Miguel (o a Dios) y otra al diablo
Auf beiden Schultern Wasser tragen

Pasar la noche en vela
Die Nacht durchwachen
Die ganze Nacht kein Auge zudrücken können

Tener la vela
Helfershelfer sein
Den Kuppler spielen

Tener una vela encendida por si la otra se apaga
Ein zweites Eisen im Feuer haben

Velo/*Schleier*

Correr (o echar) un (tupido) velo sobre una cosa
Etwas verhüllen
Einen Schleier über etwas breiten

(Des)correr el velo
Etwas enthüllen
Etwas bloß legen

Tener un velo ante los ojos
Eine Binde (od. einen Schleier) vor den Augen haben

Vena

Coger a uno de vena
Jemanden in der richtigen Stimmung antreffen (od. erwischen)

Dar uno en la vena
Die Lösung finden
Einen (Aus-)weg finden

Darle a uno la vena (de...)
Auf den verrücken Einfall kommen, (zu...)
Schrulle Ideen (od. Einfälle, od. einen Wutanfall) bekommen

Estar en la vena
In Stimmung sein
Gut aufgelegt sein

No estar en vena de (o para)
Nicht in der richtigen Stimmung sein, zu

Venda/*Binde*

Caérsele a uno la venda de los ojos
Die Augen öffnen
Die Binde von den Augen nehmen

Se le ha caído la venda de los ojos
Ihm fiel es wie Schuppen von den Augen

Poner a uno una venda en los ojos
Jemandem die Augen zubinden
Jemandem Sand in die Augen streuen

Tener una venda en los ojos
Mit Blindheit geschlagen sein
Eine Binde vor den Augen haben

Vendarse los ojos
Seine Augen vor der Wirklichkeit verschließen

Vender/*Verkaufen*

Aquí estamos como vendidos
Hier sind wir doch verraten und verkauft!

¡A mí que las vendo!
Das kannst du einem andern weismachen!
Damit kommst du bei mir nicht an!
Den Bären kannst du einem andern aufbinden!

Ese vende hasta a su padre
Der verkauft sogar seine Großmutter

¡Estamos vendidos!
Wir sind verraten!

Se vende por dos pesetas
Der ist billig zu haben

Venderse como rosquillas (o como pan caliente)
Wie warme Semmeln weggehen

Venderse uno caro
Sich selten sehen lassen
Schwierig zu treffen (od. anzutreffen) sein

Venderse uno
Sich verraten
Sich verplappern
Sich bestechen lassen

Venderse uno por
Sich ausgeben als

Venera

Empeñar uno la venera
Sein Bestes tun

No se te caerá la venera
Es wird dir kein Stein aus der Krone fallen
Du wirst dir keinen Zack aus der Krone brechen

Venir/*Kommen*

Andar con ires y venires
Hin und her reden
Hin und her tun
Sich etwas hin und her überlegen
Klatschen

¿A qué viene eso?
Was soll das?
Warum denn, wozu denn?

En lo por venir
In der Zukunft

Le viene a contrapelo
Es geht ihm gegen den Strich
Es paßt ihm nicht

Me viene de maravilla
Das ist genau, was ich brauche, wollte, suche
Das paßt mir ausgezeichnet

Ni me va ni me viene
Das ist mir ganz egal
Das hat nichts mit mir zu tun

Ni va ni viene
Er ist unschlüssig

Sin venir a cuento (o a nada, o a qué)
Ohne etwas damit zu tun haben

¡Venga el libro!
Her mit dem Buch!

¡Venga pan!
Brot her!

¡Venga lo que viniere (o lo que venga)!
Was auch immer kommen mag!

¡Que venga ahora mismo!
Er soll sofort kommen!

Venir a menos
Verarmen
Herunterkommen

Venir bien (mal) una cosa
Gut (schlecht) bekommen; passen; sitzen; stehen (Kleidung)

Venir clavada una cosa a otra
Ausgezeichnet zueinander passen

Venirle a uno angosta una cosa
Etwas nicht gut genug für jemanden sein

Venirle a uno muy ancha (o grande) una cosa
Etwas zu gut für jemanden sein
Eine Nummer zu groß für jemanden sein
Einer Sache nicht gewachsen sein (Amt)

Venir rodada una cosa
Wie gerufen kommen

Venir(se) abajo (o a tierra)
Einstürzen, zusammenbrechen

Ventaja/*Vorteil*

Le dio una ventaja de 3 metros
Er gab ihm 3 Meter Vorsprung

Llevar ventaja
Einen Vorteil haben
Im Vorteil sein

Llevarle ventaja a uno
Vor jemandem Vorsprung haben

Jugar con ventaja
Versteckte Trümpfe in der Hand haben

Sacar ventaja de algo
Nutzen aus etwas ziehen

Ser un ventajista en todo
Ein Gaunen, bzw. ein skrupelloser Geschäftemacher sein
Ein gerriebener Kunde (od. Bursche) sein

Todo tiene sus ventajas y sus inconvenientes
Alles hat seine Vor- und Nachteile

Ventana

Arrojar (o echar, o tirar) por la ventana
Verschwenden
Eine Gelegenheit nicht ausnutzen

Salir por la ventana
Mit eingezogenem Schwanz (od. mit hängenden Ohren) abziehen
Rausgeschmissen werden

Tirar a ventana conocida
Auf jemanden anspielen

Ventilar

Ventilarle las orejas a uno
Jemanden ohrfeigen

Ventilarse a uno
Jemanden killen

Ventilarse dinero
Verschwenden, vergeuden, verplempern

Ya se ventiló toda la paga
Er hat schon sein ganzes Taschengeld verplempert

Ventosa

Pegar a uno una ventosa
Jemanden schröpfen

Ventura/*Glück*

A la (buena) ventura
Aufs Geratewohl
Auf gut Glück

La ventura de García
Pech gehabt!

Probar ventura
Sein Glück versuchen

Ver (véase tambien: **visto, vista)/*Sehen***

Aquí donde me (le) ves (veis)
So, wie ich dastehe (So, wie er dasteht)

A ver - ¡A ver!
Mal sehen
Laß mal sehen!
Zeig mal her!

Dejar ver una cosa
Etwas andeuten

¡Hay que ver! - ¡Habráse visto!
(Einfach) unglaublich!
Unerhört!

En mi vida las había visto más gordas
Nie im ganzen Leben habe ich so etwas durchmachen müssen
Ich wußte weder ein noch aus

Llegar a verlo
Es noch erleben werden

No haberlas visto más gordas
Nie davon gehört haben

No poder ver a uno
Jemanden nicht ausstehen können

Ni visto ni oído
Blitzschnell

No veo (a) dos palmos de narices, (o dos pasos, o tres en un burro)
Ich kann die Hand vor den Augen nicht sehen

No veo de cansancio
Ich bin total kaputt (od. fertig)

No veo de hambre
Ich habe einen Mordshunger

No veo de sueño
Ich bin todmüde
Ich kann vor Schlaf nicht aus den Augen sehen

No ver el momento de que suceda algo
Vor Ungeduld platzen
Den Moment kaum erwarten können

No lo veo claro
Das ist mir nicht ganz klar

Si a Roma fueres, haz como vieres
Mit den Wölfen muß man heulen

Si te he visto, no me acuerdo
Undank ist der Welten Lohn
Er tut so, als ob er mich nicht kenne

¡Quien te ha visto y quien te ve!
Du bist ja nicht wiederzuerkennen!

(No) tener (nada) que ver con
(Nichts) zu tun haben mit

¡Te veo (venir)!
Nachtigall ich (od. ick) hör dir trapsen!

¡Vamos a ver!
Mal sehen
Sehen wir einmal zu!

¡(Ya) veremos!
Wir werden es sehen
Wir werden schon sehen
Na, ja, vielleicht

Ver y creer
Ein ungläubiger Thomas sein

Ver y esperar
Abwarten und Tee trinken!

Verlo negro (u oscuro)
Schwarzsehen

Vérselas con uno
Mit jemandem ein Hühnchen zu rupfen haben

Verse negro - Verse y desearse
Nur mit größer Mühe etwas tun können

Verse forzado (u obligado) a
Sich gezwungen sehen zu

Verano

¡De verano!
Ich bin jetzt nicht zu sprechen!
Laß mich zufrieden!

Pasar como una nube de verano
Rasch vorübergehen

Una serpiente de verano
Eine (Zeitungs-) Ente
Ein Sommerloch

Veras

Hablar de veras con uno
Ein ernstes Wörtchen mit jemandem reden

Hacer algo de veras
Sich für etwas ganz einsetzen

Verdad/*Wahrheit*

A decir verdad (o a la verdad)
Um ehrlich zu sein
Offen gesagt

A mala verdad
Heimtückisch, hinterlisting

Decirle a uno las cuatro verdades (o las verdades del barquero)
Jemanden gehörig den Kupf waschen
Jemandem gehörig (od. ordentlich) die Meinung sagen

De verdad
Wirklich, ehrlich
Im Ernst

Es verdad
Das stimmt
Es ist wahr

Faltar uno a la verdad
Lügen

Hay un grano de verdad en el asunto
Es ist etwas Wahres (od. ein Körnchen Wahrheit) an der Sache

La verdad amarga
Die bittere Wahrheit

La verdad sin adornos (o al desnudo) - La pura verdad
Die reine (od. ungeschminkte) Wahrheit

¿(No es) verdad?
Nicht wahr?
Stimmt's?
Hab' ich recht?

Una verdad a medias
Eine Halbwahrheit

Una verdad como un templo - Verdades como puños
Eine Tatsache
Die reinste Wahrheit

Verde

Chiste verde
Pikanter Witz

Darse (o pegarse) un verde
Sich vollstopfen
Sich einmal richtig sattessen, sattsehen, usw.
Nach Herzenslust essen, trinken, usw.
Essen, trinken, usw. bis zum Uberdruß
(Sich) endlich einmal (richtig) ausruhen, ausschlafen, ausspannen, usw.

Está muy verde todavía
Er ist noch sehr grün
Noch nicht trocken hinter den Ohren sein

Pasar las verdes y las maduras
Eine schlimme Zeit durchmachen

¡Si piensan eso, están verdes!
Wenn sie das glauben, haben sie sich ganz schön getäuscht!

Poner verde a uno
Jemanden gewaltig abkanzeln
Jemanden (in seiner Abwesenheit) bekriteln

Viejo verde
Lustgreis, Lustmolch

Viuda verde (alegre)
Lustige Witwe

Vino verde
Heuriger
Junger Wein

Vereda

Entrar en vereda
(Auf) den rechten Weg (zurück) finden

Hacer entrar (o meter, o poner) en vereda a uno
Jemanden auf den rechten Weg (od. ins richtige Gleis) bringen

Vergüenza/*Scham, Schande*

No tener vergüenza
Schamlos (bzw. unverschämt) sein
Sich nicht schämen

Sacar a la vergüenza
An den Pranger stellen

Ser una vergüenza
Eine Schande sein

Sin vergüenza ¡Sinvergüenza!
Schamlos

Se le debiera caer la cara de vergüenza
Er sollte sich in Grund und Boden schämen

Tener vergüenza
Sich schämen

Tener vergüenza torera
An übertriebener Schamhaftigkeit leiden

Sehr schamhaft sein
Sehr scheu sein

Vestiduras

Rasgarse las vestiduras
Äußerst empört sein
Schockiert sein

Vestir

Es el mismo que viste y calza
Er ist's, wie er leibt und lebt

Irse al cielo vestido y calzado
Bestimmt in den Himmel kommen

Quedarse para vestir santos
Eine alte Jungfer bleiben (bzw. werden)

Vestir el discurso
Die Rede ausschmücken

Vestir el altar
Den Altar schmücken

Vísteme despacio, que tengo (o estoy de) prisa
Eile mit Weile!
Immer mit der Ruhe!

Vez/*Mal*

A la vez
Gleichzeitig, zugleich

Alguna (que otra) vez
Hin und wieder
Gelegentlich, manchmal

Cada vez que
Jedesmal wenn

Dice unas veces cesta, y otras ballesta
Der weiß auch nicht, was er will
Er widerspricht sich andauernd

De una vez
Mit einemmal, auf einmal

De una vez para siempre
Ein für allemal

De vez (o de cuando) en cuando
Hin und wieder
Ab und zu
Gelegentlich

En vez de
Statt, anstelle

Hacer las veces de uno
Jemandes Stelle vertreten

La otra vez
Neulich
Beim letzten Mal

Otra vez
Noch einmal
Ein andermal

¡Pero! ¿Otra vez?
Was, schon wieder?

Quien da luego (o primero), da dos veces
Wer zuerst kommt, mahlt zuerst

Tomarle a uno la vez
Jemandem zuvorkommen

Una vez - Érase una vez...
Einmal
Es war einmal...

Una que otra vez
Sehr selten

Una y otra vez
Ständig, andauernd

Una vez u otra
Irgendwann einmal

Vía/*Weg*

Abogado de vía estrecha
Winkeladvokat

De vía estrecha
Geringfügig

Dejar vía libre
Den Weg frei lassen

En vías de
Im Begriff zu

Poner en la vía
Ins Geleise bringen

Víacrucis

Hacer el víacrucis
Einen Kneipenbummel (od. eine Bierreise) machen

Mi vida es un víacrucis
Mein Leben ist eine ewige Plackerei (od. ein Leidensweg)

Vicio

De vicio
Aus reiner Gewöhnung
Gewohnheitsmäßig

Echar uno de vicio
Ein loses Mundwerk haben

Estar una cosa de vicio
Prima, toll, pfundig sein
Lecker, himmlisch schmecken (od. sein)

Hablar uno de vicio
Schwatzen, plappern

Quejarse uno de vicio
Sich ohne einen Grund beschweren

Victoria/*Sieg*

Cantar victoria
Jubilieren
Auftrumpfen

Vida/*Leben*

A vida o muerte
Auf Leben und Tod

Amargar la vida a uno
Jemandem das Leben versauern (od. schwer machen)

Amargarse la vida
Sich qüalen
Sich große Sorgen machen

Buscarse la vida
Sich selber zu helfen (wissen)

Complicarse la vida
Sich unnötige Schwierigkeiten schaffen

Consumir la vida a uno
Jemanden allmählich zugrunderichten

Dar uno mala vida a otro
Jemandem das Leben schwer machen

Darse buena (o la gran vida) - Darse la vida padre
Sich's gut gehen lassen

De por vida
Auf Lebenszeite
Lebenslänglich

En mi (tu, su) vida
Noch nie in meinem (deinem, seinem) Leben

Echarse a la vida (o ser de la vida)
Eine Dirne werden (od. sein)

Escapar uno con (la) vida
Mit dem Leben (od. mit heiler Haut) davonkommen

Ganar(se) la vida
Seinen (Lebens-) Unterhalt verdienen

Hacer por la vida
Essen
Auf sein Leibeswohl bedacht sein

Hacer vida (marital)
In wilder Ehe leben
Zusammenleben

Llevar una vida ancha
Ein leichtes (od. lockeres) Leben führen

Llevar la vida jugada
Sein Leben aufs Spiel setzen

Mudar la (o la) vida
Ein neues Leben beginnen

Pasar la vida (a tragos)
Sich (mehr schlecht als recht) durchschlagen

Pasar a mejor vida
Ins Jenseits abgerufen werden

Poner la vida al tablero
Sein Leben aufs Spiel setzen

¡Por vida mía! - ¡Por vida de!
So wahr ich lebe!
Bei meinem Leben!

¿Qué es (o hay) de tu vida?
Wie geht es dir?
Was treibst du so?

Saber uno de vidas ajenas
Eine Klatschbase (od. ein Lästermaul) sein

Ser la vida perdurable
Ewig dauern (Sache)
Lästige, aufdringliche Person sein

Tener la vida en (o pendiente de) un hilo
Sein Leben hängt an einem seidenen Faden

Tener siete vidas (como los gatos)
Zäh sein (wie eine Katze)

Vender uno cara la vida
Sein Leben teuer verkaufen

Vida airada
Ausschweifendes, zügelloses Leben

Vida ancha
Vida canonical (o de canónigo)
Leichtes, bequemes Leben

Vida arrastrada - Vida de perros
Schweres Leben
Hundeleben

Vida y milagros de uno
Jemandes Tun und Treiben

Vidrio

Tener que pagar los vidrios rotos
Es ausbaden (od. die Zeche zahlen) müssen

Viejo/*Greis*

Te estás haciendo viejo
Du drückst dich wohl gerne?

Más viejo que Matusalén
Das ist schon ewig alt
Das ist schon ein alter Witz (od. eine alte Geschichte)

Viejo verde
Lustgreis

Viento/*Wind*

A los cuatro vientos
Überall hin
In alle Richtungen

Predicar algo a los cuatro vientos
Etwas ausposaunen (od. in alle Winde zerstreuen)

Beber uno los vientos por algo
Nach etwas lechzen

Como el viento loco
Blitzschnell
Mit Windeseile

Contra viento y marea
Bei Wind und Wetter
Trotz aller Widerstände

Corren malos vientos
Es herrschen schlechte Zeiten
Es bläst ein ungünstiger Wind

Dejar atrás los vientos
Schneller als der Wind sein

Echarse el viento
Der Wind legt sich

Echar a uno con viento fresco
Jemanden rausschmeißen (od. vor die Tür setzen)

Irse uno con el viento que corre
Sein Fähnchen nach dem Wind hängen

Llevarse el viento una cosa
Vom Winde verweht sein

Mandar (o enviar) a uno a tomar viento
Jemanden zum Kuckuck (od. zum Teufel) schicken

Quien siembra vientos, recoge tempestades
Wer Wind sät, wird Sturm ernten

¡Vete a tomar viento!
Scher dich zum Teufel!

Vientre/*Bauch*

Sacar el vientre de mal año
Sich einmal ordentlich sattessen

Servir al vientre
Der Baucheslust frönen
Schlemmen

Viernes/*Freitag*

Cara de viernes
Verhärmtes Gesicht

Comida de viernes
Fleischlose Kost

Lo ha aprendido (u oído) en viernes
Schon wieder die alte Leier (od. das alte Lied)

Viga

Contar (o estar contando) vigas
Ins Leere starren
Die Decke angaffen (od. anstarren)

Vihuela

Tocar la vihuela
Faulenzen
Auf der faulen Haut liegen

Vilo

Estar en vilo
In Ungewißheit schweben
Wie auf glühenden Kohlen sitzen

Levantar en vilo
Hochheben

Llevar en vilo
Auf den Armen tragen

Villadiego

Coger (o tomar) las de Villadiego
Reißaus nehmen
Fersengeld geben

Villano

Villano harto de ajos
Ungebildeter Klotz

El villano en su rincón
Eigenbrötler

Juego de manos, juego de villanos
Mit falschem Spiel kommt mancher ans Ziel

Vinagre/*Essig*

Estar hecho un vinagre
Stocksauer sein

Poner cara de vinagre
Ein saures (od. langes) Gesicht machen

Vino/*Wein*

Bautizar (o cristianar) el vino
Den Wein taufen

Dormir el vino
Seinen Rausch ausschlafen

Pregonar vino y vender vinagre
Gute Worte, schlechte Taten

Tener mal (buen) vino
Von Wein streitsüchtig (lustig) werden

Viña

¡Como hay viñas!
So wahr ich lebe!

Como por viña vendimiada
Kinderleicht
(Das läuft) wie auf Schienen

De mis viñas vengo
Mein Name ist Hase

De todo hay en la viña del Señor - De todo tiene la viña: uvas, pámpanas y agraz
Niemand ist vollkommen
Jeder hat seine Fehler

Ser una viña una cosa
Sehr nützlich sein
Eine Goldgrube sein

Tener uno una viña
Eine Goldgrube haben

Tomar (las) viñas
Reißaus nehmen
Fersengeld geben

Violín

Embolsar el violín
Den Schwanz einziehen

Ser una cosa el violín de Ingres de uno
Jemandes Steckenpferd (od. Hobby) sein

Virgen

Estar virgen de algo
Unwissend auf diesem Gebiet sein

Fíate de la Virgen, y no corras
Etwa: Vom Beten allein wird man nicht satt

Ser un viva la Virgen
Eine unzuverlässige (od. unbesorgte) Person sein
Ein Tagedieb sein

Virguerías

Hacer virguerías
Geschicklichkeit, Gewandtheit, Kunstfertigkeit haben

No me vengas con virguerías
Komme mir nicht mit leeren Floskeln

Virote/*Armbrustbolzen*

Mirar uno por el virote
Gut aufpassen

Venir (o volver) de virote
Leer von der Jagd zurückkommen

Virulé

A la virulé
Am Bein zusammengerollt (Strümpfe)

Le pusieron un ojo a la virulé
Sie haben ihm ein blaues Auge gegeben

Lleva la corbata a la virulé
Seine Krawatte sitzt schief

Visión/*Sehen*

Quedarse uno como quien ve visiones
Sprachlos sein
Seinen Augen nicht trauen
Stumm vor Staunen sein

Estar hecho una visión uno
Wie eine Vogelscheuche aussehen

Ver visiones
Sich etwas nur einbilden

Visita/*Besuch*

Hacer una visita
Einen Besuch abstatten (od. machen)

Pagar la visita
Den Besuch erwidern

Pasar la visita de aduanas
Durch die Zollkontrolle gehen

Quedarse una arrebolada y sin visita
Eine alte Jungfer bleiben

Ser visita de alguien
Ein guter Bekannter von jemandem sein

Visita de médico
Stippvisite

Viso

A dos visos
In zwei ganz verschiedenen Absichten

De viso
Angesehen
Auffällig, auffallend

Hacer mal viso uno
Sich schlecht ausnehmen

Hacer viso uno
Sich gut ausnehmen
Angesehen sein

Hacer visos
Schillern, changieren (Stoff)

Vista/*Sehen*

A la vista
Offensichtlich
Scheinbar, anscheinend

A primera (o a simple) vista
Auf den ersten Blick
Mit bloßem Auge

A (la) vista de
Angesichts

A vista de pájaro
Aus der Vogelschau (od. -perspektive)
Oberflächlich gesehen

A vista perdida (o a pérdida de vista)
Unabsehbar

Aguzar la vista
Den Blick schärfen

Apartar la vista
Wegsehen

Clavar la vista
Den Blick heften auf

Comerse uno con la vista a
Jemanden mit den Augen verschlingen

Como la vista
Blitzschnell

Conocer de vista a uno
Jemanden vom Sehen her kennen

Con vistas a
Mit der Absicht zu

Corto de vista
Kurzsichtig
Nicht sehr scharfsinnig

De la vista baja
Schwein

Echar la vista a una cosa
Etwas entdecken
Ein Auge haben auf etwas

Echar la vista encima a uno
Jemanden erwischen (od. auftreiben)

En vista de lo visto...
Kurz und gut

Estar a la vista algo
Auf der Hand liegen
Offensichtlich sein

Fijar uno la vista en algo
Etwas anstarren

Hacer uno la vista gorda
Ein Auge zudrücken
So tun, als sähe man nichts

¡Hasta la vista!
Auf Wiedersehen!

Írsele a uno la vista
Es flimmert jemandem vor den Augen
Es schwindelt jemandem
Ohnmächtig werden

No perder uno de vista a
Nicht aus den Augen verlieren

Perderse de vista
Hervorragend sein
Schlau, clever sein

Saltar a la vista
Offensichtlich (od. klar) sein
Feststehen

Tener vista una cosa
Gut aussehen

Tener mucha vista uno
Ein schlauer (od. cleverer) Bursche sein

Tragarse uno con la vista a
Jemanden (od. etwas) mit den Augen verschlingen

Volver la vista atrás
An die Vergangenheit denken

Vistazo

Echar (o dar) un vistazo
Einen flüchtigen Blick auf etwas werfen

¡Déjame echar un vistazo!
Laß mich mal sehen!

Visto/*Gesehen*

Bien (mal) visto
(Un)beliebt

Es(tá) visto que
Es liegt auf der Hand, daß
Es ist klar, daß

Estar bien (mal) visto
(Nicht) gern gesehen werden

Estar muy visto
Abgedroschen (bzw. allzu bekannt) sein

Ni visto ni oído
Blitzschnell

No (o nunca) visto
Nie dagewesen
Unerhört

Por lo visto
Augenscheinlich
Offensichtlich

Sin ser visto
Ungesehen

Visto que
In Anbetracht dessen

Visto bueno
Genehmigungsvermerk
Sichtvermerk

Visto y no visto
Im Nu
In einem Augenblick

Viudo/*Witwer*

Estar uno viudo
Strohwitwer sein

Vivir/*Leben*

¡(Bueno es) vivir para ver!
Das ist ja unglaublich! - Hat man so etwas schon gesehen! - Hat man da noch Worte!

Como se vive, se muere
Wie man lebt, so stirbt man
Man ist eben ein Gewohnheitstier

De esto vivo
Das ist mein tägliches Brot
Damit muß ich mich täglich herumschlagen

¡Esto es vivir!
Das heißt leben!
So kann man's aushalten!

No dejar vivir algo a alguien
Etwas jemanden nicht zur Ruhe kommen lassen

No se vive más que una vez
Man lebt nur einmal

¿Quién vive?
Wer da?

Tener con qué vivir
Sein Auskommen haben

Vivir su vida
Sein eigenes Leben leben

Vivir al día
In den Tag hinein leben
Von der Hand in den Mund leben

¡Viva quien vence!
Der dreht auch seine Fahne nach dem Wind!

Vivir y dejar vivir
Leben und leben lassen

Vivito

Vivito y coleando
Immer noch am Leben (bzw. von Bedeutung)
Immer noch auf Trab
Quietschvergnügt

Vivo/*Lebendig*

A viva fuerza
Mit Gewalt

Al (o a lo) vivo
Nach dem Leben
Naturgetreu, lebenswahr

Como de lo vivo a lo pintado
Wie Tag und Nacht
Ganz und gar verschieden

De viva voz
Mündlich

Hacerse uno el (o ser un) vivo
Ein gewiefter (od. geriebener, gerissener, cleverer) Bursche (od. Kunde) sein

Llegar a (o herir, dar, tocar en) lo más vivo
An die wundeste Stelle rühren
Im Tiefsten treffen

No aparece ni vivo ni muerto (o ni muerto ni vivo)
Es (er, sie) ist nirgendwo aufzutreiben oder zu finden

Ser su vivo deseo que
Sich lebhaft wünschen, daß

Ser un vivales
Ein Schlaumeier (od. ein Schlauberger) sein
Ein ganz schlauer sein

Volar

Como volar
Sehr schwierig

Estar volado
Wie auf glühenden Kohlen sitzen

Salir volando
Eiligst (od. schnellstens) weggehen
Abdampfen, abhauen
Sich schnellstens aus dem Staub machen

Volcar

Se volcó por (o para) ayudarnos
Er hat sich die Beine für uns abgelaufen

Volcar a uno
Jemanden umstimmen - Jemanden in Wut bringen

Volcarse con alguien
Jemanden stürmisch feiern

Volcarse de atenciones
Sich vor Liebenswürdigkeit überschlagen

Volcarse por conseguir algo
Alles Mögliche tun, um zu...
Sich die Beine ablaufen, um zu...

Volcarse sobre uno
Sich über jemanden ausklatschen

Voleo

A (o al) voleo
Haufenweise
Auf gut Glück, aufs Geratewohl, blindlings

Del primer (o de un) voleo
Im Nu
Auf einmal

Voluntad/*Wille*

A voluntad
Nach Belieben

Con poca voluntad
Halb gezwungen, widerwillig

De buena voluntad
Freiwillig, gerne

Ganar uno la voluntad de otro
Jemandes Zuneigung gewinnen

Hacer su sant(ísim)a voluntad
Seinen Kopf durchsetzen

Quitar la voluntad a uno
Jemandem die Lust nehmen
Jemandem etwas ausreden

Tenerle mucha voluntad a uno
Eine große Zuneigung zu jemandem haben

Voluntad es vida
Der Wille macht das Leben leicht

Zurcir voluntades
Verkuppeln

Volver/*Wenden*

Volver a la carga
Auf etwas bestehen, bzw. verpicht sein

Volver loco (o tarumba) a uno
Jemanden ganz verrückt machen

Volver lo de abajo arriba (o lo de arriba abajo)
Alles auf den Kopf stellen
Alles durcheinander bringen

Volver en sí
Wieder zu sich kommen

Volver por sí
Sich (bzw. seine Ehre) verteidigen

Volverse uno atrás
Sein Wort nicht halten
Einen Rückzieher machen

Volverse contra otro
Sich gegen jemanden wenden

Volver uno sobre sí
Sich besinnen
In sich gehen

Voz/*Stimme*

A la voz
In Rufweite

A media voz
(Mit) halblaut (er Stimme)

A una voz
Einstimmig

A voz en cuello (o en grito)
Aus vollem Hals
Lauthals

Aclarar la voz
Sich räuspern

Alzar (c levantar) la voz
Die Stimme erheben

Alzar (o levantar) la voz a otro
Jemanden anschreien
Jemanden in ungebührlichem Ton anreden

Ahuecar la voz
Einen ernsten Ton anschlagen
Beeindrucken wollen

Anudársele la voz a uno
Einen Knoten im Hals bekommen
Vor Aufregung, usw. nicht sprechen können

Apagar la voz de un instrumento
Den Klang dämpfen

Apagar la voz uno
Die Stimme dämpfen

Corre de voz en voz
Es geht von Mund zu Mund

Corre la voz que...
Es geht das Gerücht um, daß...

Correr la voz
Ein Gerücht, bzw. eine Nachricht, verbreiten

Dar una voz a uno
Jemanden rufen

Dar voces
Schreien
Ein Geschrei machen

Dar uno voces al viento (o en el desierto)
Gegen die leere Wand reden (od. predigen)
Umsonst (od. in den Wind) reden

En voz baja (alta)
Leise (laut)

Está pidiendo a voces una ducha
Der könnte sich auch wieder einmal baden

Estar pidiendo a voces algo
Etwas unbedingt nötig haben

Llevar la voz cantante
Die erste Geige spielen
Den Ton angeben

No se oye más voz que la suya
Er führt das große Wort

Poner mala voz a uno
Jemanden in Verruf bringen

Secreto a voces
Offenes Geheimnis

Sin voz ni voto
Ohne jeden Einfluß

Soltar la voz
Veröffentlichen
Verbreiten, bekannt machen

Tener la voz tomada (o empañada)
Heiser sein

Tener la voz cascada
Stimmbruch haben
Krächzen

Tener voz en el capítulo
Ein Wörtchen mitzureden haben

Tomar la voz
Das Wort ergreifen

Tomar la voz de uno
Jemanden verteidigen
Für jemanden sprechen

Vuelco

Darle a uno un vuelco el corazón
Das Herz schlägt jemandem bis zum Hals
Es gibt jemandem plötzlich einen Stich

Dar uno un vuelco en el infierno
Sich etwas gegen sein eigenes Gewissen wünschen

La situación dio un vuelco
Die Lage hat sich völlig geändert

Vuelo/*Flug*

Al vuelo
Im Nu
Im Fluge
So nebenbei, so nebenher

Alzar el vuelo
Auffliegen
Sich davonmachen

Cazarlas (o cogerlas) al vuelo
Alles gleich mitbekommen (od. aufschnappen)

Coger al vuelo una cosa
Etwas aufschnappen

Coger (o tomar) vuelo algo
Etwas gut gedeihen, vorwärtskommen, wachsen, blühen (Geschäft), vorankommen

Cortar los vuelos a uno
Jemandem die Flügel stutzen

De altos (cortos) vuelos
(Un)wichtig
(Un)bedeutend

De bajo vuelo
Unterster
Äußerst niedrig

De (un) vuelo - En un vuelo
Im Nu
Sofort, augenblicklich

Levantar los vuelos
Sich Höherem zuwenden
Eingebildet werden

Poder oírse el vuelo de una mosca
Eine Stecknadel fallen hören können

Vuelta/*Wendung*

A la vuelta
Umstehend, umseitig
Bei (bzw. nach) der Rückkehr, Heimkehr, Wiederkehr

A la vuelta de (pocos años)
Nach (einigen Jahren)

A la vuelta de la esquina
(Gleich) um die Ecke
Ganz nah
Sehr bald

A la vuelta lo venden tinto
Mein Name ist Hase
Versuch's mal anderswo

A vuelta de cabeza
Beim kleinsten Fehler, bzw. Fehltritt

A vuelta de correo
Postwendend

A vuelta de hoja
Sofort

A vuelta de ojo(s)
Sofort
Im Nu
In einem Augenblick

A vueltas con alguien o algo
Mit jemanden od. etwas ständig beschäftigt

Andar a vueltas
Sich herumprügeln

Andar uno a vueltas con (para, sobre)
Etwas unbedingt wissen od. tun wollen

Andar uno en vueltas
Sich (vor etwas) drücken

Andarle a las vueltas a uno
Jemanden auf Schritt und Tritt verfolgen
Jemanden aufs Kleinste beobachten

Buscarle a uno las vueltas
Es auf jemanden abgesehen haben
Jemandem eins auswischen wollen

Cogerle las vueltas a uno
Jemanden zu nehmen wissen
Seine Pappenheimer kennen

Dar cien vueltas a uno
Jemandem haushoch überlegen sein

Dar media vuelta
Kehrtmachen

Darse uno una vuelta a la redonda
Vor seiner eigenen (Haus)tür kehren

Dar una vuelta uno
Einen Spaziergang (od. einen Bummel) machen

Dar una vuelta por
Sich kurz in (od. bei) umsehen

Dar la (o una) vuelta uno
Sich vollkommen ändern

Dar muchas vueltas a un asunto
Sich etwas hin und her überlegen
Grübeln
Sich wegen etwas Sorgen machen

Dar vueltas a la noria
Immer die alte Tretmühle (Arbeit)
Immer die alte (od. dieselbe) Leier

Estar de vuelta
Zurück sein
(Schon) im Bilde sein

Encontrar la vuelta
Den Dreh (od. den Ausweg) finden

Guardar uno las vueltas
Auf der Hut sein
Sich vorsehen

No hay que darle vueltas
Es gibt keine (andere) Lösung

No tiene vuelta de hoja
Daran ist nicht zu rütteln

Poner a uno de vuelta y media
Jemandem gehörig die Meinung sagen

Ser de muchas vueltas uno
Viele Kniffe und Schliche kennen
Gewieft sein

Tener vueltas
Launisch sein

¡Ya dará la vuelta la tortilla!
Das Blatt wird sich schon wenden!

Y

¿Y qué?/*Na und?*

Ya

No ya, sino...
Nicht nur, sondern auch...

Si ya te lo he dicho
Ich habe es dir doch schon gesagt

¡Ya!
Ach so!
Hm!
Ich verstehe schon

Ya se va, ya se viene
Mal (od. bald) kommt, mal (od. bald) geht er

Ya no
Nicht mehr

Ya que estás aquí, ...
Wenn du schon einmal da bist, ...

Ya que lo mencionas, ...
Da du es gerade erwähnst, ...

Ya me lo imaginaba
Das habe ich mir doch gleich gedacht

Ya nadie me visita
Niemand kommt mich mehr besuchen

¡Ya voy!
Ich komme schon!
Ich komme gleich!

Yacija

Ser de mala yacija
Schlecht schlafen
Ein Quecksilber sein
Ein übler Kunde (od. Bursche) sein

Yagrumo

Ser uno como las hojas del yagrumo
Falsch sein
Wankelmütig sein

Yema

Dar en la yema
Den Nagel auf den Kopf treffen

Yugo/***Joch***

Sacudir uno el yugo
Das Joch abschütteln

Someterse (o sujetarse) al yugo de uno
Sich jemandem unterwerfen

Yugo opresor
Das Joch der Unterdrückung

Yunque

Estar al yunque
Sich abrackern (müssen)

Hacer (o servir) de yunque
Als Arbeitspferd dienen

Z

Zafar

Zafarse
Sich drücken von, vor

Zafarse con algo
Etwas klauen
Etwas mitgehen lassen

Zafarrancho

Armar zafarrancho
Krach schlagen
Radau machen

Estar de zafarrancho
Groβputz machen
Beim Groβreinemachen sein

Zaga

A (la) zaga - En zaga
Hintenan
Hinterdrein

Ir a la zaga
Zurückbleiben

No ir (se) en zaga a otro
No quedarse en zaga
Jemandem nicht nachstehen

Zalá

Hacer uno la zalá a otro
Jemandem schmeicheln (od. schöntun)

Zanca

Andar uno en zancas de araña
Falsche Ausreden suchen

Por zancas o por barrancas
Gegen Wind und Wetter
Irgendwie, trotz allem

Zancadas

En dos zancadas
Im Nu
Im Handumdrehen
Sehr schnell

Zancadilla

Echar (o poner) (la) zancadilla a uno
Jemandem ein Bein (bzw. eine Falle) stellen

Armar (la) zancadilla a uno
Jemandem eine Falle stellen

Zancajo

Darle al zancajo
Die Beine unter den Arm (od. in die Hände) nehmen

No llegarle uno al zancajo (o a los zancajos) a otro
Jemandem nicht das Wasser reichen können

Roer los zancajos a uno
Kein gutes Haar an jemandem lassen

Zanco

Andar (o estar) en zancos
Gut gestellt sein
Sozial aufgestiegen sein

Poner en zancos a uno
Jemanden fördern (sozial)

Ponerse (o subirse) en zancos
Es zu etwas bringen
Sozial vorwärtskommen

Zángana

Correr la zángana
Faulenzen
Auf der faulen Haut liegen
Sich auf der Straße herumtreiben

Zángano

Ser un zángano
Ein Schnorrer sein
Ein Faulenzer (od. ein Faultier) sein
Eine Drohne sein

Zanja

Abrir las zanjas
Eine Arbeit anfangen

Zanjarse

Zanjarse de
Sich vor etwas drücken

Zapatazo

Mandar a uno a zapatazos
Jemanden in der Tasche haben
Mit jemandem machen können, was man will

Tratar a uno a zapatazos
Jemanden wie ein Stück Vieh behandeln

Zapatero/*Schuster*

Quedarse zapatero
Keinen Stich machen (Kartenspiel)

¡Zapatero a tus zapatos!
Schuster bleib bei deinem Leisten!

Zapato/*Schuh*

Andar uno con zapatos de fieltro
(Wie) auf Zehenspitzen (od. auf Katzenfüßchen) gehen
Heimlich tun

Como un zapato
Keinen Pfennig wert

Meter en un zapato a uno
Jemanden in die Enge treiben
Jemanden ins Bockshorn jagen

Sé dónde le aprieta el zapato
Ich weiß, wo ihn der Schuh drückt

Ser más necio (o más ruin) que su zapato
Äußerst dumm u. albern sein
Ein Geizhals, bzw. niederträchtig (od. ein Schuft) sein

Viven como tres en un zapato
Bei ihnen geht es sehr beengt (bzw. ärmlich) zu

Zarandillo

Traerle a uno como un zarandillo
Jemanden hin und her hetzen

Zarpa/*Pranke, Tatze*

Echar uno la zarpa
Sich etwas unter den Nagel reißen
Haschen
Klauen

Hacerse uno una zarpa
Patschnaß werden, bzw. sich verdrecken

Zorra/*Fuchs, Füchsin*

¡A la zorra, candilazo!
Noch schlauer als der andere sein

Desollar (o dormir) la zorra
Seinen Rausch ausschlafen

¡No hay zorra con dos rabos!
Etwa: Es gibt eben keine Kälber auf dem Mond! (Wenn man etwas Unmögliches haben möchte, bzw. sucht)

Pillar una zorra
Sich einen Rausch antrinken

Zorro

Estar hecho un zorro
Sehr schläfrig sein
Im Tran sein

Estar hecho unos zorros
Total fertig sein
Zerlumpt, zerrissen, verdorben, usw. sein (Gegenstände)

Hacerse el zorro
Sich dumm stellen

Zumba

Dar una zumba a uno
Jemanden necken

Zumbar/*Sausen*

Ir, salir, etc. zumbando
Dahin-, vorbei-, entlang-, hinaussausen
Abdampfen
Schnellstens verschwinden
Sich eiligst (od. schnellstens) aus dem Staub machen

Me zumban los oídos
Ich habe Ohrensausen
Die Ohren klingen mir (jemand muß schlecht von mir gesprochen haben)

Zumbarle a uno una bofetada
Jemandem eine Ohrfeige herunterhauen

Ya le zumban los setenta años
Er ist schon nahe an den siebzig

Zumbarse con alguien
Sich mit jemandem herumraufen

Zumbarse de alguien
Sich über jemanden lustig machen

Zurcir

¡Anda que te zurzan!
Scher dich zum Kuckuck (od. zum Teufel)!

¡Que las zurzan!
Zum Kuckuck (od. zum Teufel) nochmal!

Zurdo

¡Ahí la juega un zurdo!
Der kann was!

¡No es zurdo!
Der hat was auf dem Kasten!

Zurrar/*Gerben*

¡Vaya zurra!
So eine Plackerei!

Zurrar la bandana (o la pandereta) a uno
Jemandem das Fell gerben

¡Zurra que zurra!
Immer die alte Leier!

AL LECTOR:

Puesto que un diccionario nunca es una obra acabada, si es usted tan amable, le agradecería que en esta hoja aneja pusiera los modismos que usted eche en falta en esta obra, o que corrigiera lo que, en su opinión, es incorrecto o tiene otros valores, y que me los enviase a través de la casa Editorial Paraninfo. Gracias.

E.R.H.

REFERENCIA: **E. RENNER DE HERNANDEZ**
"DICCIONARIO DE MODISMOS Y LENGUAJE COLOQUIAL" ESPAÑOL-ALEMAN

Editorial Paraninfo
Magallanes, 25
28015 MADRID

OTROS DICCIONARIOS PUBLICADOS POR

Diccionario de dudas. Inglés-español, *Merino.*

Diccionario general del periodismo, *Martínez de Sousa.*

Diccionario de gentilicios y topónimos, *Santano.*

Diccionario de incorrecciones y particularidades del lenguaje, *Santamaría, Cuartas, Mangada y Martínez de Sousa.*

Diccionario de métrica española, *Domínguez Caparrós.*

Diccionario múltiple, *Onieva.*

Diccionario de sinónimos e ideas afines y de la rima, *Horta.*

Diccionario técnico Español-inglés, *Malgorn.*

Diccionario técnico Francés-español, *Malgorn.*

Diccionario temático. Inglés-español y Español-inglés, *Merino.*

Diccionario de tipografía del libro, *Martínez de Sousa.*